HASTA LA TERCERA Y CUARTA Generación

Herencia, rituales y patrones familiares

ROSALÍO CONTRERAS

WESTBOW
PRESS®
A DIVISION OF THOMAS NELSON
& ZONDERVAN

Las citas bíblicas son tomadas de La Santa Biblia, Reina Valera 1960 ® (RVR 1960®) a menos que se indique lo contrario.

Puede hacer pedidos de libros de WestBow Press en librerías o poniéndose en contacto con:

WestBow Press
A Division of Thomas Nelson & Zondervan
1663 Liberty Drive
Bloomington, IN 47403
www.westbowpress.com
1 (866) 928-1240

ISBN: 978-1-5127-6042-2 (tapa blanda)
ISBN: 978-1-5127-6043-9 (tapa dura)
ISBN: 978-1-5127-6041-5 (libro electrónico)

Número de Control de la Biblioteca del Congreso: 2016917015

Información sobre impresión disponible en la última página.

Fecha de revisión de WestBow Press: 12/14/2016

A mi amada esposa

Índice

Hasta la tercera y cuarta generación
Herencia, rituales y patrones familiares.

"Y vivió Adán ciento treinta años, y engendró un hijo a su semejanza, conforme a su imagen, y llamó su nombre Set." (Génesis 5:3)

Cuando Dios dio sus leyes a Israel a través de Moisés, Él mismo se presentó como Dios fuerte y celoso, posteriormente añadió una frase que inspiró esta obra: *"Que visito la maldad de los padres sobre los hijos **hasta la tercera y cuarta generación...**"* (Éxodo 20:5). De inmediato salta la pregunta ¿Será que los hijos pagarán por el pecado de sus padres? Y efectivamente, como veremos en esta serie de historias, Dios «visitó» en los hijos la maldad de sus padres hasta una tercera y cuarta generación.

La pura idea podría parecernos injusta, pero debemos comprender que si Dios partiera únicamente de su justicia... creo que nadie podría mantenerse en pie. Por otro lado, la **responsabilidad individual** por el propio pecado queda establecida claramente en los escritos del profeta Ezequiel:

"El alma que pecare, esa morirá; el hijo no llevará el pecado del padre, ni el padre llevará el pecado del hijo; la justicia del justo será sobre él, y la impiedad del impío será sobre él." (Ezequiel 18:20)

No es mi objetivo discutir el dilema «justicia-injusticia» que supone esta paradoja, a este respecto solo deseo exponer y puntualizar la lógica que guarda la afirmación Divina. Es de todos sabido que la maldad se hereda de padres a hijos, y que las consecuencias lógicas se viven hasta una tercera y cuarta generación; que la **herencia** pasa de mano en mano de padres a hijos, que los **rituales** se aprenden y se transmiten por generaciones hasta convertirse en tradiciones, que los **patrones familiares** se repiten y que las decisiones de los padres **contaminan** a sus hijos y les acarrean daños en su estructura individual; y que esto también les puede llevar a tomar decisiones equivocadas en sus vidas. Este es el objetivo que persigo con este libro: alertar a las familias sobre la cada vez más aguda «contaminación familiar» que todos arrastramos, y que sepamos cómo lidiar con las secuelas de nuestra historia.

Todas las familias tienen un proceso natural de vida, y si los días están contados para una persona, también lo están para una familia. Esta es la ley de la vida. El problema fundamental de una familia no está tanto en su muerte como en su existencia. Con sorpresa descubrimos que lo que más odiamos de nuestros padres, terminamos por repetirlo. Y son estos "patrones" los que acaban por corromper a las familias hasta darles muerte. ¡Tiene que existir un antídoto que detenga ese proceso de corrosión! Estoy del todo convencido de que las historias bíblicas revelan la manera de romper con estas maldiciones intergeneracionales. Si alguna vez se ha preguntado: "¿Qué encontraremos en los relatos bíblicos?" La respuesta es simple: **Historias de familias.** Son seres humanos viviendo en un mundo real.

En los relatos bíblicos podemos encontrar los milagros más espectaculares: el mar que se abre para dar paso al pueblo de Israel; alimento que cae de las alturas; profetas que hacen descender fuego del cielo; enfermos que son sanados; muertos que resucitan. Esto puede darnos la impresión equivocada de que todas las historias bíblicas están llenas de milagros fantásticos, pero no es así. De hecho, en el Antiguo Testamento, la gran mayoría de los milagros se concentra en la vida y obra de sólo dos personajes, **Moisés** y **Elías**. Dos hombres que representan la ley y los profetas, dos épocas en el pueblo de Israel en las que el poder de Dios fue claramente manifiesto en milagros que ocurrían de acuerdo con los planes de transformación que tenía Dios con su pueblo Israel. Pero si observa con detenimiento, podrá darse cuenta de que el resto de las historias son más bien relatos comunes que ocurren en la vida cotidiana. Se tratan de **gente real viviendo en el mundo real**.

Al igual que usted, cada vez que tengo la oportunidad de leer una de tantas historias de cualquiera de los conocidos personajes bíblicos, las preguntas llegan a mi mente en avalancha: ¿Cómo sería su familia? ¿Cómo se comportarían ellos como esposos? ¿Qué clase de errores cometerían ellos como padres? ¿Discutían con sus hijos? ¿Sus hijos *siempre* les obedecían? Y cuando no lo hacían, ¿cómo los corregían? ¿Alguna vez discutían con la esposa sobre la administración y los gastos en casa? ¿Pensaban en el divorcio? En fin, muchas otras preguntas que nosotros debemos resolver en nuestro mundo real. Luego mi mente viaja más allá. Al pasado. Al tiempo cuando estas personas fueron niños. Y ahí, las preguntas continúan: ¿Fueron hijos amados y deseados? ¿Tenían buena relación con sus padres? ¿Obedecían las reglas de casa? ¿Fueron enseñados a observar y respetar la jerarquía en un hogar? Y la pregunta que considero más relevante para este propósito: después de recibir su *herencia*, ¿repetían ellos los mismos rituales y **patrones enfermos** que aprendieron de sus padres?

Antes de iniciar el viaje a través del tiempo para tratar de reconstruir las historias de estos personajes y encontrar respuesta a tantas preguntas, antes de adentrarnos en sus hogares para analizar sus dinámicas familiares, observar sus patrones y descubrir así el «*antídoto*» que evite la corrosión familiar, primeramente le invito a identificar estas cinco verdades que nos resguardarán en todo momento mientras caminemos juntos en esta travesía:

Se trataba de seres humanos. No los convierta en *superhombres* o *semidioses*, porque así no logrará contemplar la riqueza de la dinámica familiar que estos personajes nos ofrecen con sus historias. En este punto, es más fácil explicar lo que ellos **no eran**, que lo que realmente eran: no eran santos, no eran seres angelicales sin debilidades, no eran infalibles en sus decisiones, no eran perfectos. A veces, por el simple hecho de que sus nombres y sus historias se narran en la Biblia, desarrollamos la creencia de que llevarían vidas perfectas y que todas sus historias terminarían con un final feliz. Hasta hemos llegado a pensar que sus decisiones eran inspiradas –por no decir manipuladas- por Dios, y que esto evitaría que se equivocaran en su manera de vivir. Pero esto no es así. Se trataba de seres humanos imperfectos. Seres humanos que experimentaban temores y que muchas veces perdían el control y se dejaban llevar por sus impulsos. Hombres y mujeres de familia. Gente real, viviendo en un mundo real.

Pero tampoco nos vayamos al extremo de juzgarlos. No rasguemos nuestras vestiduras al enterarnos del adulterio del Rey David o después de leer sobre la fragilidad emocional de Jeremías. Creo que cualquiera de nosotros, si ocupara el lugar del personaje en cuestión, terminaría tomando las mismas decisiones y cometiendo los mismos errores. Seamos honestos. Nosotros también nos ganaríamos la expulsión del huerto al comer del fruto del árbol de la ciencia del bien y del mal. Igual que Caín, terminaríamos muy enojados y celosos de Abel. O coleccionaríamos mujeres como el Rey Salomón y seguramente experimentaríamos los mismos excesos a los que él se rindió. Y sí, también terminaríamos involucrados sexualmente con una vecina como Betsabé o llenaríamos de tristeza el corazón de Rebeca al menospreciar a uno de nuestros hijos. También, por temor diríamos, igual que el padre Abraham: "No es mi esposa, es mi hermana" (Génesis 12:19). En fin, entendamos que somos hojas cortadas del mismo árbol de la ciencia del bien y del mal y que todos los humanos, junto con Adán y Eva, comimos del fruto prohibido. Así que, sin dudarlo, repetiríamos las mismas historias una y otra vez. Simplemente porque todos nosotros, igual que ellos, somos seres humanos.

Dios reveló en cada caso sus leyes. Con esta segunda verdad comprendemos que Dios no se *divertía* desde el cielo sometiendo a sus siervos a trampas o laberintos sin salida. Dios quiere lo mejor para sus criaturas y por esto les ofreció sus leyes. Desde el primer mandato que expresó verbalmente al primer hombre, hasta los detallados y específicos diez mandamientos que Él entregó por escrito en las manos de Moisés, se demuestra que Dios desde siempre ha mostrado buena voluntad para con los hombres. Incluso, la prevención amorosa al revelarles a sus siervos las consecuencias que traería la ruptura de sus leyes siempre formó parte de las acciones que Dios tenía para ayudar al hombre a evitar el quebranto en su vida y en su familia.

Como veremos en cada historia, Él quería que estas personas comprendieran las reglas del juego para que pudieran verdaderamente disfrutar de su vida y de su familia. Cada uno de estos personajes tuvo la oportunidad de hacer las cosas de manera diferente. Porque Dios en su misericordia reveló muy a tiempo sus leyes y les ofreció a cada uno de ellos las mejores recomendaciones. Esta segunda verdad nos revela que efectivamente estos hombres y mujeres no *ignoraban* –de *no saber*- las leyes y recomendaciones de Dios. Pero sí *ignoraron* –de *no querer atender,* o de *permanecer indiferentes*- sus leyes y oportunas recomendaciones.

Dios respetó las decisiones de cada uno de ellos. Cada una de estas historias nos expone la determinación de Dios de respetar Su Palabra empeñada al crear al hombre a Su imagen. Fue Dios quién resguardó e hizo valer la voluntad del hombre por amor a sí mismo. Cada elección, cada determinación, cada decisión tomada por los diferentes personajes fue respetada y protegida por el mismo Creador. Y Dios, teniendo el poder y el derecho para censurar o vetar las decisiones equivocadas de cada uno de ellos, respetó Su palabra comprometida desde el principio de la Creación al hacer valer la elección del hombre de cualquier camino.

Con este paso, Dios concedió al hombre dos atribuciones que comprenderían el universo de acción del ser humano: la **autoridad** y la **responsabilidad**. Por cierto que el buen o mal manejo de estas dos facultades es lo que ha determinado el rumbo de la humanidad. La autoridad que Dios concedió al hombre le dio la facultad de gobernar la tierra, porque fue el mismo Creador quien instituyó al hombre como el señor de esta tierra. La responsabilidad obliga al hombre a dar cuentas por el buen o mal manejo de la autoridad concedida. Esta realidad nos conecta a la verdad número cuatro, cuando Dios, en cada caso particular, aplicó la debida consecuencia a sus decisiones y elecciones.

En cada caso, Dios aplicó las consecuencias lógicas de sus decisiones y elecciones. En cada una de estas historias notará que Dios no se pone entre el mal acto de sus siervos y las respectivas consecuencias lógicas que traerían sus decisiones particulares. Jamás pasó por alto la infracción de la ley revelada que había sido rota; por el contrario, Dios permitía que las consecuencias lógicas llegaran a la vida y a la familia de aquellos que no habían considerado sus leyes en la toma de sus decisiones.

Es esta cuarta verdad la que puede ofrecernos la mayor claridad de entendimiento del propósito de las leyes reveladas. Con cierta frecuencia, quienes somos padres cometemos el grave error de convertir la disciplina en un vulgar acto de venganza, y no en un acto de amor que ayude a nuestros hijos a corregir sus malas decisiones y elecciones. Es una mala interpretación del relato bíblico o un mal entendimiento del proceder de Dios, decir: "Dios **trajo** el mal a la vida de tal persona porque el sujeto no le obedeció". Mejor deberíamos afirmar: "Esta persona **atrajo** el mal sobre sí misma y sobre su familia **al ignorar** las leyes y las recomendaciones de Dios".

Dios produjo el proceso de reconstrucción en sus vidas. Finalmente, al igual que sucede hoy en día después de que nuestras decisiones atraen la desgracia, particularmente aquellas que son producto de **ignorar** las indicaciones y recomendaciones de Dios, el Señor muestra una vez más su misericordia al proporcionarnos el camino que nos lleve al proceso de reconstrucción de nuestra vida. Esto sucede y ha sucedido una y otra vez a lo largo de la historia. Dios ha mostrado su misericordia a través de los siglos. Esto es lo que buscaremos identificar en lo registrado en las diferentes historias que tendremos la oportunidad de revisar. Podremos atestiguar que cuando la desgracia caía sobre cualquiera de estos personajes después del fracaso de

no atender a las indicaciones de Dios, el Señor mostraba su misericordia de diferentes maneras y en diferentes momentos, principalmente atendiendo con amor el llamado desesperado de su siervo, efectuando la reconciliación al perdonarle, sanando sus heridas físicas y emocionales, restaurando su dignidad lastimada por sus malas decisiones y ofreciéndole además un nuevo horizonte para que pudiera continuar.

En resumen, considerando que en todas las historias analizadas se trataba de gente real viviendo en un mundo real; entendiendo que en cada caso, antes de que los protagonistas de estas historias tomaran decisiones, Dios había revelado en tiempo y forma sus leyes y recomendaciones; después de asimilar que Dios estaba verdaderamente resuelto a hacer valer la voluntad de sus siervos, lo que puede observarse en la libertad que ellos tuvieron; después de aceptar que Dios no detuvo las consecuencias lógicas que llegaban como resultado de haber roto sus leyes y recomendaciones; y finalmente al descubrir que fue Dios mismo quien, en su misericordia, favorecía y marcaba el camino de la recuperación de sus siervos, bajo la suma de estas cinco verdades podemos obtener un camino profundo de análisis, reflexión y aprendizaje. Así que, sin más que añadir, iniciemos este viaje desde el principio.

Adán

De frente al creador

Comencemos desde el principio

Es la madrugada del último día del año. Miércoles 31 de diciembre de 2014. El reloj marca las 4:35 a.m. Este año está por expirar y 2015 por comenzar. Creo que es un buen momento para iniciar nuestro viaje. La oscuridad y el silencio me rodean, solo la luz de mi computadora ilumina mi rostro. Abro las páginas electrónicas de mi Biblia y comienzo la lectura en el *Génesis* capítulo primero. El relato nos lleva al principio, al momento en el que Dios creó los cielos y la tierra. Pero las primeras tres ideas que expresa este sagrado libro nos dejan sin aliento. Dice que en el principio todo era un caos, que la tierra estaba desordenada y vacía y que las tinieblas cubrían los abismos. La oscuridad y el silencio de mi habitación facilitan que mi mente viaje al principio de todo. Imaginar aquel escenario nos llena de temor. Largas extensiones de agua sin un lugar seco. Elementos mezclados. Densas tinieblas. No existía un lugar en toda la tierra donde sentirse a salvo bajo tan desolador escenario, cubierto por aquel silencio sepulcral. A pesar de todo, la siguiente frase cambia el sentido del relato: *"Y el espíritu de Dios se movía sobre la faz de las aguas" (Génesis 1:2).* Dios moviéndose. Dios diseñando. Dios creando. La pura idea nos ofrece descanso porque en medio de aquel caos, podemos entender que también existe una mente inteligente que está en control de todo y que tiene un plan.

La historia de la Creación nos dice que Dios creó todo en siete días. Algunos de estos días nos colocan en el contexto de la historia del hombre. El primer día capta mi atención. Cuando Él, con el poder de Su palabra, ordena: *"Hágase la luz" (Génesis 1:3).* Dios crea el día y la noche y con ello **el concepto del tiempo**. ¿Por qué es importante? Porque con esto, Dios otorgaría a su creación un *tiempo* y un *espacio* para realizar sus labores y cumplir así con su propósito de existencia.

El siguiente día que llama mi atención **es el día sexto**. El Creador, con el poder de Su palabra, continúa ordenando, y todo, en armonía, obedece sus indicaciones. Ya había separado lo seco de las aguas. Había dicho que la tierra produjera toda clase de vegetación y había ordenado que la misma tierra produjera todos los seres vivos. Pero el sexto día, el Diseñador y Creador de todo hace una pausa. Toda la Creación guarda silencio porque el Dios Trino conversa:

> *"Entonces dijo Dios: 'Hagamos al hombre a nuestra imagen, conforme a nuestra semejanza; y señoree en los peces del mar, en las aves de los cielos, en las bestias, en toda la tierra, y en todo animal que se arrastra sobre la tierra'. Y creó Dios al hombre a su imagen, a imagen de Dios lo creó; varón y hembra los creó."*
> (Génesis 1:26)

El capítulo dos nos narra de manera detallada el proceso que Dios siguió, cuando con sus manos toma un poco de barro y crea al hombre. El elemento principal que nos deja el día sexto, es que Dios creó al hombre a su "imagen y semejanza". Dios dio **identidad** y **pertenencia** al ser humano al crearlo a su imagen y semejanza, pero además, le dio un lugar de honor en su creación al colocarlo como el **Señor de la tierra**.

El reconocido teólogo español Francisco Lacueva respondió con sencillez a la pregunta: ¿En qué consiste la imagen de Dios en el hombre? En resumen, nos dice en su libro, *El hombre, su grandeza y su miseria*, de editorial Clie, que la imagen de Dios en el hombre se puede ver en cuatro elementos que hacen de Dios un ser único. Estos son: la capacidad de **pensar**, la capacidad de **sentir**, la capacidad de **actuar** y la **libertad** para hacerlo. Son estos cuatro elementos los que Dios otorgó al hombre cuando decidió crearlo a su imagen, lo que puede darnos de inmediato un panorama mucho más claro de la grandeza del ser humano si lo comparamos con el resto de la Creación. Estas características que Dios otorgó al hombre hacen de él un ser libre, pensante, emotivo y con voluntad propia. Pero además, podemos añadir que el lugar que Dios le asignó en su creación, lo convertía en un ser **responsable**. Adán era *responsable* de sus actos, de sus decisiones y elecciones.

Después de que Dios crea el día y la noche dando forma al concepto del tiempo, y después de crear al hombre a su imagen y semejanza, lo vemos plantando un huerto y poniendo ahí a Adán. Llegamos así al tercer momento que capta nuestra atención, el día en el que el Señor dio sus leyes al primer hombre. Las reglas del juego eran simples: *"De todo árbol del huerto podrás comer, mas del árbol de la ciencia del bien y del mal, no comerás".* Y la sentencia fue muy clara: *"El día que comas de él, ciertamente morirás".* (Génesis 2:16-17)

¿Por qué es importante ese día? Porque en ese momento Dios revelaba al hombre el camino para asegurar su permanencia en el Huerto del Edén, pero también le declaraba las pérdidas que vendrían como consecuencia ante su desobediencia. Seguir la regla no era difícil. De hecho, son dos los árboles que estaban en el centro del huerto rodeados por un "aura" milagrosa: uno era **el árbol de la vida**, y el otro, **el árbol de la ciencia del bien y del mal**. Pero solo uno estaba prohibido; para ser exactos: ¡Solo un árbol estaba prohibido en todo el Huerto del Edén! El árbol de la ciencia del bien y del mal. Pero el árbol de la vida, que les daría vida eterna, no llama la atención del hombre. Es *el árbol prohibido* el que capta su atención. ¿Por qué? Quizá porque la tendencia histórica de la naturaleza humana, desde siempre, se ha visto cautivada por la búsqueda del **poder**, no por **la vida**, tendencia reforzada por la posterior caída del hombre. ¿Qué razones pudo haber tenido el Creador para poner el árbol de la ciencia del bien y del mal en medio del huerto y después prohibir que comieran sus frutos? Definitivamente no fue para tentar al hombre. Porque el resto de la revelación bíblica nos aclara que Dios siempre ha manifestado buena voluntad para con los hombres, además de que la idea misma va en contra del carácter de Dios. La Escritura dice:

> *"Cuando alguno es tentado, no diga que es tentado de parte de Dios; porque Dios no puede ser tentado por el mal, ni Él tienta a nadie."* (Santiago 1:19)

La razón fundamental por la que Dios puso este árbol en el huerto, fue para que el ser humano tuviera la **oportunidad real** de ejercer su **libertad de decisión**. Verdaderamente libre para decidir obedecer o no a las leyes de Dios. Si quitamos del Edén el árbol prohibido, tampoco existiría la prohibición, y no habría manera alguna de desobedecer a Dios.

El relato nos lleva así al día que cambió todo el curso de la humanidad, el día en el que el ser humano **ejerció su voluntad**. Nos encontramos ya en el tercer capítulo del *Génesis*. Cuando leemos esta parte de la historia, nos damos cuenta de que las cosas estaban a punto de cambiar. En aquella escena podremos observar a tres protagonistas: la Serpiente cuestionando las leyes de

Dios y su Palabra; una mujer curiosa que escucha las palabras de la Serpiente; y un hombre pasivo observando la manera astuta en que la Serpiente engaña a la mujer. Esa es la **forma** en la que se presentan las cosas, pero el **fondo** es otro, porque en su misma esencia, en esta escena podemos observar al hombre y a la mujer ejerciendo su **libre albedrío**.

La primera pregunta que surge de aquel momento es: ¿Por qué Dios permitió la caída del hombre? Si uno de los atributos de Dios es la *Omnisciencia*, que nos dice que Dios todo lo sabe, esto confirma la idea de que el Creador sabía desde el principio que *Génesis*, capítulo tres, iba a ocurrir; ¿por qué entonces permitió que las cosas llegaran hasta este punto?

Muchos hombres se han hecho esta pregunta a lo largo de la historia. Uno de ellos, el más grande teólogo y filósofo de todos los tiempos, San Agustín de Hipona, se plantea en su obra *La ciudad de Dios,* el dilema que representaba para Dios crear al hombre con voluntad propia, sabiendo lo que iba a ocurrir. Este pensador nos expone las tres alternativas básicas que Dios tendría al principio de los tiempos. Dios, sabiendo lo que iba a ocurrir con el hombre, tuvo la primera alternativa que fue: **No crear nada**. No obstante, Él quería crear al hombre y al resto de su creación y tener comunión con él, lo que nos remite a la segunda alternativa, que es: **Crear al hombre sin la posibilidad de pecar**. El problema que implica esta segunda opción está desde su planteamiento. Si Dios hubiera tomado esta segunda disyuntiva, habría creado *robots* sin voluntad propia, no seres humanos. La cuestión que envuelve la decisión del Creador de colocar el árbol de la ciencia del bien y del mal en el Huerto del Edén, donde también había puesto al hombre creado a su imagen y semejanza, y darle libertad sabiendo que caería en pecado, encuentra sentido al entender el deseo fundamental del Creador. Dios deseaba tener una relación **libre y voluntaria** con el hombre. Dios buscaba la voluntad del hombre, que esa voluntad le inspirara a permanecer fiel a su Creador, y que dado el caso, una vez que se presentara la infidelidad del hombre, su misma voluntad le motivara a regresar a la comunión con su Creador. Y la única manera de lograrlo, era precisamente dejándolo en libertad.

Esta cuestión encuentra una mejor explicación y comprensión al asimilar la disyuntiva bajo la que se encuentra el hombre o la mujer que han sufrido el engaño de su cónyuge. Concepto que desarrollo en detalle en mi libro: "Hombres Infieles". El lector comprenderá que el hombre o mujer que atraviesa por este trance tan agudo solo tiene **una** alternativa, que es darle libertad a la parte infiel, a diferencia de éste, que en efecto tiene dos alternativas: buscar la reconciliación o decidir la ruptura definitiva de la relación. Piense en esto; si fuera usted quien ha sido engañado(a) por su cónyuge, y existiera una *"pócima"* que le garantizara el amor eterno de su infiel, ¿le daría aquel *brebaje*? Creo que no. ¿Por qué? Porque usted desea mantener una relación libre, voluntaria y deseada por su cónyuge. Y si usted le diera a beber aquel *toloache*, siempre sabría que su cónyuge no es genuinamente libre para decidir quedarse o no con usted. Por esto mismo Dios no creó al hombre *sin la posibilidad de pecar*, porque sería equiparable a darle la *pócima* antes mencionada. Lo que nos lleva a la última alternativa planteada por San Agustín: **Crear al hombre a su imagen y semejanza y planear salvarlo**. Felizmente, esta fue la elección de Dios. Claro que esta alternativa fue la que llevó al Creador a planear desde ese momento, antes de la fundación del mundo, el sacrificio de Cristo en la cruz para *redimir* al hombre. Dicho sacrificio daría al hombre caído la posibilidad del perdón y la consecuente liberación de la condenación que le acarreó el pecado original narrado en este capítulo.

Muchos cambios ocurrieron en *Génesis* capítulo tres; por ejemplo, cuando leemos los primeros dos capítulos del *Génesis* podemos ver a un hombre libre. Inocente. Un ser en obediencia a Dios. En comunión con su esposa. En contacto y amistad con Dios. Un Adán ecológico y en armonía con su entorno. Un hombre que entendía y vivía su propósito de existencia, porque Adán se sabía **el señor de la tierra**. A diferencia del hombre que vemos a partir del capítulo tres, donde podemos ver a un Adán desconectado de Dios, un hombre perdido y ocultándose de Dios, avergonzado, temeroso y culpable, un hombre cegado por el pecado, que no es capaz de reconocer y admitir su responsabilidad, sino por el contrario, un sujeto que culpa a su esposa de sus propios errores y malas decisiones. Un hombre confundido, planteándose las típicas preguntas existenciales. En resumen, a partir de *Génesis*, capítulo tres, veremos al **hombre caído**.

El capítulo tres registra el momento en que el hombre llegó a cambiar su forma de pensar, de sentir y de actuar. Pero este capítulo tiene también un aspecto muy personal e individual, porque registra la primera plática entre el hombre caído y el Dios que es tres veces Santo. **Esta conversación establecería la manera en que el hombre podría retomar el camino y lograría recuperar el sentido de su vida.**

Lo primero que salta a la vista en este encuentro, es que **Dios busca a sus criaturas**. Dios, sabiendo que el hombre ha caído en pecado, aun así provoca este contacto. Y esto solo marcaría el inicio de una serie de intentos hechos por Dios para estrechar los lazos entre Él y su creación. A lo largo de la historia, la búsqueda constante del Creador se ha manifestado en acciones muy concretas, como fue en su tiempo el llamado de Dios a un hombre, Abraham, del cual surgió el pueblo escogido de Dios y mediante el cual también Dios se ha manifestado de distintas maneras al mundo. Dios ha enviado profetas a este pueblo para anunciar Sus planes. Les ha levantado caudillos y líderes visionarios que les guiaran al conocimiento de Dios. También les dio Poetas, Soñadores y Salmistas que descubrieran Su corazón, además de darles revelaciones explícitas, como la ley de Moisés en el Sinaí. Pero ante todo, la manera más evidente de esta búsqueda constante de Dios al hombre se dio con la llegada del Mesías. Una revelación especial del Creador a su creación. Una revelación en la que podemos ver al mismo Dios hecho hombre.

Pero aquella primera conversación entre el Creador y el hombre caído dejó muchas enseñanzas que trascenderían al paso del tiempo sin perder vigencia. Aquella primera plática fue elaborada por Dios mediante preguntas. Son tres las preguntas centrales que Dios le hizo aquel día al primer hombre, que deberían ser contestadas por todos sus descendientes. Y hoy, queremos colocarnos **de frente al Creador** y buscar responder a estas tres simples y profundas preguntas. El relato nos coloca en contexto:

> *"Y vio la mujer que el árbol era bueno para comer, y que era agradable a los ojos, y árbol codiciable para alcanzar la sabiduría; y tomó de su fruto, y comió; y dio también a su marido, el cual comió así como ella. Entonces fueron abiertos los ojos de ambos, y conocieron que estaban desnudos; entonces cosieron hojas de higuera, y se hicieron delantales. Y oyeron la voz de Jehová Dios que se paseaba en el huerto, al aire del día; y el hombre y su mujer se escondieron de la presencia de Jehová Dios entre los árboles del huerto. Mas Jehová Dios llamó al hombre, y le dijo: '¿Dónde estás tú?'."* (Génesis 3:6-9; énfasis mío en negritas.)

Son tres las palabras que llegan a mi mente cuando leo esta parte del relato: Conocimiento, emoción y acción. Ambos **conocieron** que estaban desnudos.

Y **sintieron** vergüenza. Por esto, se **hicieron** delantales. Y al oír la voz de Dios que se paseaba por el huerto, sintieron temor y se escondieron de Su presencia. Por primera vez en su vida, el hombre y la mujer experimentaron emociones que no se podían explicar. Emociones que les llevaron a actuar. Emociones que les llevaron a esconderse de la presencia de Dios. Compare por un momento los *remedios* del hombre ante su vergüenza y temor, con la solución que Dios les ofreció. Primero, el hombre y su mujer cosieron hojas de higuera. Pero, ¿qué podían hacer las hojas de higuera para remediar la vergüenza? Nada. Por más que ambos se cubrieran, seguían sintiendo vergüenza y culpa. Las hojas de higuera les ofrecían solo un **remedio temporal**. Pero la segunda acción les lleva al absurdo. Al escuchar la voz de Dios, sintieron temor *y se escondieron de Su presencia*. Hasta la frase suena chocante. ¿Será posible esconderse de la presencia de Dios? El salmista se preguntaba: *"¿A dónde me iré de tu Espíritu? ¿Y a dónde huiré de tu presencia?"* (Salmos 139:7). Lo peor del caso es que Adán y su mujer pretendieron esconderse de la presencia de Dios **detrás de un árbol**.

Dios busca al hombre y le ofrece un remedio verdadero a su vergüenza, temor y culpa. Por esto le lanza la primera pregunta que el hombre caído deberá responder si desea retomar el propósito por el cual fue creado, y que es: **¿Dónde estás tú?** Esta es una pregunta filosófica, existencial y ontológica. Y si Dios todo lo sabe, ¿por qué le pregunta entonces al hombre que dónde está? Porque era Adán quien debía responderse esta pregunta. Dios sabía dónde estaba Adán, *pero era Adán quien ya no sabía dónde estaba*. Adán había perdido el rumbo de su vida y propósito de existencia, y si quería remediar el problema de raíz, debía preguntarse: "¿Dónde estoy?". Esta pregunta filosófica, existencial y ontológica merecía precisamente una respuesta filosófica, existencial y ontológica. Pero Adán se limita a darle una respuesta geográfica, cuando responde: *"Tuve miedo porque estaba desnudo y me escondí"*.

> *"Y él respondió: Oí tu voz en el huerto, y tuve miedo, porque estaba desnudo; y me escondí. Y Dios le dijo:* ***¿Quién te enseñó que estabas desnudo?*** *¿Has comido del árbol de que yo te mandé no comieses?' Y el hombre respondió: 'La mujer que me diste por compañera me dio del árbol, y yo comí'. Entonces Jehová Dios dijo a la mujer:* ***¿Qué es lo que has hecho?'.***
> (Génesis 3:10-13; énfasis mío en negritas.)

Podemos extraer dos preguntas más de esta parte del relato. Después de responder a la primera pregunta –*"¿Dónde estás tú?"*-, Dios plantea a Adán y a su mujer la segunda interrogante: *"¿Qué es lo que has hecho?"*. Esta pregunta alude al pasado, y va directo a la razón por la que estamos donde estamos en el presente. Hubo algunos actos y decisiones que nos llevaron a estar en donde estamos y bajo las circunstancias en las que nos encontramos hoy día, y es de suma importancia que los identifiquemos para que podamos darle un remedio real a la circunstancia en la que nos encontremos. Pero la segunda pregunta va más allá. Nos dirige hacia el reconocimiento responsable de los propios actos. *"¿Qué es lo que has hecho?"* es una pregunta personal que requiere de un examen a consciencia. El **auto-examen** es muy necesario para poder entrar en ese proceso de identificación y reconocimiento de la propia responsabilidad.

Si la **teoría** de la evolución fuera una **ley**, el ser humano estaría libre de la responsabilidad de su propia existencia. Pero como sigue siendo una teoría, es decir, un razonamiento sin base lógica y científica que explique el fenómeno de la Creación, entendemos entonces que el ser humano dará cuentas a su Creador sobre lo que hizo en vida con los recursos que Él le entregó al hacerlo el Señor de la tierra. Por lo tanto, lo que el hombre haga con esos recursos que le fueron entregados, entiéndase: su mente, sus capacidades, sus palabras, su cuerpo, su vida, su dinero, su familia, etc., y sobre todo, su recurso más preciado y no renovable que es su tiempo, le convierte en mayordomo o administrador responsable del buen o mal manejo que haga de todo lo que se le ha sido confiado.

Cuando volvemos al encuentro entre Adán y su Creador, y escuchamos su respuesta a la segunda pregunta en la que Dios puntualmente le llama a cuentas sobre su proceder, y le cuestiona directamente *"¿Qué has hecho?"* Al decirle: *"¿Has comido del árbol de que yo te mandé no comieses?"* Adán responde **culpando** a la mujer por lo que él había hecho. Su respuesta fue: *"La mujer que (tú) me diste por compañera me dio del árbol, y yo comí."* Añadí a la frase anterior el pronombre (tú) solo para hacer énfasis en la respuesta inteligente y mañosa del hombre para librarse de su responsabilidad sobre lo que él había hecho. Según la lógica del hombre, en su respuesta podemos deducir que hay dos posibles culpables que él señalaba como responsables *de lo que él había hecho*: la mujer, o Dios. Porque, después de todo, **ella** me dio de comer y eso la hace culpable. O **tú**, que al dármela como compañera, eres culpable porque tú me la diste. Como podrá observar, *el Señor de la tierra* se convertía cada vez más en *el Señor de las excusas*.

Al parecer, la primera pregunta planteada por el Creador -*¿Dónde estás tú?*- apunta al presente. La segunda nos habla del pasado: ¿Qué es lo que *has* hecho? Y la tercera pregunta que Dios le plantea al hombre **alude a su futuro**: ¿Quién *te enseñó* que estabas desnudo? La importancia de esta tercera pregunta está en que el Creador quiere declarar al hombre que en el pasado cercano, **alguien** había sembrado una idea en su mente que le llevaría en el futuro próximo a decidir sobre sus alternativas de conducta. Dios, al parecer, quería dejar asentado al Adán caído y a su posteridad, que ante las decisiones de la vida siempre habrá **un tercero** -que para el caso fue la Serpiente-, que estará influyendo en su manera de pensar, lo que terminará por influir en su manera de actuar. Porque el hombre actúa basado en un sistema de creencias. Hablando con propiedad, diría que el gran problema del hombre no está directamente en sus conductas, sino en su forma de pensar. Unos mil años antes de la era cristiana, Dios mismo había revelado por boca del rey Salomón, en su libro de *Proverbios* en el capítulo veintitrés el versículo siete, que fuerzas internas como la manera de **pensar** y de **sentir** hacen que el hombre **actúe**. Afirma: *"Porque cual es su **pensamiento** en su **corazón**, tal **es él**"*.

Es muy importante cuestionar a quién le estamos permitiendo el acceso a nuestra mente, ya que le estamos dando entrada al punto de influencia que terminará por llevarnos a decidir nuestra manera de actuar. **La influencia negativa que llega a la mente de una persona tiene su origen en la mente de un tercero**, quien también, al exponer su respuesta negativa, estará retroalimentando con ella su propia mente, generando así una espiral creciente de corrupción. La Escritura afirma:

> *"Y también todos los que quieren vivir piadosamente en Cristo Jesús padecerán persecución; mas los malos hombres y los engañadores irán de mal en peor, **engañando** y **siendo engañados**."* (2 Timoteo 3:13-14; énfasis mío en negritas.)

Por lo mismo, el apóstol Pablo aconseja a su discípulo Timoteo más abajo en el mismo capítulo antes citado, cuando le dice: *"**Persiste** en lo que **has aprendido** y te **convenciste**. Y recuerda que desde que eras un niño has sabido las sagradas Escrituras, las cuales te pueden hacer sabio para la vida"*.

Después de la caída, el Creador expulsa al hombre y a su mujer del Huerto del Edén, cosa que podría sonar extrema ante **la primera** equivocación del hombre que aparenta ser un "simple" acto de desobediencia. Con esta acción Dios comienza a revelarnos su carácter. Y si **no** nos tomamos el tiempo suficiente para comprender sus decisiones, sus acciones podrían llegar a parecernos intolerantes e intransigentes. Conociendo el resto de la Revelación, entendemos que Dios es amor. ¿Cómo podemos entonces ver el amor de Dios en semejante acción? Por un momento pensemos, ¿qué hubiera sucedido si el hombre hubiera permanecido en el Jardín del Edén y hubiera comido del árbol de la vida? **Viviría eternamente caído**. Leemos:

> *"Y dijo Jehová Dios: 'He aquí que el hombre es como uno de nosotros, sabiendo el bien y el mal; ahora, pues, que no alargue su mano, y tome también del árbol de la vida, y coma, y viva para siempre'."* (Génesis 3:22)

Por lo tanto, el primer acto de amor del Creador ante su creación posterior a la caída, fue establecer límites. Frecuentemente los límites son interpretados erróneamente como **prohibiciones**, cuando en realidad son **protecciones**. Lineamientos establecidos para nuestro resguardo, y la expulsión del hombre del huerto puede demostrarlo. El reto que la nueva circunstancia representaba para el hombre y su mujer era formar una familia estando espiritualmente muertos. Vayamos de inmediato al siguiente capítulo:

Adán y Eva

Establecimiento de los roles y las funciones

La primera familia constituida por Dios aquí en la tierra tiene mucho que decir a las familias que le siguieron. Las lecciones tan profundas que nos deja la historia de Adán y Eva, como el resto de las familias de los personajes bíblicos, nos sirven de base para no cometer los mismos errores y promover sus aciertos en nuestras familias.

El mayor legado que nos deja la historia de esta primera familia, está en comprender uno de los principios fundamentales en un hogar para desarrollar personas de éxito. Las familias modernas debemos aprender los secretos que guarda el transmitir, a cada uno de los nuestros, **una fe viva**. Inspirar a nuestros hijos a experimentar una fe viva es todo un reto. Ilustrar y guiar su entendimiento para que logren fundamentar sus vidas en Dios a través de la fe, es nuestro desafío. Pero, **¿cuáles son las dificultades y obstáculos que los padres debemos superar al tratar de transmitir una fe viva a nuestros hijos?** Esto es lo que podemos encontrar en la primera familia registrada en los relatos bíblicos.

> *"Tomó, pues, Jehová Dios al hombre, y lo puso en el Huerto del Edén, para que lo labrara y lo guardase. Y mandó Jehová Dios al hombre, diciendo: 'De todo árbol del huerto podrás comer; mas del árbol de la ciencia del bien y del mal no comerás; porque el día que de él comieres, ciertamente morirás'. Y dijo Jehová Dios: 'No es bueno que el hombre esté solo; le haré ayuda idónea para él'."* (Génesis 2:15-18)

En esta breve cita usted podrá leer que Dios creó al hombre y a la mujer, les asignó un lugar a cada uno en la Creación y en la familia que conformarían. Pero además, les dio las leyes necesarias para salvaguardar su estancia en el huerto y que les ayudarían a formar un hogar funcional.

Antes de la caída del hombre, la vida en el huerto era literalmente la vida en el Paraíso. Cada uno ocupando su **lugar** y realizando su **función**. El relato lo reconoce y la conclusión también. Tanto el hombre como la mujer desobedecieron el mandato preciso de Dios de no comer del árbol de la ciencia del bien y del mal. En este punto comienza el descubrimiento. Con frecuencia nos concentramos en el árbol de la ciencia del bien y del mal y pasamos por alto el árbol de la vida. Pero, ¿ya observó que el hombre prefirió comer del árbol del **conocimiento** e ignoró al árbol de la **vida**, que por cierto no estaba prohibido? ¿Por qué? Encuentro dos razones fundamentales: la primera, por la influencia del mal representado en la Serpiente, y la segunda, por la tendencia humana de buscar el poder.

Con este breve resumen de la caída, pensemos por un momento en los agravantes que el primer hombre y su mujer cargaron después de su salida del huerto. Lo relevante de esto es que ambos partían de esta base para reiniciar sus vidas y añadir elementos a su familia, y la primera pregunta que salta a la vista es: ¿Cómo se habrían sentido **emocionalmente** al ser expulsados del huerto? Considerando que después de haber disfrutado de toda aquella armonía y bienestar del Jardín del Edén, ahora enfrentaban una tierra hostil y salvaje; Adán seguramente se sentía deprimido y con aquella sensación de haberlo perdido todo por tomar una decisión equivocada. Y Eva, por su parte, creo que se sentiría muy desilusionada. Pero los agravantes no terminan en simples estados emocionales, según narra la historia, cuando Dios dicta las consecuencias que vivirían, dice *Génesis* capítulo tres, que Adán comenzaría a formar una familia bajo la maldición de la tierra. Y con gran esfuerzo conseguiría el sustento para él y los suyos. Y Eva sería agraviada en su maternidad al añadirle dolor intenso al parto. Pero además, se le añadiría la frustración de vivir bajo **el dominio obstinado e intransigente** del hombre caído. El dominio del hombre sobre la mujer, por cierto, nunca fue el plan de Dios. Cabe aclarar que desde antes de la maldición de la tierra posterior a la caída del hombre, Dios ya había puesto al hombre como **cabeza de la mujer**, por eso lo creó primero. Pero además, le dio a él las Leyes del Huerto como deseando que fuera el hombre quien enseñara el mundo a su mujer, buscando que él tomara la iniciativa de **amarla**, **sustentarla**, **protegerla y guiarla**. Ese papel es reiterado en el Nuevo Testamento cuando Pablo dice:

> *"Las casadas estén sujetas a sus propios maridos, como al Señor;*
> *porque el marido es cabeza de la mujer, así como Cristo es*

cabeza de la iglesia, la cual es su cuerpo, y él es su Salvador."
(Efesios 5:22-23)

El mismo apóstol Pablo reitera, en la primera carta a los Corintios, lo dicho en la carta a los Efesios, y añade una serie de elementos que resultan todavía más complejos y que pueden ser muy mal interpretados:

> *"Porque el varón no debe cubrirse la cabeza, pues él es imagen y gloria de Dios; pero* **la mujer es gloria del varón.** *Porque* **el varón no procede de la mujer,** *sino la mujer del varón, y tampoco el varón fue creado por causa de la mujer, sino la mujer por causa del varón. Por lo cual la mujer debe tener* **señal de autoridad** *sobre su cabeza,* **por causa de los ángeles.** *Pero en el Señor, ni el varón es sin la mujer, ni la mujer sin el varón; porque así como la mujer procede del varón, también el varón nace de la mujer; pero todo procede de Dios."* (1 Corintios 11:7-12; énfasis mío en negritas.)

Ideas como que la mujer es gloria del varón, que el varón no procede de la mujer, que la mujer debe tener señal de autoridad sobre su cabeza, y que esto sea por causa de los ángeles, nos llenan de incertidumbre y aceleran el corazón de las *mujeres feministas.* Sin embargo, esto es palabra de Dios y el Creador de todo nos revela sus planes sobre las funciones y roles de cada uno, al crear al hombre y a su mujer en ese orden. El mismo orden bajo el que creó al hombre con respecto a la mujer, hace a la mujer **procedente** del varón.

La tendencia persistente, casi crónica, del hombre de **luchar por dominar a la mujer** es otra consecuencia de la caída, no un reflejo de los planes de Dios. *El Creador diseñó al hombre y a la mujer* **equivalentes,** *al otorgarles el mismo valor, pero* **funcionalmente** *diferentes, al asignarles diferente función.* Sus planes nunca fueron poner a uno sobre el otro, ni a uno frente al otro para que midieran fuerzas y compitieran por el poder. Funcionalmente, el hombre es *cabeza* de la mujer, tanto como la mujer es el *corazón* de un hogar. Esto nos lleva a comprender la relación complementaria que forman ambos en un hogar. Si tuviera que elegir entre perder la cabeza o el corazón, ¿qué decisión tomaría?; ambos órganos son indispensables para la existencia de una vida. También sería ridículo poner a competir a la cabeza y al corazón para ver cuál resulta más importante. Ambos órganos deben trabajar en equipo para poder decir que tenemos un cuerpo sano. De la misma manera, la mujer y el hombre, uniendo y coordinando sus funciones, le dan vida y funcionalidad a una familia, como un cuerpo bajo la unión perfecta de la cabeza y el corazón.

Es curioso que la metáfora de la cabeza y el corazón comparados con las funciones y roles del hombre y su mujer, llegue al extremo cuando comprendemos las enfermedades que se relacionan con el mal funcionamiento que puede existir entre ambos órganos. Por ejemplo, la hipertensión que surge de un corazón que late con fuerza sobre las paredes de las arterias. Una persona preocupada, aprensiva y con una mentalidad catastrófica sobre las circunstancias que vive, puede acelerar su ritmo cardíaco y generar una elevación de su presión arterial. Del mismo modo actúa un hombre que no sabe amar, sustentar, proveer y guiar a su mujer y, por el contrario, la presiona con sus pensamientos y agresiones, generando así que la mujer también actúe como un corazón descontrolado, que produce presión arterial y un fuerte dolor de cabeza. Cabeza y corazón deben asumir cada uno su función, igual que la mujer y el hombre en un hogar. Así como Dios espera de un hombre que desee amar, proteger, sustentar y guiar a su esposa, de la misma manera pide a la mujer que quiera **respetar** a su marido. Que **honre** el papel de su marido. Que verdaderamente le **admire** y que **confíe** en su guía, como un corazón se coordina con la cabeza y la llena de vida.

En un organismo, la cabeza es responsable de cuidar del cuerpo, por eso en ella se concentran los cinco sentidos, para que la cabeza escuche, observe, alimente y sustente al cuerpo. Jamás verá –a menos que esté loco- que la cabeza castigue a su cuerpo porque tropezó. Más bien se da un golpe en la frente y exclama: "¡Qué torpe! ¿Cómo no me fijé?".

Pero también el cuerpo debe sujetarse a la cabeza. Y ciertamente dos cabezas piensan mejor que una, pero una cabeza decide mejor que dos. Y también es necesario que sea uno quien asuma la responsabilidad de la decisión tomada al guiar a una familia. El equilibrio está en la toma de la propia responsabilidad de cada uno. Lea con detenimiento Efesios 5:25 y 33; le dará una perspectiva más amplia de las funciones y roles que se esperan de usted en un hogar.

Aquí quiero añadir un breve comentario ante la frase: *"Por causa de los ángeles"*. Sin meterme en asuntos que serían mejor tratados por los teólogos, la mención de los ángeles, en este contexto, me hace ver un triángulo perfecto. El mundo espiritual, el hombre y su mujer.

Las familias modernas debemos aprender los secretos que guarda el transmitir a cada uno de los nuestros una fe viva. Y solo la asignación original de las funciones y la búsqueda de la armonía familiar al aceptar, desarrollar y amar dichas funciones crea la plataforma ideal para la buena recepción, en los hijos, de una fe viva. Lo contrario también es cierto: el núcleo familiar en el que no se ama ni se acepta estas funciones, produce hijos desubicados ante la vida y confundidos en los roles y funciones que les toca desempeñar. Pero además, germina en ellos incredulidad hacia las figuras de autoridad.

Si un hijo no respeta, honra, confía, ni admira a su padre, puede ser porque en primera instancia ve que su madre no lo respeta, no lo honra, no confía en él, no lo admira. Lo mismo sucede con aquel hijo que no honra ni protege a su madre, seguramente porque eso es lo que su padre le modela con su conducta **utilitaria** de ver a la mujer como un objeto. Pero lo peor de todo este desorden familiar que producen esos vacíos de poder, está en que desencadena reacciones de incredulidad y desconfianza hacia las figuras de autoridad.

Este fue el caso de Adán y Eva, quienes produjeron toda una generación de hijos **escépticos y resentidos** en contra de Dios y de sus padres, y posteriormente en contra de todo lo que les representara una señal de autoridad. **Hijos intolerantes ante la frustración, movidos a la competencia por un espíritu egoísta que no acepta la guía ni la autoridad de nadie.** Esto queda en claro en el relato que nos describe el transcurrir de la vida familiar dentro del hogar de Adán y Eva posterior a la expulsión del huerto del Edén.

> *"Conoció Adán a su mujer Eva, la cual concibió y dio a luz a Caín, y dijo: 'Por voluntad de Jehová he adquirido varón'. Después dio a luz a su hermano Abel. Y Abel fue pastor de ovejas, y Caín fue labrador de la tierra. Y aconteció, andando el tiempo, que Caín trajo del fruto de la tierra una ofrenda a Jehová. Y Abel trajo también de los primogénitos de sus ovejas, al más gordo de ellas. Y miró Jehová con agrado a Abel y a su ofrenda; pero no miró con agrado a Caín y a la ofrenda suya. Y se ensañó Caín en gran manera, y decayó su semblante. Entonces*

> *Jehová dijo a Caín: '¿Por qué te has ensañado, y por qué ha decaído tu semblante?'."* (Génesis 4:1-6)

Pero el espíritu omnipotente que caracteriza al ser humano, y que le lleva a la constante búsqueda del poder y el dominio de uno sobre el otro, se apoderó de Caín. Y la envidia y el enojo que le produjo el reconocimiento de que a su hermano le fuera mejor que a él, abrió la puerta al pecado y a las malas decisiones. La soberbia conduce al enojo constante y al dolor interior de ver el progreso del otro, porque la envidia es el dolor por el bien ajeno; esto fue lo que finalmente llevó a Caín a planear y ejecutar el asesinato de su propio hermano con el único fin de apagar su éxito. Consecuencias todas de la suma de dos factores, padres que no supieron o no quisieron transmitir a sus hijos una fe viva y las malas decisiones de los hijos. En el caso de Caín, fue el mismo Dios quien, al advertir el decaimiento de su rostro, se acercó a este muchacho tal como un padre debería hacerlo para instruirlo con respecto a estos sentimientos y pensamientos. Cabe señalar que no se registra una plática así entre Caín y su padre, ni se nos dice que Adán y Eva se dieran cuenta de lo que pasaba entre Caín y Abel. En su plática, Dios mismo le advierte el riesgo en el que se encuentra con semejantes sentimientos que tenía hacia su hermano, pero además, como un padre amoroso, lo anima a no dejarse dominar por la ira y la envidia. Y finalmente Dios deja en claro a Caín que la decisión de dejarse dominar o no, sería suya:

> *"Entonces el Señor le dijo: '¿Por qué estás tan enojado? ¿Por qué andas cabizbajo?* **Si hicieras lo bueno,** *podrías andar con la frente en alto. Pero si* **haces lo malo,** *el pecado te asecha, como una fiera lista para atraparte. No obstante,* **tú puedes dominarlo'.**" (Génesis 4:6-7 NVI; énfasis mío en negritas.)

La triste conclusión de esta historia nos hace entender que dentro de los hogares pueden existir ausencias y vacíos que pueden llevar al extremo de la tragedia, el asesinato de su hermano. Pero además, podemos contemplar en Caín el origen y la construcción de un imperio, **el imperio de Caín,** que se constituía de hombres egoístas, hedonistas y narcisistas. Hombres en la búsqueda del poder y del dominio de uno sobre el otro.

> *"Salió, pues, Caín de delante de Jehová, y habitó en tierra de Nod, al oriente de Edén. Y conoció Caín a su mujer, la cual*

concibió y dio a luz a Enoc; **y edificó una ciudad, y llamó el nombre de la ciudad del nombre de su hijo, Enoc.** *Y a Enoc le nació Irad, e Irad engendró a Mehujael, y Mehujael engendró a Metusael, y Metusael engendró a Lamec. Y* **Lamec tomó para sí dos mujeres;** *el nombre de la una fue Ada, y el nombre de la otra, Zila. Y Ada dio a luz a Jabal, el cual fue padre de los que habitan en tiendas y crían ganados. El nombre de su hermano fue Jubal, el cual fue padre de todos los que tocan arpa y flauta. Y Zila también dio a luz a* **Tubal-Caín, artífice de toda obra de bronce y de hierro;** *y la hermana de Tubal-Caín fue Naama. Y dijo Lamec a sus mujeres Ada y Zila: 'Oíd mi voz, mujeres de Lamec, escuchad mi dicho: que un varón mataré por mi herida, y un joven por mi golpe.* **Si siete veces será vengado Caín, Lamec en verdad setenta veces siete lo será'.**"(Génesis 4:16-24 énfasis mío en negritas.)

El imperio de **Caín** comenzaba. Toda una generación de hombres ególatras y megalómanos que construyen ciudades a su nombre y grandeza, *machos dominantes y adúlteros que toman a la mujer como objeto.* **Lamec** toma para sí dos mujeres y con orgullo de sus antepasados expresa: *"Si siete veces será vengado Caín, Lamec lo será setenta veces siete".* También surgen hombres como **Tubal-Caín,** que comienzan a forjar el bronce y el hierro, preparándose para pelear por arrebatar el dominio a quien se interponga en su camino, provenga del mismo imperio de Caín o de la línea de Set.

Pero a la par de este imperio, comenzaba a trazarse una línea de hombres con intereses muy diferentes a los de Caín. Hombres en busca de la reconciliación con su Creador. Individuos dispuestos a luchar en contra de sus instintos. Esta línea comienza después del asesinato de Abel, cuando Eva vuelve a concebir y le nace un hijo varón a quien llamó **Set**, y quien, según la declaración de la madre, vino a sustituir a Abel. Posteriormente a Set le nació un hijo y le puso por nombre Enós, y el relato bíblico nos dice que entonces los hombres de esta línea **comenzaron a invocar el nombre de Jehová** (Génesis 4:26). El contraste generacional se marca por la línea de Set, una generación de hombres que busca nuevamente el rostro del Creador, hombres de quienes en el futuro, llegaría el Mesías.

Caín y Abel
Hermanos

Después de ver a Adán y a Eva de frente al Creador, cuando Dios trataba personalmente con ellos en el Jardín del Edén, en la segunda escena les pudimos ver en sus roles y funciones antes y después de la expulsión del huerto. Pudimos verlos tratando de formar una familia bajo la maldición de la tierra. Ahora, el tercer capítulo que podemos extraer de la historia de esta primera familia, lo escribieron Caín y Abel, los dos primeros hijos de Adán y Eva. Aun en su muy breve intervención en los relatos bíblicos, podemos encontrar en la vida de estos hermanos **tres verdades fundamentales** con respecto a los roles que estaban jugando dentro de su núcleo familiar. El relato inicia de esta forma:

> *"El hombre se unió a su mujer Eva, y ella concibió y dio a luz a Caín. Y dijo: '¡Con la ayuda del Señor, he tenido un hijo* **varón***!'* **Después** *dio a luz a Abel, hermano de Caín. Abel se dedicó a* **pastorear ovejas**, *mientras que Caín se dedicó a* **trabajar la tierra**.*"* (Génesis 4:1-2 NVI; énfasis mío en negritas.)

La verdad número uno que podemos extraer de esta cita, es que Dios determina el género y el lugar de cada miembro de la familia. No es decisión de los padres otorgar el lugar en que nacerán los hijos, ni el género de cada uno de ellos, lo cual queda demostrado en la frase: *"Con la ayuda del Señor,* he tenido un hijo *varón"*. Pero los padres sí podemos **boicotear** el lugar que por derecho natural les corresponde a nuestros hijos en la familia por el orden en que nacieron, y peor aún, los padres también podemos **confundir** a nuestros hijos en su sexualidad, por la ambigüedad de los roles y funciones en casa.

Los padres confundimos sexualmente a nuestros hijos cuando no les ayudamos a **identificar** plenamente las expectativas que Dios puso sobre el género que Él mismo les asignó a cada uno, o simplemente no les **inspiramos a amar** ese papel. Como veíamos en el capítulo anterior, Dios espera que un hombre *desee* **amar**, **proteger**, **sustentar** y **guiar** a su esposa. Y que la mujer *desee* **respetar**, **honrar**, **admirar** y **confiar** en su marido. Pues la armonía familiar se logra cuando los padres modelamos el aceptar, desarrollar y amar dichas funciones. Esto, además, crea la plataforma ideal para la buena recepción, en los hijos, de una fe viva. Lo contrario también es cierto: el núcleo familiar en el que no se aman ni aceptan estas funciones, produce hijos desubicados ante la vida y **confundidos** en los roles y funciones que les toca desempeñar. Pero el fondo de todo esto muchas veces comienza con el rechazo de los mismos padres a lo que ellos saben que Dios asigna en un hogar. Los padres que actúan de este modo, producen hijos inconformes con los roles y funciones que les toca desempeñar, pero además, verán cómo sus hijos se conforman a esta generación incrédula y resentida en contra de Dios y de sus leyes. Una generación que no ama ni respeta sus funciones asignadas.

Por otro lado, las expectativas que Dios pone sobre los papeles que deberán jugar en casa los hermanos, en el lugar que Él ha asignado a cada uno al darles el orden de su nacimiento, son frecuentemente mal interpretadas y mal adaptadas a los intereses mezquinos de algunos padres. El mayor no debería ser considerado el *responsable, soporte, brazo derecho, paño de lágrimas, administrador o albacea de los bienes*, etc.; en resumen, no se debe saturar al mayor en una familia con el cargo de ser el *representante de los padres* o la *figura de autoridad* para disciplinar a sus hermanos. Como tampoco al hijo menor se le debería ver como el *consentido, inexperto, débil, la mascota de la familia o el pequeño* al que se debe cuidar. Y mucho menos se debería juzgar al hijo de en medio como *el vago, la "oveja negra"* o *"el malo" de la familia*. Etiquetar a los hijos por el lugar que ocupan en casa es **boicotear** su función en la familia. No obstante, cuando Dios confronta a Caín por la muerte de su hermano, hace una pregunta sobre la que vale la pena reflexionar:

> *"Caín habló con su hermano Abel. Mientras estaban en el campo, Caín atacó a su hermano y lo mató. El Señor le preguntó a Caín: '¿Dónde está tu hermano Abel?' 'No lo sé', respondió.* ***¿Acaso soy yo el que debe cuidar a mi hermano?'."*** (Génesis 4:8-9 NVI; énfasis mío en negritas.)

Seguramente Caín pretendía evadir su responsabilidad por la muerte de su hermano. Pero esencialmente, a pesar de que Caín era el hermano mayor, la respuesta a su pregunta es: No. Los padres **boicoteamos** al mayor cuando lo convertimos en "el papá" de sus hermanos. El hermano mayor debe tener **un lugar de honor** en la familia, debe tener **el respeto** de los menores. Debería ser el primero en obtener sus grados escolares, traer dinero, manejar un auto, el primero en tener novia(o), etc. Fomente en sus hijos el respeto al mayor; esto **modela la jerarquía** en un hogar y en una sociedad. No confunda a sus hijos. Porque el mayor puede *apoyar* en las labores de la casa, pero la *responsabilidad* del cuidado de los hijos es de los padres. Esta pregunta, en el fondo, puede ser también un reclamo a la actitud indolente de algunos padres. El relato no nos dice cómo se comportaron Adán y Eva en su paternidad, pero el enojo de Caín no pareció ser advertido por ellos, sino por Dios. Y la historia nos deja con la sensación de un vacío en las funciones paternas.

Por otro lado, si queremos definir la responsabilidad del hermano mayor en un hogar, les diría a los hermanos mayores que "cuidar" es fácil. Una niñera cuida. Una nana cuida ¡Hasta un perro cuida! Dios quiere que el mayor sea **el ejemplo a seguir**. El mayor solo es responsable de ser, precisamente, "el mayor". El mayor es el primero. La punta de lanza. El modelo. El camino que los menores van a seguir, lo que le convierte en *responsable* de su ejemplo, de sus decisiones, de sus elecciones. Es quien instruye con su ejemplo, pero, ¿acaso el mayor es el responsable de las decisiones de sus hermanos? De ninguna manera. En esta coyuntura vale la pena la aclaración de que el mayor no es solo el más viejo de los hermanos. Quien tenga un hermano menor, deberá ser su ejemplo. Esto, de alguna manera, nos convierte a todos en responsables de dar ejemplo a alguien dentro y fuera del núcleo familiar.

La segunda verdad llega después de entender que Dios es quien decide el lugar y el género de cada miembro de una familia; este segundo principio es: **Somos diferentes**. Fácilmente identificable en el relato bíblico citado al comienzo de este capítulo, dice: *"Después dio a luz a Abel, hermano de Caín. Abel **se dedicó a pastorear ovejas**, mientras que Caín **se dedicó a trabajar la tierra**".*

Somos diferentes porque pensamos diferente, sentimos diferente, tenemos gustos diferentes y amigos diferentes. ¡Aun los gemelos son diferentes! Por esto debemos amar la diferencia. Cada uno de nosotros es único dentro de nuestra familia por su diseño. El llamado para cada uno de los hermanos dentro de su núcleo familiar, es a amar y respetar el diseño que Dios nos dio a cada uno de nosotros. ¡Tu modelo incluye tu físico, tus habilidades, tu estilo! Conoce y ama el modelo que Dios planeó para ti.

Ante esto, creo que todos nosotros en algún momento de profunda tristeza nos hemos preguntado: "¿Fui un hijo planeado?". Son pocos los que pueden decir con certeza que su nacimiento fue planeado por sus padres. La gran mayoría de nosotros sabemos a ciencia cierta que no fuimos planeados. Yo soy el número siete de una familia de ocho. Y mi esposa es la número doce de una familia de trece. ¿Cree usted que mis suegros planearon que naciera mi esposa? No puedo imaginarlos planeando el nacimiento del hijo número ¡trece! Admitamos de una vez por todas que muchos de nosotros somos hijos del mal entendimiento del método de Billings, producto de un *chispazo*, secuela de una "noche de copas, una noche loca", etc.; y atinadamente podríamos considerarnos el *susto materializado* que nuestros padres experimentaron cuando recibieron la noticia. De todo esto, seguro ha pensado que lo único *positivo* fue el resultado de la prueba de embarazo.

A pesar de todo lo anterior, debo darle una noticia muy positiva: usted sí fue un hijo planeado. Quizá no por sus padres, pero sí por el Creador. Y Dios pensó en su diseño desde antes de que usted naciera. A este respecto, el rey David nos regaló el Salmo 139. Es muy recomendable una buena leída a todo este Salmo. Solo quiero citar un breve extracto para entender la manera en la que Dios planeó nuestro nacimiento y diseño.

> "*Porque tú formaste mis entrañas; tú me hiciste en el vientre de mi madre. Te alabaré; porque formidables, maravillosas son tus obras; estoy maravillado, y mi alma lo sabe muy bien. No fue encubierto de ti mi cuerpo, bien que en oculto fui formado, y entretejido en lo más profundo de la tierra. Mi embrión vieron tus ojos, y en tu libro estaban escritas todas aquellas cosas que fueron luego formadas, sin faltar una de ellas.*" (Salmos 139:13-16)

Cualquiera que hubiera sido la circunstancia bajo la que se dio nuestra concepción, ni un detalle de nuestro diseño escapó al control de Dios. Ciertamente, el origen de una vida muchas veces está rodeado un *aura* de sospecha y dolor. **El ser humano no es responsable de su origen, pero sí lo es de su destino.** Dios es el creador de nuestro origen y diseño. Él lo planeó.

Pensó el día y la hora. Vio las circunstancias, y en su soberanía permitió que las cosas sucedieran tal y como se dieron. Si usted fue el producto de un plan acariciado y anhelado de dos enamorados o el resultado del descuido de sus progenitores, si fue el galardón de una relación formal o la secuela de una violación, si usted es el fruto de una pareja que se amó profundamente o la derivación de una negociación oscura entre sus padres y un tercero, cualquiera que hubiera sido la circunstancia de su origen, **Dios deseaba su nacimiento**. Aclaro que no fue Dios quien planeó las circunstancias -muchas veces sombrías- que rodearon su origen. Pero de alguna manera, en su infinita misericordia, Dios transformó aquel *terrible* escenario en un producto tan excelente y valioso como lo es usted. Por lo mismo, no debe afligirnos de ninguna manera nuestro origen, pero sí deberíamos ocuparnos de nuestro destino, porque de esto, nuestro Creador nos llamará a cuentas. Esto me lleva nuevamente al relato del *Génesis*, al momento en el que Dios confrontó a Caín con sus sentimientos confusos y le reveló que estaba a punto de decidir su destino:

> *"Entonces el Señor le dijo: '¿Por qué estás tan enojado? ¿Por qué andas cabizbajo? Si hicieras lo bueno, podrías andar con la frente en alto. Pero si haces lo malo, el pecado te acecha, como una fiera lista para atraparte. No obstante, tú puedes dominarlo'."* (Génesis 4:6-7 NVI)

Y llegamos así a la **tercera verdad:** Ser el tipo de hermano que soy es una decisión individual. Es una decisión convertirse en el "bueno", el "malo" o el "feo". Responder a los padres: "Es mi carácter", después de cometer un mal acto entre los hermanos, es una excusa, una justificación, un pretexto que otorga al "malo", la licencia para *matar*. Los malos actos en casa son una decisión individual. No se debe culpar a los demás de las propias acciones, ni se puede culpar a "fuerzas ajenas" a mí, como si la voluntad fuera secuestrada por un poder ineludible. Quien dice: "Es mi carácter", se convierte paso a paso en el "feo" de la familia. Precisamente es ésta la actitud que termina por generar tan profundos sentimientos de rencor y dolor dentro de una familia. Quizá, estimado lector, con esta reflexión, pueda identificar que alguna de las tres premisas anteriores ha generado su problema familiar. Quizá hoy descubra que no ha admitido que su lugar en la familia fue determinado por el mismo Dios, y hasta ha llegado a pensar que fue cosa de sus padres, o hasta de sus hermanos que se *confabulan* en su contra para cargarle la mano. Quizá hoy sea el día de descubrir que el problema de fondo es que no ama su diseño ni acepta las diferencias. O quizá le llegó la hora de aceptar que su problema familiar se explica mejor al aceptar que todo es producto de aquella decisión que tomó de ser el hermano que decidió ser, y que tomó el camino equivocado entre las dos opciones que realmente tenía: **hacer lo bueno o lo malo**. E igual que Caín, tomó el camino de hacer lo malo.

Por todo lo anterior, hoy dejo sobre la mesa el desafío. Si usted todavía es hijo de familia, le invito a que acepte el reto que implica vivir en casa de acuerdo al lugar que Dios le asignó; acepte y viva con agradecimiento el género que Dios decidió que tuviera, y dentro de su sistema familiar, desarrolle con entusiasmo el papel que se espera de usted. Identifique y asuma la responsabilidad de ser el hijo mayor, el menor o el hijo de en medio. Y principalmente, ame y respete el diseño que Dios le regaló desarrollando al máximo el potencial que guarda su propio diseño, combinado con el lugar asignado que Dios le ha otorgado.

Si usted ya es padre de familia, el desafío que le espera tiene dos vertientes; por un lado se espera que usted ayude a que sus hijos amen y respeten su papel de hombres o mujeres, amen y respeten el diseño que Dios les dio y que desarrollen al máximo su potencial como personas en desarrollo. Esto le ubicará a usted, como padre, en la otra parte del desafío que es amar, respetar y desarrollar la función de esposo y padre que Dios le asignó. Dios le motive y guíe en esta hermosa empresa.

Noé

Bajo el principio de la obediencia

Después de analizar a la primera familia que pisó esta tierra, nos adentramos a una segunda familia con una historia apasionante, la familia de Noé. Y quiero exponer esta segunda familia bajo el principio de la obediencia. Esta historia expone con mucha claridad el dilema que trae consigo **la obediencia**. *Decidir obedecer, o no, los mandatos de Dios.* Cuando se abre esta bifurcación en nuestro camino, nos pone en una disyuntiva al obligarnos a tomar una decisión entre las dos alternativas básicas: **obedecer o no obedecer**. Dios siempre ofrece al ser humano la alternativa. Un día, Dios le dijo al pueblo de Israel cuando estaba a punto de entrar a poseer la tierra prometida:

> *"He aquí yo pongo hoy **delante de vosotros** la bendición y la maldición: la bendición, **si oyereis** los mandamientos de Jehová vuestro Dios, que yo os prescribo hoy, y la maldición, **si no oyereis** los mandamientos de Jehová vuestro Dios, y os **apartareis** del camino que yo os ordeno hoy, para ir en pos de dioses ajenos que no habéis conocido."* (Deuteronomio 11:26-28; énfasis mío en negritas.)

Oír y **apartarse** son los dos verbos que implican la determinación o decisión que la persona toma sobre las alternativas que Dios mismo le pone delante en su camino. Oír significa atender a las indicaciones reveladas, y apartarse presupone la decisión de seguir las indicaciones reveladas. Además, podemos ver que la determinación tomada por alguna de las opciones traerá, según sea el caso, *bendición* o *maldición*, también reveladas en las leyes divinas.

En la historia de la familia de Noé podemos ver los grandes beneficios y bendiciones que puede traer la obediencia a un individuo y los suyos. Como también resuena en esta misma historia la advertencia de Dios sobre las terribles consecuencias que la desobediencia puede acarrear a una persona y a su familia. Esta familia vivió bajo una sociedad en donde la maldad de los hombres era mucha en la tierra. Según dice el relato, fue un tiempo en el que todo designio de los pensamientos del corazón de ellos, era de continuo solamente al mal. Se trataba de un tiempo en el que la humanidad se había corrompido al extremo. El lector podrá corroborar todo lo antes dicho en Génesis 6:1-8.

La raza antediluviana está llena de secretos y misterio. El capítulo seis del *Génesis* describe la tierra de aquella época de manera fantástica, hasta nos habla de la existencia de **gigantes**. Los esfuerzos por entender el significado de la frase: *"Había gigantes en la tierra en aquellos días..."* ha llevado a los teólogos a dos alternativas para interpretar este asunto de los *gigantes* en la tierra. La primera postura a este respecto se basa en la interpretación de la frase: "los hijos de Dios" como los descendientes de la línea de Set. Esto significaría que la unión sexual entre los descendientes del *imperio de Caín* con los descendientes de la *línea de Set*, produjo mutaciones genéticas y entonces les nacieron gigantes. Como el lector podrá ver, es difícil pensar que esto pueda ser así, por algunas razones: la primera, es que las frases *"la línea de Set"* y *"el imperio de Caín"*, son conceptos que nos sirven para *describir* la postura espiritual de obediencia y búsqueda de Dios de la línea de Set, en contraposición a la actitud soberbia e indiferente hacia Dios manifiesta en el imperio de Caín; la segunda dificultad está en la idea de que una postura espiritual pueda producir mutaciones genéticas; y la tercera razón que hace insostenible esta postura, está en la evidencia que presenta el **Antiguo Testamento**, donde no hay referencia alguna a **hombres** como "hijos de Dios", más bien se refiere a ellos como "siervos de Dios". Y la frase *"los hijos de Dios"* más bien se refiere a los **ángeles**, como puede verse en Job 1:6. Extendiendo un poco más este concepto, notará que en el Nuevo Testamento esto cambia: a los hombres se les refiere como *hijos de Dios*, y a los ángeles se les refiere como *siervos de Dios*.

De esto último se desprende la segunda postura, al interpretar la frase *"los hijos de Dios"* como ángeles. Esta postura era conocida desde los tiempos de Flavio Josefo, quien plenamente identifica a los hijos de Dios como criaturas angélicas. Cito su primer libro de la serie *Antigüedades de los Judíos* (Tomo 1 Libro 1 Capítulo III), que nos dice:

> *"Muchos ángeles de Dios convivieron con mujeres y engendraron hijos injuriosos que despreciaban el bien, confiados en sus propias*

> *fuerzas; porque según la tradición, estos hombres cometían actos*
> *similares a los de aquellos que los griegos llaman gigantes."*

La creencia generalizada a este respecto supone que la frase "*hijos de Dios*" se refiere a los ángeles caídos, quienes antes de ser encerrados en prisiones de oscuridad, se mezclaron con las hijas de los hombres, como una especie de *íncubos,* lo que produjo una gran cantidad de mutaciones genéticas, de las cuales vinieron aquellos gigantes.

Ante todo, debemos admitir que es un pasaje difícil de explicar, y llegar a su interpretación final no es mi objetivo. Lo más relevante de este relato y lo que quiero enfatizar, es el altísimo **nivel de maldad** existente en aquella época. Maldad extrema hasta el punto en que Dios, finalmente, determina el extermino de la humanidad. El mismo capítulo seis dice que *la tierra estaba llena de violencia,* y que a Dios *le dolió haber creado al hombre* después de ver que todo designio del corazón de su creación iba de continuo solamente **al mal**.

Algo verdaderamente grave tuvo que haber sucedido, de tal manera que **no había otra manera** de poner un control a todo esto sin ponerle fin a la raza humana entonces existente. De hecho, la frase "*los días de Noé*", se volvió sinónimo en las Escrituras de aquella terrible mezcla entre el colmo de la corrupción y la maldad extrema, combinadas con la indiferencia hacia Dios y sus leyes. *Los días de Noé* fueron una época comparable a *los días de Lot,* cuando de nueva cuenta Dios decidió destruir a las ciudades de Sodoma y Gomorra por su pecado. A su vez, *los días de Noé* y *los días de Lot* son comparables a *los días de la segunda venida de Cristo.* En los tres casos, se presenta aquella perniciosa combinación que suma la **corrupción** extrema de la humanidad, con la peor de las actitudes humanas, que es la arrogancia, al **ignorar** las leyes e indicaciones de Dios. Como referencia de lo anterior, vea lo siguiente:

> *"Como fue en los días de Noé, así también será en los días del*
> *Hijo del Hombre. Comían, bebían, se casaban y se daban en*
> *casamiento, hasta el día en que entró Noé en el arca, y vino el*
> *diluvio y los destruyó a todos. Asimismo como sucedió en los*
> *días de Lot; comían, bebían, compraban, vendían, plantaban,*
> *edificaban; mas el día en que Lot salió de Sodoma, llovió del*

cielo fuego y azufre, y los destruyó a todos. Así será el día en que el Hijo del Hombre se manifieste." (Lucas 17:26-30)

En este pasaje podrá ver la manera en la que el mismo Señor Jesucristo describió los días de Lot; dice que comían, bebían, compraban, vendían, plantaban, edificaban; nada de lo que aparece en esta lista es malo. Simplemente describe las ocupaciones cotidianas de la vida. Lo que al parecer desea enfatizar el Señor es que las personas estaban ocupadas precisamente en la rutina de la vida, y es justamente en la vida cotidiana en donde corre el mayor riesgo: olvidarse de Dios y sus leyes. Es en la vida cotidiana en donde se enfrenta la peor de las batallas.

Pero también, bajo este tiempo de violencia extrema e indiferencia hacia Dios y sus leyes, surgió un hombre que supo marcar la diferencia. Un hombre que logró tan buen testimonio, que trascendió a su época. De hecho, Dios dice al profeta Ezequiel:

> *"Hijo de hombre, cuando la tierra pecare contra mí rebelándose con sus infidelidades, y extendiere yo mi mano sobre ella, y le quebrantare el sustento del pan, y enviare en ella hambre, y cortare de ella hombres y bestias, si estuviesen en medio de ella estos tres varones, Noé, Daniel y Job, ellos por su justicia librarían únicamente sus propias vidas".* (Ezequiel 14:13-14)

Así, Dios le reveló al profeta Ezequiel que en diferentes épocas en la historia el pecado de la humanidad ha llegado a ser extremo, y que Él actúa en consecuencia quebrantando su sustento, incluso enviando la misma muerte. Pero Dios mismo da testimonio a este profeta, de que hasta ese momento han existido tres varones que han demostrado brillar por su justicia, y **Noé** era uno de aquellos tres hombres que Dios mismo considera justos. Lo cual también nos lleva a la conclusión de que la justicia de Noé es comparable a la justicia de Job y de Daniel el profeta. Conociendo las historias de Daniel y Job que se narran en los libros que llevan sus nombres, entenderemos que nos encontramos entonces frente a un sujeto que vivía en la búsqueda de agradar a Dios, y lo hacía obedeciendo sus indicaciones. Por lo menos en tres ocasiones, al narrar la historia de este hombre, se repite la frase: *"Noé hizo conforme a todo lo que Dios le mandó"*. Y no debemos olvidar que en un tiempo en que no llovía, Dios le mandó a Noé construir un arca y pregonar un diluvio.

El ingeniero químico John Pendleton, hombre cristiano, nos habla en sus videos (que el lector podrá consultar en www.creacionistas.com) sobre un experimento de un grupo de científicos al recrear un modelo sobre cómo sería el clima en el planeta en aquel tiempo en que no llovía, sino que un vapor regaba la faz de la tierra. Al parecer, el efecto invernadero era causado por el agua que cubría la expansión en los cielos; por cierto, según el relato bíblico, aquellas cataratas de los cielos fueron rotas en el diluvio; de este modo, pudo darse un diluvio universal. Pero antes del diluvio, aquella expansión de agua que cubría toda la tierra también la protegía de los rayos ultravioleta que tanto daño producen a la piel y al resto de la naturaleza. Estos científicos casi lograron reproducir el clima, la humedad y temperatura del ambiente que ellos suponen había en el Huerto del Edén. El clima era perfecto. Increíble, pero los animales y las plantas que ellos hicieron que nacieran y crecieran dentro de aquella cámara, crecieron más de lo normal.

Bajo esas condiciones climáticas y sociales, el lector podrá constatar lo complicado que fue para Noé obedecer al mandato de Dios de pregonar un diluvio y construir un arca. Claro que por obedecer, fue objeto de burlas durante el tiempo en que la construía. No obstante, son tres los momentos clave cuando se menciona la frase de que decidió obedecer a todo lo que Dios le mandaba. El primero se presentó cuando vemos a Noé obedeciendo justo en medio de la corrupción de aquella época. El relato nos dice que la tierra estaba corrompida y llena de violencia. Lo que nos dice que Noé *nadaba contra corriente*. El segundo gran momento en que él decide obedecer, es al seguir las indicaciones puntuales al construir el arca. Y el tercer momento se dio al esperar los tiempos indicados por Dios para entrar y salir del arca.

La obediencia de un hombre marcó la diferencia en toda una generación. La obediencia le hizo hallar gracia ante los ojos de Dios. La obediencia le guió a salvar la vida de su familia de una muerte segura. La obediencia le hizo recibir el arco iris en señal de la promesa que Dios hizo de no volver a destruir la tierra con agua. Creo que una idea que bien podría resumir todo lo anterior es: **la obediencia le hizo sobrevivir a un diluvio**. Pensando que en un diluvio o inundación se pierde todo; se pierde la casa, el auto y demás propiedades, se pierde el empleo y también el lugar de trabajo, se pierde la movilidad física y económica, se pierde la tranquilidad, el programa y agenda del día, se pierde la comida, las calles, los servicios que nos hacen la vida más cómoda, y muchas otras cosas más. Definitivamente la obediencia trae un caudal de bendiciones a la persona que decide acatar las indicaciones de Dios.

Noé estaba cierto en lo que Dios quería, y particularmente claro en lo que el Señor haría con la humanidad. Después de todo, las indicaciones por Él dadas, fueron muy puntuales. Noé no estaba confundido sobre si era Dios hablándole o eran sus "voces internas" cuasi psicóticas, como lo expusieron en la película "Noé", de Paramount Pictures, que se estrenó el 7 de marzo del 2014. Noé fue un hombre excepcional. Precisamente lo que hizo de él un hombre fuera de serie fue su obediencia a Dios. Noé tuvo una vida ejemplar; no obstante, después del diluvio, Noé enfrentaría un reto mayor que la misma catástrofe: **la vida cotidiana.**

Todo había pasado. El caos había cesado. Las aguas habían vuelto a su lugar y todo regresaba a la normalidad. La tierra, ocupada entonces por solo ocho personas, representaba un enorme reto. Para entonces Noé y su familia tenían tiempo de crear y recrearse en su trabajo. Fue así que Noé plantó una viña, bebió del vino y se embriagó. Después, producto de su embriaguez, dormía desnudo en su tienda. Cam, uno de sus hijos, lo vio y se burló de su padre. Pero no contento con esto, fue y lo dijo a sus hermanos como esperando hacer aquello más divertido. Pero sus hermanos Sem y Jafet mostraron un profundo respeto hacia su papá tomando una manta, poniéndola sobre sus hombros y caminando hacia atrás para no ver su desnudez. La falla de Noé comenzó al embriagarse, pero… ¿qué de malo tiene beber vino? Definitivamente no es pecado beber vino, pero ciertamente cuando la persona se permite ciertos placeres como este, algo se pone en riesgo. El rey Lemuel es aconsejado por su madre respecto al vino y vea lo directo y certero de sus declaraciones:

> *"Hijo mío, que naciste como respuesta de mis oraciones a Dios, ¿qué consejos podría darte? ¡No te vuelvas loco por las mujeres!, pues han llevado a la ruina a muchos reyes. Querido Lemuel, no conviene que los reyes tomen bebidas alcohólicas, ni que se emborrachen. Porque en cuanto se emborrachan, se olvidan de la ley y no protegen a los pobres. El alcohol es para los que viven amargados y ya no tienen esperanza. ¡Déjalos que se emborrachen y se olviden de su miseria! ¡Que no se acuerden de lo mucho que sufren!"* (Proverbios 31:3-7 TLA)

Sucedió que cuando Noé se embriagó, también comenzó a actuar como borracho, y terminó desnudo. Por cierto que siempre que se le permite la entrada al vino en la familia, seguro va a traer también una desgracia. Y este "pequeño" incidente, aparentemente simple, trajo serias consecuencias a Noé, a su familia y a la humanidad entera. La misma familia de Noé se vio afectada, porque desde ese momento las cosas no podían seguir igual, Noé perdió a Cam, su hijo menor. Pero el mismo Cam recibió la peor parte, la maldición merecida de su padre por haberse burlado de él. Pero la humanidad entera fue afectada en aquel episodio. Sucede que al leer el capítulo diez, el relato nos lleva a una descripción que podría sonarnos hasta aburrida, pero todas aquellas listas de nombres que aparecen en las genealogías tienen un sentido. Y en esta ocasión, el sentido es muy evidente. El autor desea explicar el origen de todas aquellas naciones que a lo largo de la historia se han caracterizado por su corrupción o que han sido los peores enemigos del pueblo de Israel. **Todos descendientes directos de Cam**. Y creo yo que en este episodio, podemos ver el resurgimiento del imperio de Caín. En esta lista podrá ver nombres como **Nimrod**, quien fue el primer político poderoso en la tierra, y que fundó **Babel**; posteriormente fundó **Nínive**. Otros nombres reconocidos son Mizraim, quien engendró a **Casluhim**, de donde salieron los **filisteos**. Y el más famoso descendiente de los hijos de Cam fue **Canaán**, quien engendró pueblos como el jebuseo, el amorreo, el gergeseo, el heveo, el araceo, el sineo, el arvadeo, el zemareo y el hamateo. Por otro lado, el capítulo once registra la continuación de la línea de Sem, de donde viene Nacor, quien engendró a Taré, padre de Abraham, de donde viene el pueblo de Israel.

¿Para qué Dios revela en Su Palabra las genealogías? Para que nosotros sepamos que Él tiene un plan y que nada sucede al azar. Si trazamos una línea, encontraremos desde Noé una historia en desarrollo a través de los tiempos. Porque Dios quiere liberar a su creación de la mayor maldición que el hombre carga sobre sus hombros, **el pecado**. Y desde siempre, se ha valido de hombres grandes que primeramente han obedecido, y después, Dios mismo los capacita para cumplir una misión: liberar a la humanidad. Pero esa línea del tiempo, tiene también un punto culminante; Génesis 5:29 dice que **Lamec** llamó a su hijo Noé, que significa consuelo o descanso. Además dijo: *"Este nos aliviará de nuestras obras y del trabajo de nuestras manos, a causa de la tierra que Jehová maldijo"*. Por esto, desde Noé podrá registrar en esta línea del tiempo nombres que han trascendido a la historia como Noé, Sem, Taré, Abraham,

Isaac, Jacob, Judá, Isaí, David y el mismísimo Señor Jesucristo. En este punto, es muy pertinente citar la declaración del apóstol Pedro:

"En primer lugar, tomen en cuenta que, en los últimos días, vendrán algunos que solo pensarán en sus malos deseos. Se burlarán de ustedes y les preguntarán: '¿Qué pasó con la promesa de que Jesucristo regresaría? Ya murieron nuestros padres, ¡y todo sigue igual que cuando el mundo fue creado!' Esa gente no quiere darse cuenta de que, hace mucho tiempo, Dios creó los cielos y la tierra, y de que con solo una orden separó la tierra y los mares. Además, Dios usó el agua del diluvio para destruir al mundo de esa época; pero, con ese mismo poder, ha dado la orden de que, en el momento indicado, los cielos y la tierra que ahora existen sean destruidos con fuego. Serán quemados el día en que Dios juzgue a todos y destruya a los que hacen el mal. Además, hermanos míos, no olviden que, para el Señor, un día es como mil años, y mil años son como un día. No es que Dios sea lento para cumplir su promesa, como algunos piensan. Lo que pasa es que Dios tiene paciencia con ustedes, porque él no quiere que nadie muera, sino que todos vuelvan a obedecerle." (2 Pedro 3:3-9 TLA).

La familia de Noé nos deja muchas lecciones profundas, pero sobre todo, nos permite ver el amor de Dios y su protección hacia aquellas personas que le aman al extremo de obedecer lo que Él manda.

Abraham

Bajo el principio de la prueba de la fe

En nuestro último capítulo, dejamos a Noé junto con sus tres hijos bajo la ordenanza de repoblar la tierra. Después de que Noé y su familia descendieron del arca, ofrecieron un sacrificio a Dios que para Él resultó en olor grato. Dios entonces se compromete con la humanidad al decir: *"Mientras la tierra permanezca, no cesarán la sementera y la siega, el frío y el calor, el verano y el invierno y el día y la noche"* (Génesis 8:22). Muchas cosas cambiaron después del diluvio, según nos narra el capítulo nueve de este libro, principalmente en estos tres ejes: **en el ecosistema, en las leyes y en el trato de Dios con el hombre.**

En la naturaleza muchas cosas cambiaron. **El ecosistema cambió**. Para comenzar, la forma de irrigación en la tierra cambió: antes subía un vapor que regaba la tierra, ahora llovía. Con mucho esfuerzo el hombre tendría que trabajar la tierra para obtener de ella su alimento. También, su dieta cambió cuando Dios permitió que el hombre se alimentara de seres vivos, lo que llevó al hombre a la crianza de animales. En cumplimiento a la orden de Dios, el temor del hombre cayó sobre el reino animal; ahora, los animales tendrían terror ante la pura presencia del hombre. También, **las leyes que ahora regirían al ser humano** cambiaron al establecerse la pena capital como manera de detener la violencia, bajo el entendido de que Dios no había dado aún sus leyes explícitas, que fueron entregadas hasta el tiempo de Moisés. Finalmente, **el trato de Dios con el hombre** cambió, cuando Dios estableció por primera vez un pacto incondicional con Noé. Un pacto bajo el cual Dios se comprometió con el hombre por su pura gracia, muy a pesar de la continua desobediencia del ser humano, a no destruir la tierra con agua. Esta "nueva" manera de trato entre Dios y el hombre sirvió de antecedente al pacto eterno e incondicional por excelencia, el pacto que Dios hizo con Abraham.

Bajo el contexto que generaron estos tres grandes cambios, se desarrolla la familia de Abraham, el padre de la fe. Abraham, junto con Moisés y el

Rey David, son tres historias indispensables para el pleno entendimiento del Antiguo Testamento. El origen del pueblo de Israel se encuentra en la historia de Abraham. Todo el programa de pactos encuentra sentido en la vida de este hombre. La bendición de Dios a todas las familias de la tierra a través de Jesucristo descubre sus raíces en esta historia. Por todo esto y por su testimonio, los escritores bíblicos le dan a Abraham el título del *Padre de la Fe.*

El inicio de la prueba de la fe comienza desde el llamado que Dios había hecho a este hombre (Gn.12:1-3): *"Vete de tu tierra y de tu parentela a la tierra que te mostraré".* El autor del libro de los *Hebreos* (Hebreos 11:8-9) nos aclara que Abraham salió sin saber a dónde iba. Esto podría parecer poca cosa para nosotros que ya conocemos el desenlace de la historia, pero para él seguramente implicaba un enorme salto de fe. *Dios le ordenó dejar su zona de confort, su seguridad, la casa de su padre y todo lo que le podía proporcionar de alguna manera, cierta estabilidad.* Y básicamente Dios le prometió tres cosas:

1. **Descendencia**: *"Haré de ti una nación grande".*
2. **Tierra**: *"Porque yo daré a tu descendencia esta tierra".*
3. **Bendición**: *"En ti serán benditas todas las familias de la tierra".*

Lo primero que salta a la vista en esta historia, desde sus inicios, es que **Dios hace posible lo imposible.** La esterilidad de Sara sería el eje central de la historia de la familia de Abraham (Génesis 11:29-30). Observe que el proyecto era grande. Los alcances que traerían estas tres promesas, lograrían bendecir a **toda** humanidad. El primer paso del padre de la fe consistía en confiar y creer que Dios cumpliría su palabra. Y como siempre, la sinergia que se produce al combinar las promesas de Dios con la obediencia del hombre, comenzó a dar frutos en la vida de este gran líder. Simplemente, Abraham obedeció al llamado de Dios.

Hasta el momento nos encontramos con dos imposibles: primero, que Dios está llamando a un hombre de 75 años de edad a que salga de su zona de confort y su seguridad para formar una gran nación. Segundo, que ese hombre está casado con una mujer estéril. Pero no siendo suficiente, salta la tercera imposibilidad: resulta que la tierra que Dios le prometió para su prole inexistente hasta el momento, estaba ocupada. Entonces Abraham, tendría que despojar a una serie de pueblos paganos, con un ejército inexistente, para hacer poseer la tierra a una descendencia, también inexistente, que se supone que él formaría con su mujer estéril, habiendo él llegado a la tercera edad.

No obstante, con todo y las imposibilidades que presentan sus circunstancias, las acciones de este hombre ponen de manifiesto una fe viva. Muy al principio leímos: *"Abraham obedeció a Dios y salió…"*. Salió de su tierra, en obediencia a las indicaciones de Dios. No se trataba de la obediencia a medias que a diario vemos los padres en nuestros hijos cuando ellos nos dicen: "**Casi** lavé todos los platos", "recogí **casi** todos los juguetes", "ya **casi** logro llegar a la casa" (media hora después de la hora que establecimos para su llegada). O la obediencia selectiva del padre de familia que le dice a Dios: "Ya dejé de tomar, pero no me quites el cigarro". "A mi amante -dice el hombre infiel-, ya la veo una vez al mes ¡Eso es un avance, Dios!" (el hombre que piensa así, debería preguntarle a su esposa si ella lo considera un avance). Y hablando de la esposa, ella dice: "Ya **casi** no le grito a mis hijos", "a mi marido ya no le grito tan fuerte, ni frente a los hijos", etc.

Aceptemos de una vez por todas que la obediencia a medias se llama **desobediencia**. El tema central siempre ha sido la obediencia. Estamos en las condiciones en las que nos encontramos hoy, por las decisiones que tomamos ayer. Exitosos, felices y plenos, o fracasados, deprimidos y enfermos, por nuestras decisiones. Libres, estables y económicamente activos o pobres, endeudados y estancados… ¡Admitámoslo! Todo por nuestras decisiones. Muchas cosas dependen de las decisiones que hoy tomamos. Piense en esto: su matrimonio y familia se encuentran hoy en las condiciones en las que están, por las decisiones que tomó ayer. Su relación con sus hijos está como está, gracias a las decisiones que para bien o para mal, han tomado usted y su esposa. Dios desea lo mejor para nosotros, pero no podemos esperar que Él nos bendiga sin antes obedecer a lo que Él nos manda.

Los pasos de la fe llevaron a Abraham a obedecer de manera continua a Dios y sus indicaciones, pero esta parte de la historia añade un elemento que la hizo trascendente, y es que en donde se le aparecía el Señor, ahí Abraham construía un altar. Génesis 12:7 registra el primero de muchos otros altares que Abraham levantó para recordar su encuentro con Dios y registrar en su memoria, para él y para la posteridad, su diario andar con su Creador. El éxito en la vida de una persona se escribe en su andar diario, en su estilo de vida.

Tome el desafío que nos presenta este episodio en la vida de Abraham. **Un altar en casa**. Eso es un reto para todos nosotros. No se trata de un altar físico, sino de un altar que se levante en nuestro corazón, que cada día inspire a nuestra alma. Un espacio en nuestra agenda para nuestro encuentro diario con Dios. Un punto de reunión que nos lleve al hábito de escuchar la voz de Dios y nos lleve a obedecer Su Palabra.

Hasta este momento, veo en Abraham un hombre obediente. Un líder. Un hombre en la búsqueda del contacto con Dios. Un hombre de Dios. Pero Abraham no era perfecto; como todos nosotros, él también tenía su lado oscuro. Como habrá leído también en su historia, a Abraham **le desagradaba la confrontación**. Por temor, muchas veces prefirió huir antes que enfrentar el problema. Esta debilidad contenida en su equipaje emocional, como veremos, le llevó muchas veces a cometer errores garrafales dentro de su propia familia.

El primer fracaso del padre de la fe se presentó cuando *el hambre atacó la tierra de Canaán*. **Cabe mencionar que los patrones familiares y los defectos de carácter siempre se detonan en medio de una crisis.** La historia nos dice que a causa del hambre, Abraham decidió descender a Egipto, pero que antes de llegar al lugar, se dio una plática muy peculiar entre él y Sara su mujer; cuando Abraham le pide a Sara que mienta. Hasta aquí habíamos leído la historia de un hombre íntegro, obediente a Dios y con mucha fe, pero de pronto, parece que se convierte en un hombre egoísta, movido por el temor, lo que de inmediato le lleva a pensar solo en sí mismo y a velar por su propia seguridad. Vea en esta parte de la historia **la alusión continua al YO** que también le llevó a la "brillante" idea de pedirle a su esposa que rompiera con las leyes de Dios al mentir sobre la relación que realmente mantenía con él:

> *"Y aconteció que cuando estaba para entrar en Egipto, dijo a Sarai, su mujer: 'He aquí, ahora conozco que eres mujer de hermoso aspecto; y cuando te vean los egipcios, dirán: Su mujer es; y **me matarán a mí**, y a ti te reservarán la vida. Ahora, pues, di que eres mi hermana, para que **me vaya bien** por causa tuya, y **viva mi alma por causa de ti**'."* (Génesis 12:11-13; énfasis mío en negritas.)

Esto parece un monólogo acerca del yo y el tú en busca del posicionamiento favorable de los intereses propios por sobre los de los demás, incluyendo a su propia esposa. En esta plática, es Abraham quien está contaminando a su mujer convirtiéndola en *mentirosa* al hacerle su cómplice de este engaño. Con este acto cobarde, arriesgaba algo más que su integridad física: **Abraham perdía su liderazgo moral ante Sara**. Y en un solo acto, se convertía en un "candil de la calle y oscuridad de su casa". Seguramente las cosas entre ellos ya no serían iguales después de aquella plática. Pensemos: ¿cómo se habrá sentido Sara al ser arriesgada por su marido a ser tomada por otro hombre?

Abraham no era un cobarde. De hecho, algunos años después de estos hechos, se armó junto con sus hombres y liberó a Lot, su sobrino, de una muerte segura. Lo que significa que no fue el temor la razón fundamental que le llevó a este error, sino la falta de una escala correcta de **prioridades**. Abraham no consideró importante o prioritaria la seguridad de su propia esposa. ¿Cuántos cambios traería este acto imprudente a la percepción que Sara tenía de Abraham y su liderazgo? Y principalmente, ¿qué consecuencias traería todo esto al futuro de la familia? Porque esta clase de cosas que ocurren dentro de las familias nunca se borra de la mente. Pero por si esto no fuera suficiente, Abraham refuerza el recuerdo doloroso al exponer por segunda vez a su mujer algunos veinte años después, y por la misma razón. Esta vez, ante Abimelec, el rey de los Filisteos.

> *"De allí partió Abraham a la tierra del Neguev, y acampó entre Cades y Shur, y habitó como forastero en Gerar. Y dijo Abraham de Sara su mujer: 'Es mi hermana'. Y Abimelec, rey de Gerar, envió y tomó a Sara. Pero Dios vino a Abimelec en sueños de noche, y le dijo: 'He aquí, muerto eres, a causa de la mujer que has tomado, la cual es casada con marido'."* (Génesis 20:1-3).

Un asunto que merece un comentario es la belleza de Sara. No debemos olvidar que cuando Abraham fue llamado por Dios, tenía 75 años de edad, lo que nos lleva a comprender que Sara por lo menos tendría para entonces unos 65 años, porque la diferencia de edad entre ambos era de diez años (Génesis 17:17). Lo que significa que cuando el faraón quería tomar a Sara como esposa, ella estaría por alcanzar los 70 años de edad. Pero cuando el encuentro entre Abraham y Abimelec se dio, ya había ocurrido la destrucción de las ciudades de Sodoma y Gomorra. Lo que quiere decir que cuando Abimelec quería tomar a Sara por esposa, ella era una "nena" no menor de 80 años. Y cabe aclarar que no fue cualquier *"hijo de vecino"* quien puso sus ojos sobre ella, se trataba en el primer caso del faraón y sus príncipes, y en el segundo, de Abimelec, rey de los filisteos. Definitivamente, Sara debió ser una mujer extraordinariamente hermosa, rejuvenecida por Dios a sus 90 años para tener la fuerza para dar a luz un hijo y poderlo criar.

El extremo al que Abraham expuso a su esposa llegó al colmo en esta segunda ocasión, porque Abimelec tomó efectivamente a Sara y la llevó a su palacio. Y Dios, tal y como un marido protector, sale a la defensa de Sara amenazando de muerte a Abimelec en un sueño para evitar que este hombre la tocara sexualmente. Posteriormente, cuando el rey manda llamar a Abraham y le pide explicación sobre su proceder, es ahí cuando Abimelec percibe el temor del marido y ordena que todos guarden distancia de Sara por respeto a Abraham.

Este amargo episodio en la vida de Abraham demuestra un concepto básico, y es que los hombres y mujeres debemos entender cuál es nuestra función particular dentro del hogar y realizarla con diligencia, de otro modo los daños en todo nuestro sistema familiar tarde o temprano se dejarán sentir. Para el caso de los hombres, según Dios, somos la cabeza del hogar. Por lo tanto, tal y como la cabeza guía, sustenta y protege al cuerpo, del mismo modo nosotros debemos cuidar de los nuestros, principalmente de la mujer que Dios puso precisamente bajo nuestro cuidado. Cuando los hombres somos negligentes al realizar nuestra función dentro del hogar, como se comportó Abraham con Sara, esta clase de "detalles" definitivamente reflejan **desamor** y la conducta **indolente** de que tanto se queja la esposa, ante quien deberíamos manifestar el máximo interés y cuidado. El sustento del corazón de nuestra esposa deberá ser **nuestra prioridad** si deseamos disfrutar de un hogar funcional. Aunque duela el concepto, cada hombre tiene a la mujer que se merece. Y si usted como esposo se ha quejado del carácter amargo y traidor de su esposa, primeramente deberá cuestionar en qué medida es justamente usted el responsable de generar en ella tal amargura.

Para el caso de Abraham y su familia, el daño ya estaba hecho. Y las consecuencias dentro de su sistema familiar llegarían algunos años después con el nacimiento de Ismael e Isaac, como demostraré más adelante. Pero en aquella ocasión, no solo Abraham y Sara resultaron afectados, también el faraón, sus príncipes, el rey Abimelec y sus respectivos pueblos fueron perturbados por este acto temerario del padre de la fe. En el primer caso, Dios hirió al faraón y a su casa con grandes plagas a causa de Sara, y en el segundo caso, Dios cerró la matriz de toda mujer de la casa de Abimelec. Pero además, la ruptura a las indicaciones puntuales de Dios tarde o temprano traería las debidas consecuencias en el seno familiar de Abraham y los suyos.

Para todos aquellos varones que hoy pudimos ser confrontados con este relato, debemos guardar un momento de silencio y cuestionar nuestro proceder como esposos ante nuestra esposa. La motivación número uno para realizar este análisis, debería ser la consciencia de que la gran mayoría de los conflictos en el hogar tienen su raíz justamente en las **ausencias** o **deficiencias** en nuestro papel como esposos. **La raíz fundamental de este problema es que la esposa no es una prioridad en nuestra agenda**.

Por otro lado, si usted afirma que su esposa si es una prioridad en su vida, deberá cuestionarse primeramente si ella opina igual que usted, y segundo, deberá analizar la manera práctica en la que usted está manifestando este lugar de honor que le corresponde a su esposa. No se engañe a usted mismo, si su esposa es una prioridad en su vida, ella estará feliz con ese lugar que usted le ha asignado. Pero si no está feliz, deje de culparla de ser una mujer difícil de complacer, y considere que quizá se deba a que usted no ha realizado efectivamente el papel que ella anhela que usted desempeñe.

Este es nuestro momento para analizarnos y cuestionarnos a nosotros mismos. Con valor, hagamos este ejercicio.

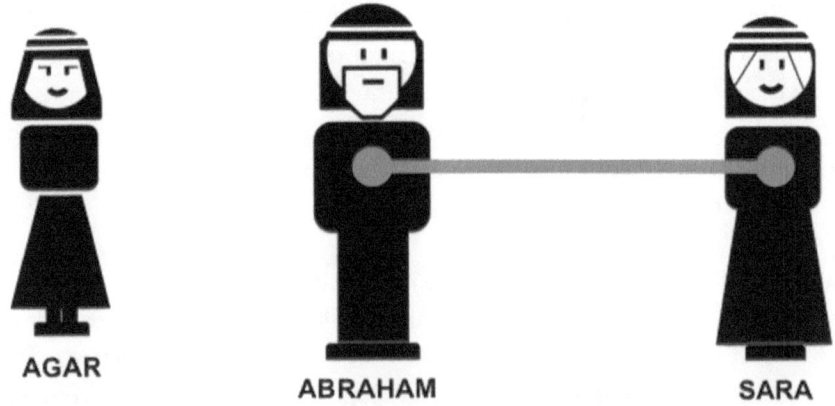

AGAR   ABRAHAM   SARA

Ismael
La vida de un hombre fiero

El segundo gran fracaso del padre de la fe nos remite al nacimiento y vida de Ismael. Para ponernos en el contexto de este acontecimiento de la vida del padre de la fe, leemos en el capítulo trece que para entonces, Abraham ya era riquísimo en ganados, plata y oro. Y que Lot, su sobrino, habitaba con él, y también tenía ganados y riqueza. Esto originó un altercado entre los pastores de Abraham y los pastores de Lot. Fraternalmente, Abraham responde a Lot diciéndole que son familia y que no debe existir rivalidad entre ellos, pero que también había llegado el día de separarse. Entonces, en un acto de humildad, bondad y magnanimidad, da a elegir a su sobrino un destino: *"Si tú vas a la derecha yo iré a la izquierda y si eliges ir a la izquierda, yo iré a la derecha"* (Génesis 13:9-10). Lot, alzando sus ojos y *mirando* hacia el oriente toda la llanura del Jordán, que era tierra productiva y de riego, eligió moverse en esa dirección, que por cierto, era la tierra de las famosas ciudades de Sodoma y Gomorra.

Abraham y Lot se separaron. Y Abraham, moviendo sus tiendas, se estableció en Hebrón, y ahí **edificó un altar a Jehová.** Esto nos permite ver al padre de la fe corrigiendo el rumbo después de los acontecimientos que vivieron él y Sara en Egipto y en Gerar. Con el transcurso de los años, Abraham había aprendido la importancia de levantar un punto de reunión con Dios. Esto, como en ocasiones anteriores, lo mantendría de pie ante las nuevas circunstancias. Posteriormente, Dios bendice aún más a Abraham dándole mucha más riqueza y dominio, mientras que Lot, su sobrino, cae en la desgracia al verse en medio de una guerra. Finalmente Lot termina secuestrado junto con su familia y sus pertenencias, y Abraham, nuevamente, le muestra misericordia al liberarlo de manos de sus captores. Él mismo, junto con su gente, derrota a aquellos reyes que habían tomado las ciudades de Sodoma y Gomorra y libera a Lot, su familia y sus pertenencias, pero además despoja a aquellos hombres. Y a su regreso, sucede uno de los encuentros más significativos que tuvo Abraham, cuando al volver de la guerra fue recibido por Melquisedec, rey de Salem

(Génesis 14:17-19). Creo que lo más relevante de este capítulo es la aparición de **Melquisedec**, cuyo origen y destino no son del todo claros, aunque según el autor de *Hebreos* hace las funciones de rey y sacerdote, tal como es descrito el mismo Señor Jesucristo (Hebreos 7:1-3). En dicho encuentro, Abraham le entrega los diezmos, y este personaje lo bendice.

En resumen, la separación de Abraham y su sobrino, y todos los acontecimientos que la acompañaron, nos presenta el contexto bajo el cual se desarrolló el segundo gran fracaso del padre de la fe: **obedecer a la voz de su mujer** cuando ella le propone, "**llégate a mi esclava Agar**". Es así como nace Ismael, y junto con él, un conflicto que ha trascendido a la historia: el **conflicto árabe-israelí**. La "brillante" idea de la esposa y la obediencia del marido a la voz de su mujer se suman generando un desastre familiar y social. Y como lo podrá confirmar, no aparece señal alguna de que Abraham hubiera consultado a Dios para tomar esta decisión.

La pregunta que esta serie de acontecimientos deja en el aire es: ¿Para qué esperar tanto? Si Abraham fue llamado por Dios a los 75 años de edad y finalmente el Señor cumplió su promesa hasta que Abraham llegó a los 100 años, ¿para qué esperar 25 años? Si enlazamos la secuencia de los hechos narrados en el *Génesis*, verá en la primera escena a Dios hablando con un anciano llamado Abraham, y con la promesa de darle un hijo, logra hacerle salir de su tierra y alejarlo de su familia. Segunda escena, verá a aquel anciano en compañía de su amada esposa y de su sobrino, viviendo en tiendas como extranjero, y Dios en silencio, aparentemente ausente. La tercera escena ocurre por lo menos algunos diez años después. Una noche llena de estrellas ofrece el fondo ideal para este encuentro. Verá nuevamente a Dios hablando con Abraham, diciéndole: "*¿Ves las estrellas en el firmamento? Te prometo que así será tu descendencia*". Y después desaparece otros siete años, para volver a aparecer en una escena más, donde refuerza la promesa y desaparece de nuevo. Y así, hasta que transcurren los 25 años. Y la pregunta persiste: ¿Para qué? Parece que el compás de espera se prolonga de manera innecesaria. Creo que el capítulo quince expone en una sola idea el objetivo que Dios perseguía. En el primer verso de este capítulo, Dios le dice a Abraham: "*No temas. Yo soy tu escudo…*".

Creo firmemente que **Dios formaba un corazón lleno de fe, en el «padre de la fe»**. Una fe que, por cierto, le haría mucha falta con la serie de acontecimientos que vendrían a su vida y a su familia con la llegada de **Ismael**. Si bien es cierto que la decisión de utilizar la matriz de Agar traería consecuencias graves en la historia, también esta mala decisión acarrearía consecuencias inmediatas al núcleo familiar, particularmente a Sara, porque cuando Agar se vio embarazada, menospreciaba a su señora. Vale la pena citar textualmente la reacción de Sara ante el menosprecio de Agar:

"Entonces Sarai le dijo a Abram:

—¡Tú tienes la culpa de mi afrenta! Yo puse a mi esclava en tus brazos, y ahora que se ve embarazada me mira con desprecio. ¡Que el Señor juzgue entre tú y yo!

—Tu esclava está en tus manos —contestó Abram—; haz con ella lo que bien te parezca.

Y de tal manera comenzó Sarai a maltratar a Agar, que ésta huyó al desierto." (Génesis 16:5-6 NVI).

La *maniobra* de Sara primeramente se dirigió a culpar a Abraham de lo que ocurría. Su siguiente paso fue afligir a su rival, con lo que esperaba alejar a Agar de su familia, enviándole una serie de **mensajes** sutiles y no tan sutiles, al extremo de hacer que ella decidiera salir huyendo, con lo que Sara logró finalmente quedar sin culpa. Por otro lado, creo que a estas alturas Sara sabía que una de las debilidades más grandes de su marido era **evitar el conflicto**. No dar la cara para enfrentar dificultades. Además de que Sara sabía por experiencia propia que su marido no protegería a Agar. Entonces Abraham, como era de esperarse, dejó en manos de su esposa el destino de la madre de su hijo **Ismael**. Sara, por su parte, en su diálogo interno bien podía justificar sus acciones, pero los hechos hablaban por sí solos. Finalmente, Sara hizo huir a la mujer embarazada que ella misma, por su desesperación y en contubernio con su marido, había utilizado para este fin. Ahora, por la tristeza y angustia que ocasionaron sus malas decisiones, y de nueva cuenta sin consultar a Dios, decide echar a la mujer de su casa. Los hechos fueron que ella utilizó a Agar para sanar su frustración de no tener un hijo. Y que una vez logrado el objetivo, la realidad fue que Agar se sobrepuso a su señora y la miraba con desprecio, lo que finalmente le llevó a la decisión de arrojarla al desierto, a pesar de que Agar dependía en todos los sentidos de Sara. Toda esta manipulación serviría de base para el futuro rencor que **Ismael** y todo su pueblo guardarían contra Abraham.

La otra parte de la historia la vive Agar, quien experimentaba aquel estado agridulce que a diario vive una madre soltera. La mezcla ambivalente que genera por un lado el **dolor** agudo del abandono del hombre al que ella se entregó, y por el otro la enorme **alegría** de ser madre. La **angustia** punzante que produce saber que sola enfrentará la vida se mezcla con la **esperanza** que representa la nueva vida que crece en su vientre.

La intervención del Señor llega al rescate. Porque donde no hay un varón que sepa proteger y dirigir a su familia, la mano de la Providencia puede ofrecer su guía y provisión. Y donde no hay una mujer compasiva, el Señor extiende su misericordia. Entonces, en Génesis capítulo 16, el Ángel de Jehová se encuentra con aquella pobre madre soltera que permanecía sentada a la orilla de un pozo de agua, confundida, y sin saber qué hacer. Y le dice: **"Dios ha oído tu aflicción"**. Y le hace una gran promesa: *"Tendrás un hijo varón y le pondrás por nombre Ismael, precisamente porque a este hombre Dios escucha, y al ser este muchacho un descendiente directo de Abraham, multiplicaré tanto su descendencia que no podrá ser contada. Y haré de él una nación de gente bendecida por Dios"*. Este es el caso del pueblo árabe, en donde abunda la bendición y la riqueza, pero que también guarda un profundo y ancestral rencor. Por esto Dios también previene a Agar al describirle el carácter de Ismael:

"Pero debes saber", el Ángel continúa, *"que tu hijo será un **hombre fiero**. Oposicionista y desafiante. **Un rebelde con-sentido** que te hará ver tu suerte. No se someterá a las reglas del juego, porque su mano estará contra todos y todos contra él. Un auténtico busca pleitos que te mirará de frente a ti, y a todos sus hermanos. Un hijo que será un verdadero reto de educar."* Por todo lo anterior, el Enviado de Dios le da la indicación a Agar que regrese y se ponga sumisa bajo la mano de Sara, su señora. Agar entonces llamó al nombre de Jehová, *el Dios que me ve*. Y llamó al nombre del pozo de agua, *Pozo del Viviente-que-me-ve*. Un lugar que extendería su influencia hasta la siguiente generación. El futuro sitio predilecto en el que Isaac saldría a meditar y a recordar la serie de eventos y secretos que este lugar guardaría.

Abraham tenía 86 años cuando le nació Ismael y 100 cuando nació Isaac. Quiere decir que cuando nació Isaac, ya Ismael era un adolescente de 14 años.

Tratemos por un momento de reconstruir el escenario que representaba la familia de Abraham en aquel tiempo. La familia entonces estaba compuesta por dos ancianos de 100 y 90 años respectivamente, Abraham y Sara, que califican como padres novatos por el reciente nacimiento de Isaac; un adolescente fiero, oposicionista y desafiante que es Ismael; y Agar, la madre de Ismael y rival de Sara. Por supuesto que la llegada de Isaac a la escena, causó una serie de cambios dramáticos a la dinámica familiar. Imagine los cuidados y mimos bajo los que Abraham y Sara trataban al pequeño Isaac. Aquí comienzan los agravantes; lo habían tenido en su vejez, era el hijo legítimo de ambos, era el heredero universal de toda la riqueza de Abraham, y el trato era evidentemente preferencial hacia Isaac. Si cuando fue destetado, Abraham hizo un gran banquete, seguramente habrían hecho "fiestas patronales" cuando se graduó del preescolar. Y todo este escenario de fiesta, observado por Ismael, el hermano incómodo.

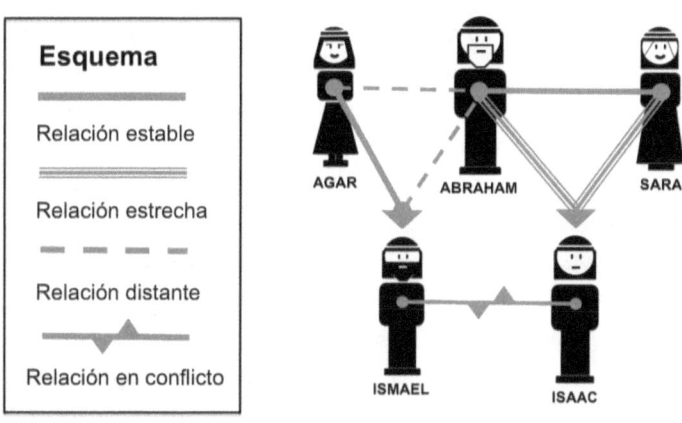

El trato preferencial que los padres dan a un hijo produce un gran rencor y odio entre los hermanos. Celos de competencia tan intensos que llevan a los hermanos a luchar unos contra otros por conquistar el amor de los padres. En esta historia las diferencias fueron tan obvias, que seguro Ismael no podía tratar con amor y respeto a su hermano. Pero fue el desatino de los padres lo que produjo esta ruptura en la familia. Finalmente Sara le dice a Abraham que debe correr a la egipcia junto con su hijo Ismael. ¡Qué historia tan injusta para Agar e Ismael! Ella, ser utilizada y desechada como un objeto, y el hijo, ser puesto en segundo lugar a la llegada de su hermano. Qué raíces históricas tan profundas penetran el corazón de todo un pueblo que desde sus orígenes fue sometido a esta clase de rechazo.

Cuando Sara le pide a Abraham que eche de su casa a Agar y a su hijo Ismael, el puro dicho le pareció grave a Abraham. Pero es Dios quien le dice a Abraham que preste atención a la voz de Sara, no porque tuviera razón, sino porque Dios se haría cargo de la egipcia, y haría de su hijo el generador de una gran nación. Pero en el caso particular de Abraham, le dio estas indicaciones porque en Isaac le sería llamada descendencia. El procedimiento de la separación desgarradora de la familia fue iniciativa de Abraham. Quiero decir que Dios no le indicó a Abraham la manera en la que pediría a Agar y a Ismael que se retiraran de la familia. En este punto, nos gustaría ver a un líder de familia tomando las riendas de este asunto. Y quisiéramos leer un relato más o menos como este:

> *"Entonces Abraham, atendiendo a la voz de Dios, muy de mañana tomó a Agar y a Ismael, y en un muy emotivo momento tomó a su hijo, lo abrazó, lo besó y llorando le dijo: 'Hijo mío. Con mucho dolor en mi corazón te digo que ya no es posible que permanezcamos juntos. Ha llegado el momento de que inicies tu propio camino. No obstante te bendigo y declaro sobre ti la promesa que Él te ha hecho. Dios hará de ti una nación grande, próspera y fuerte. Confía en Él. Dios jamás te va a desamparar. Él nos ha revelado que eres el hombre al que Dios escucha. Además de que Él me ha revelado que cuidará de ti.' Y dirigiéndose a Agar le dijo: 'Siento un profundo agradecimiento por ti. Todos estos años de servicio a nuestra familia han sido una bendición. Pido tu perdón por el trato que nosotros hemos tenido contigo y con tu hijo. Sé que no ha sido fácil soportar humillaciones de mi mujer y lidiar con mi indiferencia, pero Dios ha visto tu aflicción. Y tú siempre serás madre del hombre al que Dios escucha'. Y tomando quince camellos cargados de joyas y ropas, entregó a Agar e Ismael ganados y siervos. Y les estableció en un lugar donde ambos pudieran iniciar su independencia. Y abrazándolos, con lágrimas en los ojos se despidió de ellos."*

La historia real sonó muy diferente. El multimillonario Abraham despidió en la madrugada a Agar y a su hijo con un trozo de pan y un poco de agua:

> *"Entonces Abraham se levantó muy de mañana, y tomó pan, y un odre de agua, y los dio a Agar, poniéndolos sobre su hombro,*

y le entregó el muchacho, y la despidió. Y ella salió y anduvo errante por el desierto de Beerseba." (Génesis 21:14).

¿Sería por egoísmo? Sí, pero no por lo que usted piensa. No creo que Abraham fuera egoísta en el sentido que produce la avaricia. ¿Recuerda cómo despidió a Lot su sobrino? No olvidemos que le dio a escoger el rumbo, corriendo el riesgo de que Lot eligiera lo mejor de la tierra. Y así fue. Lot abusó de su tío eligiendo la parte de la tierra más productiva y de riego. Además, ¿recuerda los diez camellos cargados con joyas y presentes que envió de regalo como dote a su consuegro por Rebeca? ¿Por qué entonces mandó a este pobre muchacho y a su madre solo con lo que traían puesto y un poco de alimento? Personalmente creo que lo hizo de este modo por evitar el conflicto con su esposa. Cito las palabras de Sara: *"Y vio Sara que el hijo de Agar la egipcia, el cual ésta le había dado a luz a Abraham, se burlaba de su hijo Isaac. Por tanto, dijo a Abraham:* ***'Echa a esta*** *sierva y a su hijo,* ***porque el hijo de esta sierva no ha de heredar con Isaac mi hijo'.***" (Génesis 21:9-10; énfasis mío en negritas.)

Sí hay egoísmo en esta historia, pero el egoísmo evidente de Sara es ver solo por sus necesidades, incluyendo las necesidades de Isaac, que ella tomaba como propias. Y el egoísmo de Abraham se nota al evitar el conflicto y cuidar así de su propio bienestar. La dinámica familiar estaba programada para generar conflicto. La rivalidad permanente entre las dos mujeres protagonistas de esta historia se sumaba a la actitud indolente de Abraham. Este drama vacilante de los **adultos**, se extendía a la relación de los hermanos, y se reflejaba en las constantes burlas que hiciera Ismael, **el hermano incómodo**, a Isaac, el menor y consentido de los padres.

Pero a pesar del egoísmo y los errores evidentes del ser humano que derivaron en la dolorosa separación de la familia, podemos ver a Dios en acción protegiendo a la mujer y al muchacho. Dios escucha el llanto de Ismael cuando su madre, errante en el peligroso desierto de Beerseba, al faltarles el agua lo echó debajo de un arbusto y se alejó para evitar presenciar su muerte. En el momento más crítico, el muchacho elevó su clamor expresado en llanto. Y Dios **escuchó a Ismael**. Entonces el Ángel de Jehová abrió los ojos a Agar para que pudiera ver un pozo de agua. Bebieron, y salvaron su vida. Después de esto, el Enviado de Dios reiteró la promesa de hacer de Ismael una nación grande y poderosa. A partir de ese momento, Agar y su hijo habitaron en el desierto y Dios estaba con el muchacho. Finalmente el relato nos dice que

Ismael se convirtió en un excelente **tirador de arco**. Con este comentario, Moisés nos lleva al entendimiento de que a lo lejos, en el horizonte, las nubes anunciaban la llegada de una de las peores tormentas que se levantaría amenazante contra el pueblo de Israel, el añejo conflicto **árabe-israelí**. Una tormenta nacida del corazón lastimado de aquel adolescente rechazado por su familia y abandonado por su padre.

Regresando al hogar de Abraham, con la salida de Agar e Ismael seguramente Sara pudo respirar un poco y experimentar cierto alivio. Por lo menos fue así hasta que Dios sorprendió y conmovió a la familia con aquella enigmática petición que le hizo a Abraham, cuando le pide que sacrifique a su hijo Isaac. Dicha petición indudablemente resultó muy confusa para Sara y Abraham. Dios había hecho esperar a Abraham 25 años para darle a Isaac, y ahora, sin más ni más, le pide que lo sacrifique. El relato comienza a sonar a tragedia griega, en la que Zeus vigilaba a la humanidad, jugando con las piezas de un rompecabezas a su antojo. Pero nosotros sabemos que Dios el Señor no actúa así. Simplemente, la prueba de la fe continuaba. Pero este evento trascendente que experimentó el padre de la fe es difícil de explicar. Principalmente cuando leemos que la petición que Dios le hizo a Abraham, se asemejaba mucho a la dinámica que jugaban los pueblos paganos con sus dioses al ofrecerles sacrificios humanos. Tal y como lo hicieran los *mayas* en su tiempo, cuando extraían el corazón de hombres jóvenes y bellas doncellas. Y tantos otros pueblos que tenían prácticas semejantes. Los sacrificios humanos se efectuaban con el propósito de obtener el favor de los dioses, de aplacar su ira, detener un desastre natural, lograr buenas cosechas, vencer a sus enemigos en una guerra, conocer el futuro, etc., pero principalmente, se ofrecían con la idea de lograr expiar el pecado de dicho pueblo. ¿Qué ocurrió aquel día cuando Dios pidió a Abraham que le sacrificara a Isaac? Sabemos que nuestro Dios no pide esta clase de sacrificios. Por el contrario, el apóstol Pablo nos dice que *Dios pide un sacrificio vivo y santo* (Romanos 12:1). Y finalmente, es Dios mismo quien, como dijo Abraham, se proveería de un cordero con el cual expiara el pecado.

En cierta ocasión escuché la opinión de un rabino judío sobre Moriah. En su evidente contexto judío que no acepta a Cristo Jesús como el Mesías prometido, y sin la sana interpretación que nos ofrecen el Nuevo y el Antiguo Testamentos con respecto a Moriah, el rabino afirmaba que la petición que Dios le hizo a Abraham respondía más bien a la ley del talión expuesta en el *Pentateuco*. Después de que Sara había forzado a Abraham a echar de su casa a Agar y a su hijo, exponiendo a la misma muerte a Ismael, Dios, **para hacer justicia**, le pide a Abraham que ofrezca a Isaac, lo que finalmente produjo la muerte de Sara, haciendo justicia, según decía el rabino. Pero Moriah es mucho más profundo que esta simple interpretación producto de las leyes y costumbres judías.

Moriah representa muchas cosas en la vida de Abraham. Este es el capítulo culminante de la vida del padre de la fe. En este capítulo, nos encontramos con un hombre con un FE sólida y dispuesto a la obediencia a cualquier precio, porque perder a un hijo, es la mayor prueba que el ser humano pueda enfrentar. Pero perder a tu único hijo, es mucho más. Moriah nos relata tres elementos fundamentales: Primero, el sacrificio de un hijo único; segundo, este hijo único sería provisto en el futuro por el mismo Dios. Algo similar a lo que sucedió en Moriah cuando Abraham, respondiendo a la pregunta explícita de Isaac cuando él dijo: *"Padre, he aquí la leña y el fuego pero, ¿dónde está el sacrificio?"* Y Abraham le dijo: *"Dios se proveerá".* Y tercero, este sacrificio haría posible el cumplimiento de todas las promesas hechas al padre de la fe; Dios le había prometido a Abraham: *"En ti serán benditas todas las familias de la tierra".* En Moriah, Dios estaba revelando al padre de la fe, que muchos años después, **en ese mismo lugar**, se levantaría una cruz en la que sería sacrificado el ÚNICO HIJO DE DIOS. Y que esta vez, Dios no intervendría para detener el sacrificio. En efecto, su hijo único moriría haciendo posible el perdón y la redención del Hombre.

El autor de *Hebreos* nos entrega un balance general de la vida del padre de la fe; en aquel hermoso capítulo once, podemos constatar que Abraham logró un lugar en «el salón de la fama de los héroes de la fe». Al leer este resumen, podemos concluir que Abraham superó la prueba finalmente por creer, lo que le llevó a obedecer lo que **Dios** le ordenaba. Pero el secreto del éxito de la vida del padre de la fe, queda expuesto en otro de los escritos del apóstol Pablo: *"Como está escrito: Te he puesto por padre de muchas gentes delante de Dios, **a quien creyó**, el cual da vida a los muertos, y **llama las cosas que no son, como si fuesen**. Él creyó en esperanza contra esperanza, para llegar a ser padre de muchas gentes, conforme a lo que se le había dicho: Así será tu descendencia."* (Romanos 4:17-18; énfasis mío en negritas.) Abraham creyó a Dios, quien llama las cosas **que no son como si fuesen**. La vida de Abraham demuestra que a Dios le gusta hacer posible lo imposible. Esta fe, le fue contada por justicia.

Isaac y Rebeca
Un nuevo comienzo

Uno de los regalos más grandes que Dios puso en nuestro diseño es la **memoria**. Los recuerdos nos alegran. Nutren el alma al darle sentido a nuestra historia. Nos dan la sensación de continuidad y permanencia a través del tiempo. Lo que al final nos queda de una persona y de nuestra familia, **son los recuerdos**. Es el recuerdo lo que nos hace añorar y nos mueve a regresar al hogar en busca de nuestras raíces.

La memoria también hace posibles dos de las experiencias que más apreciamos en la vida, que son el **enamoramiento** y el **aprendizaje**. El recuerdo es un elemento indispensable para que dos personas puedan enamorarse. Es el recuerdo el que activa las reacciones *fisicoquímicas* que tanto disfrutamos durante el proceso de enamoramiento. Aquellas "mariposas en el estómago", las pupilas dilatadas, el pulso acelerado, y toda la trasformación biológica que produce nuestro cuerpo al ser estimulado por los recuerdos que atesoramos sobre la persona amada. Por otro lado está el **aprendizaje**, que no es otra cosa que la activación de los recuerdos y la reflexión creativa y a consciencia que hacemos sobre los eventos que hilvanan el entramado de nuestro pasado. El aprendizaje nos permite madurar. Crecer. Mejorar. Cambiar. **Comenzar de nuevo.**

Y este el caso de la vida de Isaac y Rebeca. Ambos tuvieron su momento de hacer las cosas de manera diferente a como lo hicieran sus respectivos padres. Por esto, quiero invitarle a iniciar el viaje a través de la vida y familia de Isaac y Rebeca, esta hermosa pareja que nos pone de frente ante la posibilidad de un nuevo comienzo.

A propósito, si volviera a vivir nuevamente su vida, **¿qué cambios haría?** Si fuera posible iniciar nuevamente desde el principio, ¿cuántas decisiones equivocadas evitaría? Decisiones que gracias a la experiencia acumulada por el **aprendizaje** que ofrece el paso de los años, hoy identifica plenamente como un error. Imagine lo que sería si pudiéramos volver al pasado y corregir. Pero este supuesto, si fuera posible, también traería un nuevo problema por resolver: ¿cómo evitar cometer los mismos errores? Se sorprenderá, pero creo que la gran mayoría de nosotros terminaríamos repitiendo los mismos errores. O quizá cometiendo otros peores. ¿Qué necesitaríamos para no terminar transitando por el mismo camino? Seguro algunos lectores piensan que se requiere de fuerza de voluntad. Otros, creen que haría falta la experiencia o la guía de alguien más. Pero no. La historia lo ha demostrado. A pesar de contar con todo el apoyo necesario de las personas mejor calificadas para esto, o que nosotros mismos contáramos con la experiencia acumulada que se requiera, sabemos que tarde o temprano la inclinación natural del ser humano es doblegada por la **ineludible herencia**, lo que le mueve una y otra vez hacia los mismos errores. Hoy por hoy, con esperanza miramos a nuestros hijos como anhelando que sean ellos quienes rompan con esta inercia. Y es que si tan solo permaneciéramos receptivos, con disposición y apertura al aprendizaje que nos ofrece la Palabra de Dios, lograríamos escribir historias diferentes. Pongamos manos a la obra. ¡Este es nuestro momento!

Creo que la historia de Isaac y Rebeca nos ofrece las mejores recomendaciones y los procesos que debemos seguir, si deseamos corregir, **no el pasado sino el presente**. Comencemos por poner en contexto esta historia, porque el encuentro entre Isaac y Rebeca inicia en Moriah. Como veíamos en el capítulo anterior, Moriah fue la viva representación del futuro sacrificio del Unigénito Hijo de Dios en el Calvario. Pero como antes exponía, los judíos tienen otra interpretación de Moriah, al ver este evento como la consecuencia que recibieron Abraham y Sara por haber expulsado a Agar e Ismael de la familia. Y tiene lógica. Vea el orden: capítulo 21, Agar e Ismael son echados del hogar de Abraham y Sara; capítulo 22, Dios pide el sacrificio de Isaac; capítulo 23, muerte de Sara; capítulo 24, una esposa para Isaac. Claro que en la interpretación judía no se contempla al Mesías en Moriah. No obstante, la muerte de Sara sí es el contexto inmediato del capítulo 24, cuando Abraham llama a su siervo para darle la tarea de buscar una esposa para su hijo.

Uno de los intereses principales de los jóvenes está en cómo conseguir a la pareja ideal. Pero también los esposos queremos saber cómo ser buenos maridos, y los que somos padres deseamos saber cómo ser mejores padres. Las iglesias, después de empantanar su crecimiento, desean entender qué deben hacer para regresar a su primer amor. Y los empresarios quieren conocer los procesos para lograr la unión en sus empleados. Pues tanto los jóvenes como los esposos, los padres, las iglesias y las empresas podemos encontrar, en este relato, el proceso que se debe seguir para lograr un nuevo comienzo. He aquí el primer paso expuesto en esta historia: **delegar**. Abraham delegó la difícil tarea de conseguir una esposa para su hijo Isaac. Pero la delegó a la persona indicada. El relato describe al mayordomo como un sujeto con mucha experiencia al ser el más viejo de su casa, pero también era quien gobernaba con sabiduría todos los asuntos de la casa de Abraham. ¿Por qué no lo hizo él mismo? Quizá el lector piense que Abraham era muy viejo para realizar esta empresa, ya que el capítulo veinticuatro comienza diciendo que Abraham era viejo y bien avanzado en años, pero seguramente esta no fue la razón por la que no realizó dicha tarea. Basta ver que después de la muerte de Sara y casamiento de Isaac, Abraham se vuelve a casar y engendra seis hijos más con una mujer llamada Cetura, como lo dice el capítulo veinticinco de *Génesis*, así que fuerza no le hacía falta. Creo yo que él sabía que el vínculo tan fuerte que le unía a Isaac lo llevaría a elegir con el corazón, no con la razón, y Abraham sabía que su mayordomo sí lograría elegir con la razón y con la guía de Dios. Y cuando vemos en acción al sirviente, nos damos cuenta de que Abraham no se equivocó al elegirlo a él para realizar esta tarea tan importante.

El segundo paso en este proceso de un nuevo comienzo, según este relato, es pedir a Dios las **señales** que puedan dar certidumbre a la decisión tomada. Si observamos el proceso que siguió el mayordomo, se confirman estos dos primeros pasos:

> *"Y el criado tomó diez camellos de los camellos de su señor, y se fue, tomando toda clase de regalos escogidos de su señor; y puesto en camino, llegó a Mesopotamia, a la ciudad de Nacor. E hizo arrodillar los camellos fuera de la ciudad, junto a un pozo de agua, a la hora de la tarde, la hora en que salen las doncellas por agua. Y dijo: 'Oh Jehová, Dios de mi señor Abraham, dame, te ruego, el tener hoy buen encuentro, y haz misericordia con mi señor Abraham. He aquí yo estoy junto a la fuente de agua, y las hijas de los varones de esta ciudad salen por agua. Sea, pues, que la doncella a quien yo dijere: Baja tu cántaro, te ruego, para que yo beba, y ella respondiere: Bebe, y también daré de beber a tus camellos; que sea ésta la que tú has destinado para tu siervo*

Isaac; y en esto conoceré que habrás hecho misericordia con mi señor'." (Génesis 24:10-14)

En el proceso seguido por el siervo, nos encontramos con que primeramente él **se prepara** para el momento del encuentro. Y se dispone para el viaje con diez camellos cargados de regalos. Posteriormente, a su llegada a Mesopotamia **se encomienda** a Dios, lo cual nos habla del primer paso que también tomó Abraham en este proceso, y es la necesidad de delegar tareas a las personas indicadas. Y en su oración, **pide a Dios una señal**. Se trataba de recibir una respuesta específica que diera la mujer que fuera la que Dios hubiera destinado para ser la esposa para Isaac. Pero además, en todo este proceso, también podemos ver la astucia del mayordomo buscando en **el lugar** y **a la hora** indicados. El siervo busca una esposa para su amo en una zona de trabajo. En la actividad cotidiana. En la vida activa. Y la señal que le pide a Dios, es una **señal de carácter**. Una señal que habla de trabajo, esfuerzo, disposición, consciencia ecológica y de un espíritu de servicio. No cualquier mujer respondería favorablemente a la petición del siervo. La señal fue estructurada de la siguiente forma: el siervo dijo: *"la mujer a la que yo pida de beber y ella conteste: 'Te daré a ti y a tus camellos', que sea la mujer para mi amo Isaac".* En este punto debemos recordar un dato importante, y es que un solo camello puede llegar a beber hasta cien litros de agua cuando se sienta a beber. Y extraer cien litros de agua con un pequeño cántaro de barro, de un pozo hondo, no es cosa fácil. Pero además, no se trataba de solo uno, sino de diez camellos. Lo que significa que la doncella que se atreviera a decir: *"Daré de beber a ti y a todos tus camellos"* se estaría comprometiendo a extraer más de mil litros de agua de aquel pozo. Y aun después de que Rebeca respondió favorablemente y de inmediato a la petición del mayordomo, diciendo exactamente lo que él le había pedido a Dios, este hombre **guardó silencio** sin descubrirle nada de lo que ocurría a Rebeca, sino que esperó a que ella terminara de darle de beber a todos los camellos, como dejando que la intención verdadera de Rebeca se revelara. El criado **permaneció callado** mientras contemplaba asombrado la respuesta de Dios. Y después de confirmar la señal, el criado le reveló el secreto a Rebeca. Me sorprende la habilidad, astucia y sabiduría del siervo, definitivamente era la persona adecuada para delegarle semejante tarea.

Los pasos seguidos por este hombre en la tarea asignada por Abraham, nos expone un sabio proceso para la toma de decisiones en la elección de pareja. Los jóvenes solteros deben atender al proceso seguido por este hombre. Enfaticé en negritas los puntos relevantes en el párrafo anterior. Repasemos el proceso: **Prepararse** personalmente para el encuentro (comenzamos con nosotros mismos). Encomendarse a Dios en **oración** para pedir su guía al elegir. Buscar en el **lugar** adecuado y a la **hora** apropiada. No a media noche en los *antros* donde esta generación creen encontrar "la voluntad de Dios" para ellos. Pedir a Dios una **señal** de carácter que revele información profunda del temple de la persona que nos interesa. Los jóvenes se confunden al pedir a Dios *señales circunstanciales* no señales de carácter. Por ejemplo, oran a Dios diciendo sobre la chica que les interesa: "Señor, si este domingo llega a la iglesia *vestida de rojo*, significa que es la mujer que Tú tienes para mí." Esta es una mera circunstancia o coincidencia que pudiera ocurrir por la pura y libre voluntad de la chica y no es la clase de señal de carácter que pidió el siervo. Padres de familia, compartan esta historia a sus hijos para ayudarles a encontrar las señales de carácter que les aproxime a los planes de Dios. Cerrando con los pasos seguidos por el siervo, finalmente, esperar con **paciencia** y en silencio a que Dios nos muestre sus planes. Estos pasos no solo nos hablan de la manera correcta de elegir pareja, pueden ser aplicados a muchos otros campos de la vida que nos exijan una elección o nos lleven a una decisión.

Volviendo a la historia, después de que el siervo le entrega algunas joyas a Rebeca y le cuenta el propósito de su viaje, ella lo lleva con su familia al encuentro con sus padres. El siervo les narra lo que acontece y finalmente el padre y el hermano de Rebeca, le preguntan a la mujer: *"¿Y qué dices tú?"*. Rebeca, determinada y confirmada por la certeza que Dios puso en su corazón dice: *"Sí, acepto"*. Con la bendición de Dios y con la bendición de sus padres, salieron rumbo a su destino. Un nuevo episodio en la historia de sus vidas se escribía en ese momento.

Por otro lado, la actitud de Isaac en todo este proceso nos ofrece la tercera recomendación para un nuevo comienzo. Primero, **delegar tareas** a las personas indicadas, que incluye encomendarnos a Dios en oración y la búsqueda del consejo de las personas adecuadas. Segundo, pedir a Dios las **señales claras** sobre sus planes en nuestra vida, familia, iglesia o empresa. El tercer elemento indispensable para un nuevo comienzo es **meditar**. Darnos el tiempo necesario para pensarlo dos veces. Creo que Isaac se dio suficiente tiempo para meditar, porque entonces él ya tenía 40 años de edad, y a pesar de esto, meditaba.

Tenía un lugar que era su preferido. El relato nos dice que habitaba en el Neguev, y que precisamente el día que se encontraría con Rebeca regresaba del Pozo del Viviente que-me-ve. ¿Por qué eligió justo ese lugar para meditar? Porque aquella región representaba un vínculo muy importante entre su pasado y su presente, después de todo, el Pozo del Viviente que-me-ve era el lugar que le traía recuerdos personales y familiares. Basta recordar que precisamente Agar, la madre de su desaparecido hermano Ismael, fue quien nombró así a aquel pozo. Isaac tenía mucho en qué meditar y seguramente en ese lugar fluían los recuerdos de su hermano Ismael, sus palabras y actitudes. Isaac podía meditar en los errores y aciertos de su padre, en las acciones de su madre y en su reciente fallecimiento. Particularmente, creo que Isaac meditaba sobre todas las enseñanzas e historias que Abraham, su padre, le contaba. Relatos sobre las promesas de Dios de convertir a su familia en una enorme nación. Y qué decir de Moriah, aquel capítulo culminante en la vida del padre de la fe. Isaac pudo ver en Moriah a un hombre con una fe sólida y dispuesto a la obediencia a cualquier precio, porque perder a un hijo, es la mayor prueba que el ser humano pueda enfrentar, pero perder a tu **amado** y **único** hijo, definitivamente era una señal del futuro sacrificio del Mesías. El segundo protagonista en la escena de Moriah era Isaac, y a pesar de que su intervención fue breve, dio en el punto central que Dios quería revelarles en Moriah: *"¿Y el sacrificio…?"*, fue su pregunta. La respuesta de su padre fue simple: ***"Dios se proveerá"***. Isaac tenía tantas cosas en las que debía meditar… pero como todo tiene su tiempo, le llegó el momento del hermoso encuentro con su amada esposa. Leamos:

> *"Y venía Isaac del pozo del Viviente-que-me-ve; porque él habitaba en el Neguev. Y había salido Isaac a **meditar** al campo, a la hora de la tarde; y alzando sus ojos miró, y he aquí los camellos que venían. Rebeca también alzó sus ojos, y vio a Isaac, y descendió del camello; porque había preguntado al criado: '¿Quién es este varón que viene por el campo hacia nosotros?' Y el criado había respondido: 'Este es mi señor'. Ella entonces tomó el velo, **y se cubrió**. Entonces el criado contó a Isaac todo lo que había hecho. Y la trajo Isaac a la tienda de su madre Sara, y tomó a Rebeca por mujer, y la amó; y se consoló Isaac después de la muerte de su madre."* (Génesis 24:62-67; énfasis mío en negritas.)

Esta historia inspira en muchos sentidos, desde la manera en la que Dios guió al mayordomo hacia Rebeca hasta el romántico encuentro entre ellos. Observe la actitud de ambos, Isaac meditando, y Rebeca cubriéndose... ¡Eso ya no sucede! Cuando la chica ve al *chavo* que le gusta, ¿qué hace? Exactamente lo contrario: ¡se descubre!, porque cree que debe atraer al varón por medio de sus atributos físicos. Para corroborar lo anterior basta observar las fotos que esta generación de jóvenes sube a sus redes sociales. ¿Y dónde están los jóvenes varones mientras esperan el momento del encuentro con la mujer que Dios pondrá bajo su cuidado? Creo que se encuentran "meditando" en el *catálogo* que les ofrece su teléfono inteligente que les permite el rápido acceso a todas sus redes sociales.

Esta pareja tenía en sus manos un nuevo comienzo. Y las tres recomendaciones extraídas de esta historia mantienen su vigencia; por lo tanto, no debemos olvidar buscar el consejo de las personas adecuadas, y **delegar** las responsabilidades a las personas indicadas que sabemos que nos guiarán al consejo de Dios. Pedir a Dios las **señales** que nos guíen hacia sus planes en nuestra familia, iglesia o empresa; lo que implica la búsqueda de señales de carácter. Y muy importante, **meditar**. Darnos el tiempo necesario para pensar. Por el momento, el nuevo comienzo hizo su trabajo; después de todo, vemos al único de los patriarcas **que no tuvo otra mujer**. Pero el desafío era mantener estos tres elementos a lo largo de su vida, especialmente sobre su paternidad.

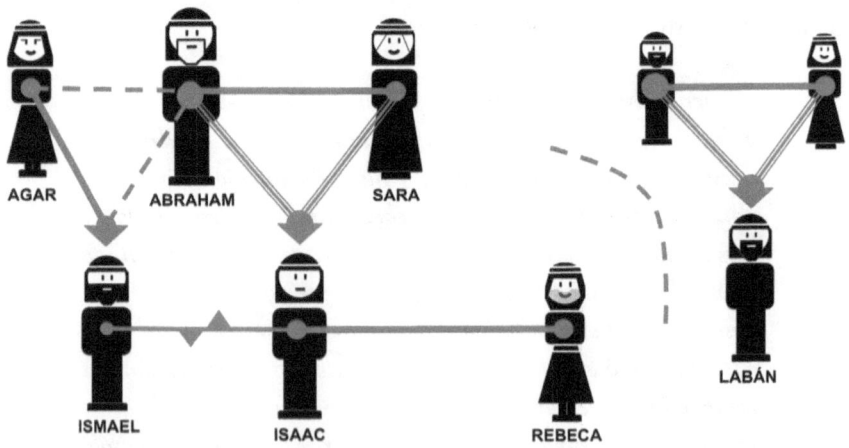

Isaac y Rebeca
Alianzas y coaliciones

En el capítulo anterior analizábamos a Isaac y a Rebeca bajo el criterio de **un nuevo comienzo**. Creo que esta pareja iniciaba su vida *con el pie derecho*. Un encuentro inspirador y romántico. Aquella parte del relato nos dejó tres poderosas recomendaciones para quienes deseamos un nuevo comienzo en nuestras vidas: buscar el consejo de las personas adecuadas y delegar las responsabilidades; pedir a Dios las señales claras sobre sus planes en nuestra vida, familia, iglesia o empresa; y meditar. Cualquiera diría que un comienzo tan inspirador lograría librar a Isaac y a Rebeca de los patrones, rituales familiares y los errores del pasado, pero no fue así. Esta familia tuvo su oportunidad para renunciar a repetir los mismos errores, pero no solo no renunció a los viejos patrones, sino que añadió otros nuevos que, como veremos en esta parte de su historia, terminaron por complicarle la existencia.

Comencemos por dar un vistazo a la familia de **Rebeca**. Definitivamente uno de los protagonistas de este grupo familiar es su hermano **Labán**. Y la primera mención que el relato bíblico hace de él, es esta:

> *"Y Rebeca tenía un hermano que se llamaba Labán, el cual corrió afuera hacia el hombre, a la fuente.* **Y cuando vio el pendiente y los brazaletes** *en las manos de su hermana, que decía: 'Así me habló aquel hombre', vino a él; y he aquí que estaba con los camellos junto a la fuente. Y le dijo:* **'Ven, bendito de Jehová**; *¿por qué estás fuera?* **He preparado la casa**, *y el lugar para los camellos'. Entonces el hombre vino a casa, y* **Labán desató los camellos**, *y les dio paja y forraje, y agua para lavar los pies de él, y los pies de los hombres que con él venían."* (Génesis 24:29-32; énfasis mío en negritas.)

Creo que no requiere interpretación. La simple lectura del relato y la observación de las conductas de Labán, nos ofrecen una descripción del corazón de este hombre, un sujeto **interesado** y **astuto** que desde el comienzo no oculta su interés por lo material. Y no debemos olvidar la afirmación de las Sagradas Escrituras sobre la actitud de riesgo ante lo material, cuando afirman que **la raíz de todos los males es el amor al dinero**. La búsqueda de poseer el dinero y el aumento de los bienes materiales solo describe la forma que nos habla de un fondo verdaderamente preocupante: la avaricia. Hablando con propiedad, la persona que es atacada por este pecado, no busca meramente el dinero, sino el poder que puede otorgarle el poseerlo. Por esto, la avaricia no tiene límite, y transformará al sujeto que le permita la entrada en una persona **sin escrúpulos, manipuladora y chantajista**, que son otras características que bien describen al hermano de Rebeca. De hecho, años después sería Labán quien, por medio de engaños, haría que Jacob, su sobrino, trabajara para él catorce años para entregarle a su hija, Raquel, cuando ambos habían acordado que trabajaría por ella siete años. Pero Labán, en su astucia y manipulación, con este movimiento tramposo, la noche de bodas le entrega a Lea, su hija mayor, en lugar de Raquel, y así obtuvo dos cosas más: otros siete años de trabajo de su yerno, pero además, librarse de la niña de los "ojos delicados".

Otro dato relevante contenido en la historia de Rebeca, que nos hará comprender mejor su papel de madre, **es la diferencia de trato** que pudieron haber tenido sus padres hacia ella y su hermano, aprendida y practicada dentro de la familia. El contraste que nos presenta el relato sobre Rebeca y su hermano Labán salta a la vista en lo cotidiano. Rebeca viene de trabajar y su hermano viene de descansar en casa, cosa que puede llevarnos a interpretar la preferencia e inclinación de los padres hacia Labán por sobre Rebeca. Advierto que en la época, las labores de casa pertenecían exclusivamente a las mujeres, lo que seguramente incluía traer el agua. Pero no era labor de los hijos varones estar en casa descansando a la hora en que las doncellas salían a realizar su trabajo. Con todo esto buscamos una imagen de los posibles escenarios que a diario se vivían dentro del núcleo familiar de Rebeca. El tercer elemento que bien puede describirnos la dinámica familiar, es **el protagonismo de Labán**, evidente en sus intervenciones y opiniones, que al parecer determinarían el destino de su hermana. En este breve relato podemos identificar a Labán como el portavoz de la autoridad en la familia. Notará que es Labán el primero en recibir la noticia de todo lo que había ocurrido con el mayordomo de Abraham y quien le da la bienvenida a la casa. Después de que el siervo de Abraham descubre el objetivo de su visita al padre de Rebeca, es Labán quién declara que dejarán ir a su hermana. Y también es quien al siguiente día, junto con su madre, pretende detener su salida. Esta constante intervención de Labán en conjunto con uno de los padres, nos lleva a otro de los elementos que nos descubre la *herencia* y los *juegos familiares*; se trata de la distorsión en el manejo de las **alianzas** y **coaliciones**. Las alianzas dentro de la vida familiar son buenas y muy necesarias para lograr un hogar verdaderamente funcional. Se trata de un acuerdo entre dos o más miembros de una familia. La condición fundamental para que la alianza sea funcional y que no termine por convertirse en una coalición, es que la alianza deberá darse en una misma jerarquía de poder. Quiero decir que la alianza entre marido y mujer es buena y muy necesaria para hacer funcional la jerarquía y el poder dentro de un hogar. Y que la alianza entre los hermanos es muy buena y necesaria para generar vínculos fuertes en la familia. Pero, ¿qué sucede cuando la alianza se presenta entre uno de los padres y uno de los hijos? Al sumar una línea de poder de una jerarquía mayor con una menor, dicha alianza terminará por convertirse en una **coalición**.

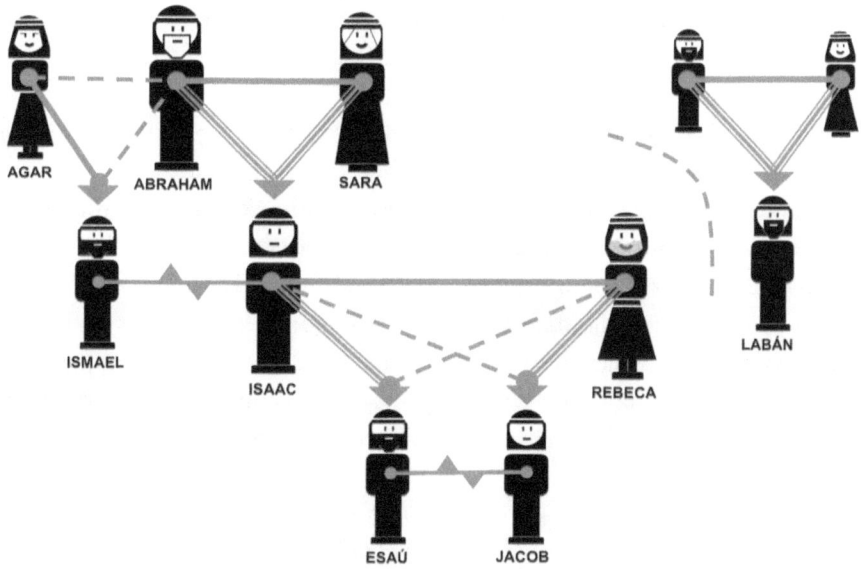

Y algo que conviene dilucidar en este punto es que dicha coalición **se forjará en contra** de otro miembro de la familia, que para el caso será el consorte o alguno otro de los hijos. Por definición, una coalición es la suma de un poder menor a un poder mayor y se entiende como el **compromiso oculto** existente entre uno de los padres con uno de los hijos. Se presenta con mayor frecuencia de esta manera: la madre y el hijo en contra del padre o de algún otro de los hijos. Siempre el sujeto coaligado adquiere poder y ventajas sobre su sistema familiar. Tal parece ser el caso de Labán, ya que una coalición bien podría explicar su protagonismo. Podemos ver a Labán coaligado al padre y a la madre, aliándose al bando que más convenía a sus intereses. El primer día se le ve aliado a su padre, y el siguiente a su madre. Claro que esta alianza le otorgaba beneficios a sus intereses mezquinos, pero además le daría un **poder** que no dudaría en utilizar a su favor. Mas, ¿cómo dañaría esto a Rebeca? Generando en ella resentimientos y una búsqueda de justicia, porque un sistema familiar que tiene una distorsión en sus alianzas, convierte al hijo desafortunado por los padres en la figura del «hijo invisible», opacado por la presencia fuerte y protagonista de otro de los hijos, lo cual lo deja sin voz ni voto dentro del hogar. Vaya enseñanzas y dinámicas tan perversas que traía Rebeca en su historia familiar, y como veremos, no dudó en utilizarlas en su propio hogar.

Por su parte, **Isaac**, en su nuevo comienzo, sí logró romper uno de los patrones más peligrosos que traían los patriarcas, que es la **infidelidad**. Porque en Isaac vemos al único de los patriarcas que no tuvo otra mujer. A pesar de esto, las enseñanzas y adoctrinamiento familiares que traía Isaac sobre el papel del hombre con respecto a la mujer eran equivocados, y pronto se hicieron evidentes cuando él les dio entrada a su hogar. **Increíblemente vemos a Isaac repitiendo el mismo patrón que su padre cuando expone a su mujer por las mismas razones que aquél lo hiciera años atrás**. El capítulo veintiséis del *Génesis* nos narra cómo Dios mostró su misericordia a Isaac, tal y como la tuvo con Abraham, dándole dirección y consejo y reiterando sus promesas. Sin embargo, el verso siete parece haber sido extraído de aquel relato que antes vimos cuando Abraham, por temor, hizo lo mismo con Sara. Después de un período de hambre en Canaán, Isaac y Rebeca se fueron a vivir a Gerar:

> *"Y los hombres de aquel lugar le preguntaron acerca de su mujer; y él respondió: 'Es mi hermana'; porque tuvo miedo de decir: 'Es mi mujer'; pensando que tal vez los hombres del lugar lo matarían por causa de Rebeca, pues ella era de hermoso aspecto."* (Génesis 26:7)

Los hombres debemos entender que si no cumplimos con nuestra función en el hogar, principalmente hacia nuestra esposa, generaremos en ella primeramente dolor, que tarde o temprano se volverá **enojo** y **rencor**, lo que finalmente romperá la alianza **marido-mujer**, y producirá la odiosa coalición **madre-hijo** que se dirigirá en nuestra contra.

Resulta que también Rebeca era estéril. E Isaac tenía 70 años cuando engendró a Jacob y Esaú. En esta ocasión, la historia no se centra en la esterilidad de Rebeca, sino en la dificultad que sería criar a los gemelos que traía en el vientre. La descripción que la Escritura nos da sobre estos dos jóvenes predice la gran dificultad que enfrentarían los padres al integrarlos a la familia, pero definitivamente **el problema no eran las diferencias entre ellos sino las preferencias manifiestas de los padres sobre ellos**. Son las preferencias en esta familia las que al final despertaron en ambos padres las heridas que activaron las **coaliciones**.

> *"Y crecieron los niños, y Esaú fue diestro en la caza, hombre del campo; pero Jacob era varón quieto, que habitaba en tiendas. Y amó Isaac a Esaú, porque comía de su caza; mas Rebeca amaba a Jacob."* (Génesis 25:27-28)

Isaac, como todo padre, observa, estima y aprecia las habilidades físicas de Esaú. Un hombre fiero, velludo y de **caza** con (z). Y lo toma como su preferido. En respuesta Rebeca, como lo haría cualquier madre que observa cierta preferencia del padre sobre uno de los hijos, en un fenómeno de compensación se alía al hijo desfavorecido por el padre. Además de que Rebeca observa, estima y aprecia la quietud y tranquilidad de Jacob, y le enseña "los poderes" de la cocina, reforzando la quietud de Jacob, quien terminó convertido en un hombre de **casa** con (s), herencia que terminaría utilizando en contra de su hermano.

Al cabo del tiempo, el tío Labán hace su aparición en la conducta ventajosa y manipuladora de Jacob, el bien llamado «usurpador», quien, aprovechando la ocasión que le presentaba el hambre y cansancio de su hermano Esaú, negocia la primogenitura a cambio de un plato de lentejas. Al parecer Jacob siempre deseó tener la primogenitura, cosa que puede notarse desde el comienzo, cuando al nacer, Jacob traía trabada la mano al pie de su hermano. No obstante, ya Dios le había revelado a Rebeca, que el mayor serviría al menor. A pesar de esto, la competencia entre Jacob y Esaú se evidencia en esta coyuntura de la historia. Y lo más probable es que esta tensión entre hermanos fuera fomentada por la constante lucha de Jacob por obtener la **aprobación**

paterna, que Isaac no le otorgaba por mantener dirigida su atención sobre Esaú, lo que también fortalecía cada vez más la alianza entre Rebeca y Jacob, terminando en una cruda y evidente coalición de estos dos en contra de Isaac y de Esaú.

Son tres las líneas relacionales que se verán afectadas dentro del hogar en el que reinan las coaliciones. Tres líneas que en esta historia se pueden identificar claramente. El primer daño se hará evidente en el binomio **marido-mujer**. Si la alianza sana entre marido y mujer es la base para un hogar funcional, la falta de este lazo de complicidad en la pareja, generará la disfunción del sistema familiar completo. Porque al no haber un frente unido en la pareja no se pueden dar las condiciones favorables para la realización de las **funciones paternas**, que representan la segunda línea relacional dañada. Finalmente, al no existir acuerdos en las dos líneas anteriores que son superiores en un hogar, la **línea fraterna** representada por los hijos manifestará daños, porque cuando un hijo compite con su hermano, primeramente lo hará por obtener el favor de su padre. Y la mala inteligencia del padre al manejar este espíritu de competencia en sus hijos, traerá un conflicto muy serio entre los hermanos. Así, las odiosas coaliciones no se harán esperar cuando la madre se alíe al hijo desfavorecido por el padre para "ayudarle" a ganar su atención, generando odios profundos entre hermanos, pero también una sensación de rechazo entre el hijo favorecido por el padre, y su madre. Esta «danza familiar» dará origen a las **relaciones de doble vínculo** o doble atadura, una relación que combina sentimientos de amor y odio. En el caso de la familia de Isaac y Rebeca, ¡cuánto **odio** pudo traer todo este enredo familiar al corazón de Esaú! Las acciones de su madre protegiendo a Jacob, favoreciéndolo sin considerar que Esaú no era culpable de que Isaac no tuviera ojos para Jacob, su hermano. Esta clase de "ayuda" **polarizó** las líneas relacionales en el hogar de Isaac y Rebeca porque **obstaculizó** el trato entre Jacob y Esaú, **trastocó** la relación entre Rebeca y Esaú (la madre con el hijo favorecido por el padre), y finalmente las consecuencias subieron hasta el tercer nivel al **poner en duda** la lealtad entre Isaac y Rebeca.

¿Isaac era inocente? ¡Claro que no! La frase del relato que nos explica el origen de todo esto es: *"Y amó Isaac a Esaú, porque comía de su caza; mas Rebeca amaba a Jacob"* (Génesis 25:28). El embrollo familiar también despertaba los recuerdos de Isaac, porque él mismo era producto de uno de estos «enredos» en su familia de origen, cuando sus padres lo prefirieron a él sobre su hermano

Ismael, generando la misma clase de daños. Seguramente Isaac anhelaba a su hermano Ismael, **el hombre fiero**. Y por su descripción, Isaac podía ver en Esaú -su hijo-, a Ismael, su desaparecido hermano mayor. Pero también podía verse así mismo en Jacob, al ver a su madre en los cuidados que Rebeca tenía sobre el menor. Puede ser que Isaac viera en Jacob lo que más odiaba en sí mismo, lo que quizá él interpretó como la causa de la separación entre él y su hermano Ismael, que era **el cuidado extremo que Sara, su madre, tuvo hacia él**. Esto bien puede explicar el "rechazo" que pudo sentir hacia Jacob.

Cuánta traición y dolor traería todo este teje y maneje de Rebeca hacia su marido, hacia Esaú y hacia Jacob, e incluso, hacia ella misma. El capítulo culminante e intenso de esta historia de enredos y drama familiar estaba a punto de escribirse. En el capítulo veintisiete del *Génesis* podemos ver que con mentiras, engaños y manipulación, Rebeca hace que Jacob **robe** la bendición que Isaac quería darle a Esaú.

> *Aconteció que cuando Isaac envejeció, y sus ojos se oscurecieron quedando sin vista, llamó a Esaú su hijo mayor, y le dijo: Hijo mío. Y él respondió: Heme aquí. Y él dijo: He aquí ya soy viejo, no sé el día de mi muerte. Toma, pues, ahora tus armas, tu aljaba y tu arco, y sal al campo y tráeme caza; y hazme un guisado como a mí me gusta, y tráemelo, y comeré, para que yo te bendiga antes que muera. Y **Rebeca estaba oyendo**, cuando hablaba Isaac a Esaú su hijo; y se fue Esaú al campo para buscar la caza que había de traer. **Entonces Rebeca habló a Jacob** su hijo, diciendo: He aquí yo he oído a tu padre que hablaba con Esaú tu hermano, diciendo: Tráeme caza y hazme un guisado, para que coma, y te bendiga en presencia de Jehová antes que yo muera. Ahora, pues, hijo mío, **obedece a mi voz** en lo que te mando.* (Génesis 27:1-8; énfasis mío en negritas).

Isaac quería bendecir a su primogénito Esaú, planea entonces un **ritual** para declarar la bendición sobre su hijo, pero detrás de la puerta... alguien escuchaba. Y no permitiría que Jacob, su preferido, fuera puesto a un lado. Al parecer, el temor a ser descubierto y maldecido por su padre, inundó el corazón de Jacob, pero es Rebeca quien responde a las continuas objeciones de Jacob sobre suplantar a su hermano. Finalmente Rebeca le dice que la maldición caiga sobre ella si él es descubierto. Se consuma el plan y se da el temible encuentro:

> *Entonces éste fue a su padre y dijo: Padre mío. E Isaac respondió:*
> *Heme aquí; ¿quién eres, hijo mío? Y Jacob dijo a su padre: **Yo***
> ***soy Esaú tu primogénito**; he hecho como me dijiste: levántate*
> *ahora, y siéntate, y come de mi caza, para que me bendigas.*
> *Entonces Isaac dijo a su hijo: ¿Cómo es que la hallaste tan*
> *pronto, hijo mío? Y él respondió: **Porque Jehová tu Dios***
> ***hizo que la encontrase delante de mí**. E Isaac dijo a Jacob:*
> *Acércate ahora, y te palparé, hijo mío, por si eres mi hijo Esaú*
> *o no. Y se acercó Jacob a su padre Isaac, quien le palpó, y dijo:*
> *La voz es la voz de Jacob, pero las manos, las manos de Esaú.*
> *Y no le conoció, porque sus manos eran vellosas como las manos*
> *de Esaú; y le bendijo. Y dijo: ¿Eres tú mi hijo Esaú? Y Jacob*
> *respondió: **Yo soy**. (Génesis 27:18-24; énfasis mío en negritas).*

El hijo mintiendo al padre, por indicaciones de su propia madre. Los dos ángulos punzantes de la coalición puestos en acción. La esposa fraguando en contra del padre, aliada a su hijo quién miente por las instrucciones específicas de su madre ¡Alta traición! Pero el desenlace de esta escena está por darse después de que Isaac bendice a Jacob; el *Usurpador* sale de inmediato y al poco tiempo llega Esaú con el guisado preparado para su padre y se encuentra con la sorpresa de que su hermano le había suplantado:

> *Entonces Isaac su padre le dijo: ¿Quién eres tú? Y él le dijo:*
> *Yo soy tu hijo, tu primogénito, Esaú. **Y se estremeció Isaac***
> ***grandemente**, y dijo: ¿Quién es el que vino aquí, que trajo*
> *caza, y me dio, y comí de todo antes que tú vinieses? Yo le*
> *bendije, y será bendito. (Génesis 27:32-33; énfasis mío en*
> *negritas).*

Ponga especial atención a la frase: "Y se estremeció Isaac grandemente", porque creo que ese fue justo el momento en el que Isaac se dio cuenta de **sus** errores cometidos con Jacob. Puedo imaginar a Isaac sentado en su cama, en un estado casi *catatónico* porque creo que en los siguientes minutos, mientras se estremecía, llegaron una serie de imágenes en las que el punto focal ya no era Esaú, sino Jacob. *Fotografías mentales* de un día común en su familia en las que podía ver a Jacob buscando con entusiasmo el rostro de su padre… sin lograrlo, acompañadas de las continuas quejas que Rebeca su mujer le hacía sobre su conducta preferencial sobre Esaú. Pero también este fue el momento en el que Esaú estalló con una muy amarga y dolorosa expresión (v. 34), la rabia de Esaú hacia su hermano fue alimentada por la conducta "conciliadora" de su madre y por la **preferencia** que le manifestaba a él mismo su padre. Pero al verlo todo perdido, surgió dentro de él un odio profundo hacia su hermano y un menosprecio hacia sus padres. A partir de ese momento se consolaba con la idea de que pronto moriría su padre y así podría darle muerte a su hermano. Rebeca, al ver el peligro que corría Jacob, lo manda a casa de su tío Labán. Sería en este lugar en el que encontraría esposa y continuaría el siguiente episodio de su vida y familia.

La dolorosa conclusión que hasta el momento nos arroja este amargo episodio en la vida de Isaac y Rebeca; es que la tristeza, la ruptura y la separación, el abandono y la soledad, los recuerdos amargos y las heridas sangrantes, son el resultado de las alianzas y coaliciones que se crean dentro de los núcleos familiares.

Esaú

Un hombre profano

Después de analizar a Isaac y Rebeca en su función de padres, pudimos ver la manera en la que tristemente las historias se repiten en las familias, generación tras generación. Por desgracia, son los errores y no los aciertos de los padres los que se repiten, como confirmamos en la familia de Isaac y Rebeca en donde encontramos uno de los fenómenos psicológicos que producen más dolor y divisiones dentro de una familia, el manejo de las **alianzas** y **coaliciones**. Las alianzas, como antes decía, son buenas y muy necesarias para lograr una familia funcional. Pero una alianza debe darse en un mismo nivel de jerarquía de poder, porque cuando una alianza se consuma entre una jerarquía mayor (**padres**) y una menor (**hijos**), siempre resultará en una **coalición**. Logramos identificar dentro de la familia de origen de Rebeca el protagonismo de su hermano Labán, siempre jugando un papel central en conjunto con uno de sus padres. Esto nos llevó a descubrir que ya no se trataba de una alianza, sino de una **coalición**. Cuánto dolor generarían las enseñanzas tan perversas que traía Rebeca en su historia. Y como observamos, no dudó en utilizarlas en su propio hogar.

Por su parte, **Isaac** logró romper con uno de los patrones más peligrosos que traían los patriarcas, que es la infidelidad, porque en Isaac vimos al único de los patriarcas que no tuvo otra mujer. A pesar de esto, las enseñanzas y adoctrinamiento familiares que traía Isaac, particularmente con **respecto al papel del hombre en su hogar,** fueron verdaderamente fuertes, y entraron en acción desde el momento en que Isaac expuso a su mujer a ser tomada por otro hombre, tal y como lo había hecho su padre años atrás, y por cierto, por las mismas razones, **por temor y por no tener a su mujer como una prioridad.** Los papeles que Dios asignó a un hombre y a una mujer son muy claros. Dios espera que un hombre desee amar, proteger, sustentar y guiar a su esposa. Y que una mujer busque respetar, honrar, admirar y confiar en su marido. Insisto; los hombres debemos comprender que si no cumplimos con nuestra función en el hogar, principalmente hacia nuestra esposa, generaremos en ella primeramente dolor, que tarde o temprano se volverá enojo y rencor, lo que finalmente romperá la alianza **marido-mujer**, y producirá la odiosa coalición **madre-hijo** que se dirigirá justamente en nuestra contra. Y la mujer jamás debe olvidar que la persona con quien debe aliarse es su marido, no sus hijos.

En esto consistió el fracaso de Isaac y Rebeca, porque Isaac **amó** a Esaú, ya que comía de su caza; mas Rebeca **amaba** a Jacob. Y el problema nunca fueron las **diferencias**, sino las **preferencias** que los padres hicieron sobre sus hijos. Si usted se ha preguntado alguna vez por qué los padres prefieren a un hijo sobre otro, este hecho puede deberse a razones tan simples como la facilidad de trato o la compatibilidad en el carácter. Pero también puede deberse a la **ineludible herencia**, que son razones más de fondo como pueden ser los eventos vividos en la historia de los padres. Por ejemplo, ¿por qué Isaac prefirió a Esaú? En *apariencia* porque Esaú era un cazador masculino y agreste. Un hombre fuerte y decidido. Un hombre velludo y combativo. Todo un «orgullo» para su padre. Pero de *fondo*, Isaac podía ver en Esaú a **Ismael**, su añorado y lejano hermano. ¿Por qué Rebeca prefirió a Jacob? Igualmente, de *forma*, por ser un hombre calmado y tranquilo. Un joven lampiño y de casa, totalmente compatible con Rebeca. Además de que la madre siempre preferirá al débil o poco favorecido por el padre, y en un fenómeno de **compensación**, procurará ayudar al desvalido. Pero también de *fondo*, Rebeca podía ver en Jacob el mismo papel de **hijo invisible** que ella jugó en su casa con respecto a su hermano Labán; por lo mismo, no permitiría la misma injusticia de la que ella fue víctima.

En la familia de Isaac y Rebeca no es difícil encontrar las razones que llevaron a los padres a coaligarse con los hijos, pero todos los que hemos leído la afirmación que Dios hace con respecto a los hijos de Isaac en Romanos 9:13, cuando afirma: *"A Jacob amé, mas a Esaú aborrecí"*, no podemos evitar pensar: ¿Dios estaba metido en este enredo? El mismo apóstol Pablo pregunta: *"¿Habrá injusticia en Dios?"* Y de inmediato responde: *"De ninguna manera"*. Entonces la pregunta que queda en el aire es: ¿Qué pudo ver Dios en Esaú para que fuera rechazado desde antes de nacer y que el mismo autor de *Hebreos* lo definiera como **profano**? Comencemos por comprender lo que implica el término.

Cualquier diccionario define lo «profano» como **aquello que no es sagrado ni sirve para fines sagrados**. Al parecer no se trata de los pecados sino de "aquello" -persona u objeto- que no sirve para fines sagrados. Tampoco refiere a los pecados más escandalosos o terribles sino a la **actitud** de quien los comete, y este fue el caso de Esaú. Otro ejemplo que ilustra claramente *lo profano*, es aquel momento en el que el profeta Ezequiel, inspirado por el Espíritu de Dios, revela los pecados de Israel. En aquella lista se encontraba el pecado de los líderes religiosos, quienes no podían distinguir entre lo santo y lo profano.

> *"Sus sacerdotes violaron mi ley, y contaminaron mis santuarios; entre lo santo y lo profano no hicieron diferencia, ni distinguieron entre inmundo y limpio; y de mis días de reposo apartaron sus ojos, y* ***yo he sido profanado*** *en medio de ellos."* (Ezequiel 22:26; énfasis mío en negritas)

Luego viene el término «profanado», que significa "tratar sin el debido respeto a quien debería ser justamente considerado Santo o Sagrado". Profanar es dañar con palabras o acciones la dignidad o la honra de una persona, y Dios revela por boca de su profeta que la ciudad entera le había profanado. Una lectura al capítulo veintidós del profeta Ezequiel nos deja en claro que el pueblo, **en la vida cotidiana**, no trataba con el debido respeto a Dios ni a Sus leyes. Los pecados que cometía este pueblo aparentan ser pequeños a los ojos de ellos, pero ante los ojos de Dios, eran graves:

> *"Al padre y a la madre despreciaron en ti; al extranjero trataron con violencia en medio de ti; al huérfano y a la viuda despojaron en ti. Mis santuarios menospreciaste, y mis días de reposo has profanado."* (Ezequiel 22:7-8)

Con estas acepciones concentremos nuestra atención en Esaú, el profano. Primeramente, menospreció la primogenitura y decidió venderla por un plato de lentejas. Y junto con la primogenitura, menospreció la bendición que Dios le había concedido de ser el mayor. También despreció las indicaciones de Dios y las recomendaciones de sus padres al tomar mujeres de las hijas de los heteos. Mujeres que con su forma de vida se volvieron amargura de espíritu para Isaac y Rebeca:

> *"Y cuando Esaú era de 40 años, tomó por mujer a Judit, hija de Beeri heteo, y a Basemat, hija de Elón heteo; y* ***fueron***

amargura de espíritu *para Isaac y para Rebeca."* (Génesis 26:34 y 35; énfasis mío en negritas)

Esaú tenía un problema en el corazón, definitivamente era un hombre profano. Como veíamos en el capítulo anterior, después de que Jacob con engaños le roba la bendición que su padre había planeado para él, Esaú estalla en ira, pero al ver que todo estaba perdido, llega al extremo de planear asesinar a su propio hermano, **y así se consolaba**. Por esto Jacob terminó huyendo de su casa. Por otro lado veo a Isaac corrigiendo el rumbo. Y antes de despedir a Jacob, lo llama y lo bendice. Esta vez, la bendición era consciente y plenamente dirigida. Isaac deseaba bendecir a Jacob, pero detrás de la puerta alguien escuchaba... Y Esaú, después de oír la bendición y las indicaciones que Isaac le dio a Jacob al enviarlo con la familia de Rebeca, y decirle que debía evitar tomar mujeres de las hijas de Canaán, Esaú se fue a Ismael, y tomó para sí por mujer a Mahalat, hija de Ismael, además de sus otras dos mujeres. Ambas decisiones fueron tomadas por Esaú con el firme propósito de herir a sus padres:

*Entonces Isaac llamó a Jacob, y lo bendijo, y le mandó diciendo: No tomes mujer de las hijas de Canaán. Levántate, ve a Padan-aram, a casa de Betuel, padre de tu madre, y toma allí mujer de las hijas de Labán, hermano de tu madre. Y el Dios omnipotente te bendiga, y te haga fructificar y te multiplique, hasta llegar a ser multitud de pueblos; y te dé la bendición de Abraham, y a tu descendencia contigo, para que heredes la tierra en que moras, que Dios dio a Abraham. Así envió Isaac a Jacob, el cual fue a Padan-aram, a Labán hijo de Betuel arameo, hermano de Rebeca madre de Jacob y de Esaú. Y vio Esaú cómo Isaac había bendecido a Jacob, y le había enviado a Padan-aram, para tomar para sí mujer de allí; y que cuando le bendijo, le había mandado diciendo: No tomarás mujer de las hijas de Canaán; y que Jacob había obedecido a su padre y a su madre, y se había ido a Padan-aram. **Vio asimismo Esaú que las hijas de Canaán parecían mal a Isaac su padre; y se fue Esaú a Ismael, y tomó para sí por mujer a Mahalat**, hija de Ismael hijo de Abraham, hermana de Nebaiot, además de sus otras mujeres. (Génesis 28:1-9; énfasis mío en negritas).*

Después de este breve recorrido por la vida y obra de Esaú, comprendemos que existían razones de sobra para rechazar a este hombre profano. Me permito aclarar que no por todo lo que ahora sabemos de Esaú, Dios amó a Jacob. Encontrar lo que hace aborrecible a Esaú es fácil, pero, ¿qué hace **amable** (cualidad de ser amado) a Jacob? Un usurpador, mentiroso, coaligado a su madre, y hasta lampiño. La respuesta es difícil. Cuando leemos la frase: *"A Jacob amé, mas a Esaú aborrecí"*, con frecuencia nos preguntamos: ¿Por qué aborreció a Esaú? Esa idea nos parece muy injusta, y es difícil conciliar que provenga precisamente de Dios, cuando la Biblia revela que Dios es amor. Y tiene razón. Esta frase encierra una gran injusticia, pero no por el rechazo a Esaú, sino por el amor manifestado a Jacob, un hombre aborrecible. La pregunta correcta es entonces: **¿Por qué amar a Jacob?** La única respuesta es: Por pura **gracia**. ¿Se ha puesto a pensar qué sería de nosotros si Dios hiciera a un lado su misericordia y actuara solo con su justicia? No nos gustaría saber lo que ocurriría. Cuando dirigimos los reflectores hacia Jacob, pensando que este hombre "merecía" ser el elegido de Dios, su historia no resulta del todo exitosa. Definitivamente la idea difícil de asimilar es: *"A Jacob amé"*. La lección profunda que nos deja esta historia es el amor incondicional que Dios manifestó al amar a quien no lo merecía.

No es necesario detallar un reto para nosotros en esta compleja historia, llena de enredos y sentimientos encontrados. La cuestión ahora será identificar si estamos manifestando el amor incondicional de Dios hacia nuestros hijos. **Romper los patrones y elaborar nuevos rituales que nos permitan actuar de manera diferente**. Amar en nuestro hogar al que menos lo merezca porque seguramente será el que más lo necesite. Dar la oportunidad a cada uno de nuestros hijos de desarrollar su carácter e individualidad y enseñarle a la vez a compartirse con los demás, en fin, aprendamos a modelar el amor incondicional de Dios en nuestro hogar.

Jacob
Una familia numerosa

¿Cuántos fueron en su casa? ¿Dos? ¿Tres? ¿Cinco? ¿Ocho? Mi suegro siempre dijo: *"Es más barato por docena"*, y fueron trece. ¿Cuántas ventajas pueden tener las familias grandes por sobre las pequeñas? Bueno, en una familia numerosa hay alegría, convivencia, juegos en grupo, apoyo unos de otros. Los padres pueden contar con un equipo de trabajo. Tienes quién te preste ropa, y te ofrezca protección: "Si te metes conmigo, te metes con mis ocho hermanos", dice el orgulloso hermano menor. Y muchas otras ventajas más. Pero también las familias numerosas traen consigo muchas desventajas. Por razones obvias, lo primero que se pierde en las familias grandes es la privacidad. No siempre es posible que los padres puedan ofrecer una recámara para cada uno de sus hijos, y la recámara parecerá cada vez más una lata de sardinas. Solo los mayores estrenan ropa. La regla de la casa dice que los menores deberán vestir la ropa usada de los hermanos mayores. Y muchas veces los llamados *"gallitos"* hacen parecer que la niña menor hará *la danza de los siete velos*. También son frecuentes las peleas por cosas tan simples y comunes como el control de la televisión. Hay menos amor y atención individual, porque el colectivo es el que cuenta. Se da mucho el abandono de los hijos intermedios y menores, que resultan muchas veces invisibles para los padres, porque su atención se concentrará en los hijos mayores por el apoyo que estos pueden ofrecer, lo que también "obliga" a los padres a darles poder, asunto que termina por generar heridas profundas y abuso de los mayores sobre los menores, atrayendo las envidias, el rechazo y un fuerte espíritu de competencia entre hermanos.

Definitivamente es en la familia donde recibimos las más grandes satisfacciones, pero también los más profundos rencores, y este es el caso de la familia de Jacob. Una familia numerosa, compuesta por doce hermanos varones. ¡Podrá imaginar el olor a *testosterona* que despedía aquella casa! En la familia de Jacob hay tres protagonistas importantes; sus hijos fueron **Rubén**, Simeón, Levi, **Judá**, Isacar, Zabulón, Neftalí, Dan, Aser, Gad, **José** y Benjamín. Los protagonistas fueron: primeramente **José**; de hecho, esta parte del relato bíblico parece más la historia de José que de su padre Jacob. Los otros dos protagonistas son **Rubén,** el mayor, y **Judá**, a quién le sería entregado el cetro, porque sería de él de quien vendría el Mesías.

El capítulo treinta y siete del Génesis nos ubica de pronto en el corazón mismo de la familia de Jacob, y hace resaltar de inmediato el contraste que José generaba en su familia por sus características particulares, y la envidia que sentían de él sus hermanos ¿Por qué José era tan **odiado** por sus hermanos? Lo primero que encuentro es que era de los hermanos menores y el preferido del padre, tanto que le hizo una túnica de diversos colores. Un joven que se portaba bien y reportaba a su padre sobre la mala fama de sus hermanos. Creo que estas son razones suficientes para que José no lograra integrarse a la familia como debía ser. Pero además de todo lo anterior, **José era un soñador**.

Pienso en dos ángulos cuando escucho el término, porque en la época, un **soñador** era el sujeto que poseía un don de Dios de recibir revelación a través de sus sueños, además de tener el discernimiento para interpretarlos, pero también un soñador es aquel que posee una visión clara del futuro. Un hombre positivo que con su optimismo molesta a los mediocres que le rodean, que con sus proyectos personales les recuerda a los demás su estancamiento. Un soñador como José, además, trabajaba en sus metas y propósito, lo que terminó por convertirlo en un **visionario**.

Dice la historia que sus hermanos le tenían envidia, por esto no le hablaban pacíficamente. Pero el odio de parte de sus hermanos había crecido tanto que un día planean *quitarle la vida*. El proceso fue dramático. Su padre le envía a sus hermanos y cuando él los encuentra, ellos planeaban su muerte. Pero **Rubén**, el segundo protagonista de esta historia, sale al "rescate" diciendo a sus hermanos: *"Mientras decidimos qué hacer, pongamos al joven dentro de esta cisterna"*. Quería comprar tiempo para encontrar la manera de librar a José del resto de sus hermanos (Génesis 27:21-22). Fue el momento cuando **Judá** parece mostrar un poco de "humanidad", pero de fondo solo afirma que no es negocio asesinar a su hermano, y sugiere venderlo para sacar provecho de su muerte. Lo más dramático es que José permanecía desnudo en el fondo de la cisterna escuchando la conversación de sus hermanos.

Hagamos una pausa en la historia de José y por unos momentos, recuerde su propia historia. ¿Qué recuerdos dejaron sus hermanos impresos en su memoria...? Piense en los tres recuerdos más dolorosos que todavía conserva. Se sentirá estremecer. Dicen que las heridas sanan con el paso del tiempo, pero podrá percatarse de que no es así. Todavía duele. Recordar, lastima. Es como volver a estar en el hoyo de la desesperación, en la cisterna de los recuerdos. Pero lo dramático de esta historia, es que José vivió por lo menos **22** años en la «cisterna» de sus recuerdos. Verá que Génesis 37:2 nos dice que comenzamos la historia a los 17 años de edad de José. Algunos capítulos más adelante (Génesis 41:46) nos cuenta que José tenía ya 30 años cuando fue presentado ante el faraón, lo cual significa que estuvo los primeros 13 años viviendo como esclavo en la casa del capitán de la guardia del faraón y preso en la cárcel, acusado injustamente por la mujer de Potifar de acoso e intento de violación. ¡Trece años amasando el deseo de venganza! Sumergido en la cisterna de sus recuerdos, bajo el riesgo de quedar atrapado en la «prisión» del odio. Pero después de entrar a la presencia del faraón e interpretar sus sueños, le esperaban otros siete años de prosperidad representados por las siete vacas gordas y por lo menos otros dos años de hambre y sequía revelados en las siete vacas flacas del sueño del faraón (Génesis 41:29-30). Porque si sus hermanos llegaron en el segundo año de la sequía (Génesis 45:6) significa que José tenía ya casi 40 años de edad cuando se encontró de nueva cuenta con sus hermanos. En suma, José vivió 22 años en la cisterna de sus recuerdos, tiempo suficiente para amasar el deseo de venganza. Y a pesar de que para entonces José vivía en el palacio, y tenía poder y riqueza, no debemos olvidar que había vivido más de dos décadas alejado de su familia, de su tierra y del padre a quien tanto amaba.

Reencontrarse con el pasado no es cosa sencilla. El mundo da muchas vueltas, y ahora José era el señor de la tierra. Los tenía en sus manos. Dios mismo los puso en sus manos. La decisión era de José. El momento de la venganza había llegado ¿Qué hubiera hecho usted en lugar de José...? Tarde o temprano nos encontraremos en la vida ante una bifurcación en nuestro camino, tarde o temprano nos encontraremos **entre el perdón y la venganza**. Seguramente llegará el día en el que usted tenga que decidir si tomará el camino del perdón o el camino de cobrar lo que por derecho natural le corresponde, la venganza. ¿Qué hará entonces? Nuestra sangre y nuestra carne reclaman «justicia», pero, ¿dónde termina la justicia y comienza la venganza? Llega a ser tan confuso... Por lo menos en tres ocasiones José se estremeció en sus entrañas al extremo que tuvo que retirarse a llorar a su habitación.

> *"Y decían el uno al otro: 'Verdaderamente hemos pecado contra nuestro hermano, pues **vimos la angustia de su alma** cuando nos rogaba, y no le escuchamos; por eso ha venido sobre nosotros esta angustia'."* (Génesis 42:21; énfasis mío en negritas)

Más abajo dice que ellos no sabían que José escuchaba y entendía lo que ellos discutían. Y tuvo que apartarse a llorar. Y la tercera vez, al no poder contenerse más, sacó a sus sirvientes y rompió en llanto, pero un llanto a grito abierto al extremo que se escuchaba el clamor hasta la casa del faraón. Ese era su momento. El día esperado había llegado 22 años después. Esta era su oportunidad de hacer justicia. Pero no olvide que cuando tomamos la justicia por mano propia inevitablemente terminamos en el camino de la venganza. Permítame demostrarlo narrando el final de esta historia de otra manera, tratando de hacer "justicia" a José:

"Entonces José rompió en llanto y descubrió a sus hermanos su verdadera identidad. Ellos, al ver que se trataba de José, se llenaron de temor. Y José, haciendo valer su derecho de hacer justicia, vendió a sus hermanos como esclavos 22 años".

¿Le gusta cómo suena el relato con este final? ¿Eso es justicia o venganza? Qué línea tan delgada existe entre la justicia y la venganza; después de todo la justicia busca darle a cada uno lo que le corresponde, pero, ¿por qué al buscar la justicia nos alejamos más de ella?

> *"No paguéis a nadie mal por mal; procurad lo bueno delante de todos los hombres. Si es posible, en cuanto dependa de vosotros, estad en paz con todos los hombres. No os venguéis vosotros mismos, amados míos, sino dejad lugar a la ira de Dios; porque escrito está: 'Mía es la venganza, yo pagaré', dice el Señor. Así que si tu enemigo tuviere hambre, dale de comer; si tuviere sed, dale de beber; pues haciendo esto, ascuas de fuego amontonarás sobre su cabeza. No seas vencido de lo malo, sino vence con el bien el mal."* (Romanos 12:17-21)

Existen razones de fondo en esta indicación que hace el apóstol Pablo, inspirado por el Espíritu Santo. La lógica del mandato se encuentra cuando logramos comprender estos tres simples aspectos. Primero: La venganza no satisface de manera permanente, siempre al final, produce **amargura**. Segundo: Es imposible dar lo justo. Cuando buscamos justicia no damos lo suficiente, o damos de más o de menos. El "simple" acto de buscar justicia por propia mano nos convierte en **victimarios** de aquel que nos ha dañado. Y tercero: La venganza consumada significa un retroceso en el crecimiento personal; la venganza siempre genera **culpa**.

De este enredo es de lo que pretende librarnos el Señor. ¿Está usted listo para caminar la segunda milla? ¿Estaremos dispuestos a poner la otra mejilla? Si tu enemigo tiene hambre, dale de comer. Y si tuviere sed, dale de beber. Porque haciendo esto, ascuas de fuego amontonas sobre **SU** cabeza, no sobre la tuya. Un párrafo de la misma cita anterior en la traducción en lenguaje actual dice:

> *"Queridos hermanos, no busquen la venganza, sino dejen que Dios se encargue de castigar a los malvados. Pues en la Biblia Dios dice: 'A mí me toca vengarme. Yo le daré a cada cual su merecido'. Y también dice: 'Si tu enemigo tiene hambre, dale de comer; si tiene sed, dale de beber. Así harás que le arda la cara de vergüenza'."*

Hay un concepto narrado en la película "La intérprete", protagonizada por Nicole Kidman y Sean Penn. Siguiendo el argumento de Martin Stellman y Brian Ward, Pollack (el director del filme) diseña una tribu africana con tradiciones y lengua propias. A través del genio de los guionistas nos presentan la manera en la que esta tribu maneja los conceptos de perdón y justicia. El argumento es simple: cuando en esta tribu se cometía un crimen, la aldea se reunía en torno a un río. Al amanecer, tomaban al asesino, le metían en una barca a la que le hacían un hoyo, y lo adentraban en el río. Poco a poco, el sujeto atado y colocado en aquella barca se hundía lentamente. Según las leyes de esta supuesta tribu, es la familia del difunto quien decide si lo dejan ahogarse o lo salvan. En esta aldea se cree que si la familia deja que el asesino se ahogue se hará **justicia**. Pero si se tiran al agua al rescate del asesino, se hará **misericordia**, lo que liberaría a los parientes del dolor causado por la pérdida.

A pesar de que el argumento haya sido diseñado por la creatividad de los guionistas, lo cierto es que logra expresar el punto de enlace entre el perdón y la justicia. Y cierro esta historia invitando al lector a que en su mente pueda realizar aquel ritual de liberación, imaginando que en aquella "barca" se encuentra aquel pariente que le hirió profundamente. La pregunta en esta coyuntura es, ¿usted qué hará…? Sin pensarlo… ¡Láncese al rescate! Hágalo por usted mismo. Esa será su oportunidad de mostrar misericordia.

La vida es similar a la lectura de un libro. No existe mejor manera de leer un libro que concentrarse en el cúmulo de ideas nuevas que nos ofrece la página que estamos leyendo. Pero si en la lectura nos quedamos anclados a la idea anterior, no lograremos ver la riqueza de la página presente. Igualmente, no hay mejor manera de vivir la vida que concentrarnos en el presente tal y como se presenta, y liberarnos de las cargas y recuerdos del pasado.

Después de analizar la vida de José, nos gustaría que la línea Mesiánica se revistiera de gloria con semejante historia. Pero nos quedamos con ganas de que Dios lo hubiera elegido para ser un primer violín que llevara la melodía en el concierto de la línea del Mesías, y no solo un segundo violín que sirviera de acompañamiento en la sinfonía de las raíces del Hijo de Dios. No obstante, los planes y los designios de Dios no son los planes ni la visión del hombre, y sabemos que Dios actúa de manera misteriosa y muchas veces poco comprensible para nosotros. Finalmente, de los doce hermanos, Dios eligió a Judá. Pero… ¿quién era Judá? ¿Qué hizo de valioso en su vida como para ser uno de los protagonistas en la historia del pueblo de Dios?

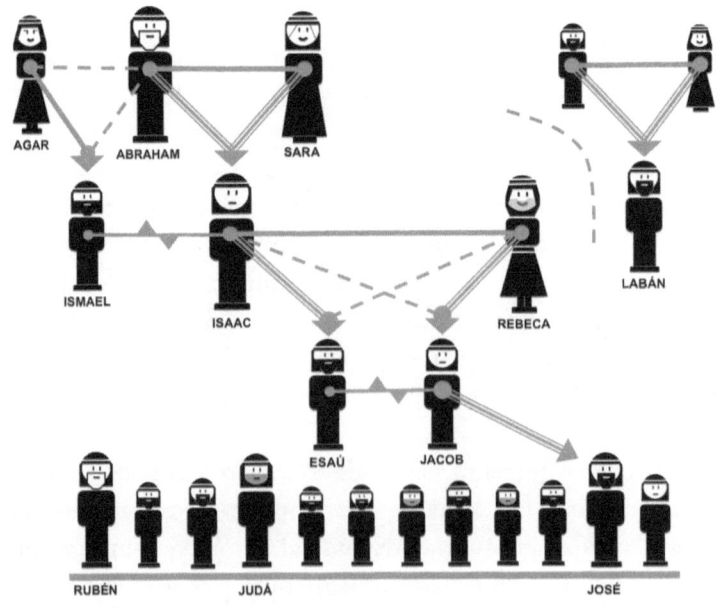

Judá

Una familia sin guía

¿Cuándo fue la última vez que pensó en su muerte? ¿Alguna vez ha pensado en su lápida? ¿Qué dirá su epitafio? Considere que no es el "muerto" quien decide lo que dirá aquella inscripción, son las personas más cercanas al difunto quienes se encargarán de diseñar aquella leyenda, y la escribirán pensando en usted. En su legado. En su manera de ser y de actuar. En su proceder ante la vida. Será usted quien inspire a quienes escriban aquel epigrama.

Cuando escuchamos el nombre de Judá, tenemos la sensación de que conocemos al personaje. "Judá" es uno de los nombres más famosos de la historia de Israel, pero son realmente pocas las personas que conocen su verdadera historia. Permítame mostrarle un breve resumen de su "gloriosa" vida mientras usted piensa en qué escribiría sobre la lápida de Judá:

Después de sugerir vender como esclavo a José, su hermano, Judá se separa de su familia, se casa con la hija de un varón cananeo llamado Súa y engendra tres hijos: Er, Onán y *Sela*. Al cabo del tiempo Er se casa con una mujer llamada Tamar. Pero por la maldad de este hombre, Dios decide quitarle la vida sin dejar hijos a Tamar. Y como era costumbre de la época, su hermano Onán la toma por mujer. Pero este segundo hijo de Judá, no queriendo levantar descendencia a su hermano, vertía en tierra. Y Dios también le quitó la vida. Entonces Judá le pide a su nuera que espere a Sela, su hijo menor. Pero pasan los años y Judá no cumple su palabra, temiendo que Tamar "le quitara la vida" también a su último hijo. Al cabo del tiempo, muere la mujer de Judá sin pena ni gloria. Y es dado aviso a Tamar que su suegro iría a la tierra de Timnat. Entonces Tamar se disfraza de prostituta para acostarse con su suegro y lograr así engendrar a los gemelos Fares y Zérah. En ese momento Judá no se enteró de que estaba durmiendo con su nuera. Finalmente cuando dan aviso a Judá de que Tamar estaba embarazada, y sin saber que él mismo era el padre, simplemente ordena: *"Que la saquen y la quemen"*.

Después de leer este breve resumen de acontecimientos de la vida de Judá, si usted fuera el responsable de diseñar el epitafio de la lápida de este hombre, ¿qué escribiría? Difícil, ¿no cree? Pero ya alguien plasmó en las páginas de la historia el título con el que Judá pasaría a la posteridad. Y fue el mismo Jacob, su padre, quien selló la historia de Judá, coronándolo como el «Cachorro de León».

Para entender la confusa historia de Judá debemos adelantarnos en el tiempo. Viajar a Egipto y entrar a la misma recámara en donde yace moribundo Jacob, el Patriarca. En su lecho de muerte, ese día, Jacob llamó a sus doce hijos y profetizó sobre cada uno de ellos. Lo más relevante es oír la descripción que el padre hizo sobre cada uno de sus hijos y la manera en la que profetiza su futuro. Este es el momento justo cuando se dirigió a Judá, lo bendijo y lo nombró: «Cachorro de León». Pero también profetizó sobre él: *"No será quitado 'el Cetro' de la mano de Judá."* (Génesis, 49:10)

En este punto se debe hacer una aclaración muy importante, y es que el "Cachorro de León" no es "**el León de la tribu de Judá**". Un cachorro de león gana una descripción ambivalente, porque por un lado entendemos que es protegido, cuidado y privilegiado: ¡No te metas con el cachorro del león porque te enfrentarás a sus padres! Pero a su vez, el cachorro de león es tan confiado que se vuelve juguetón, inmaduro y hasta imprudente. Este es el caso de Judá. Nunca maduró. Observe la serie de decisiones equivocadas en la vida del Cachorro de León:

Primeramente, es él quien propone que vendan a José y saquen provecho de su desaparición. ¿Quién podría vivir con semejante peso en la consciencia? Al parecer, es precisamente esto lo que le hace decidir separarse de sus hermanos y hacerse amigo de **Hira, el adulamita**. Hira era originario de la región de Adulam, y este lugar nos recuerda de inmediato la cueva de Adulam. El lugar en donde David habitó en aquel período tan difícil que él vivió. Parece que la cueva de Adulam era el lugar de refugio al que acudían quienes sufrían de depresión, amargura de espíritu o deudas. Y si Judá se fue a vivir a aquella región, puedo pensar que también estaba atormentado por el recuerdo de su hermano. Por su puesto que las personas con las que nos asociamos en amistad muchas veces nos influyen de manera determinante. Y Judá se hace amigo de Hira adulamita; y termina involucrado con una mujer cananea, desobedeciendo a las indicaciones de Dios, trasmitidas por los patriarcas

Abraham, Isaac y por Jacob su padre. Con esta mujer engendra a sus tres hijos. Posteriormente, cuando leemos sobre la vida de sus hijos suponemos la clase de padre que pudo haber sido el Cachorro de León. **Er**, su primogénito, desposa a **Tamar**. El relato bíblico nos dice que Er era malo ante los ojos de Dios, al extremo que el Señor decidió quitarle la vida. Le siguió su hermano **Onán**, quien al "tener que" levantar descendencia a su hermano, prefiere verter en tierra para no embarazar a **Tamar**. Esto no fue grato a los ojos de Dios y también le quitó la vida. Fue entonces cuando Judá pide a Tamar que espere a Sela, olvidando a la mujer y bloqueando su vida, porque Tamar no se podía casar y estaba obligada a esperar las indicaciones de su suegro. Pero al parecer Judá no pensaba entregar a su último hijo en las manos de su nuera, temiendo que éste corriera la misma suerte que los anteriores. Al cabo de los años, muere la mujer de Judá, sin pena ni gloria, y es dicho a Tamar que su suegro andaría en Timnat. Ese fue el momento en el que Tamar se disfraza de prostituta para poder atraparlo y lograr embarazarse. Por otro lado, hay quienes piensan que Judá se llegó a la prostituta conforme a las costumbres paganas de la época, de allegarse a una ramera como una manera de consultar al Oráculo, porque la prostitución tenía cierto carácter religioso. Si ese fuera el caso, Judá confirmaría lo obvio, que este hombre **carecía de guía**. El cachorro de león no maduraba.

Una recapitulación de hechos de la vida del Cachorro de León nos dice que Judá, **por envidia**, fue capaz de vender a su hermano. Que **movido por la culpa** se aleja de la familia y hace amistad con Hira, el *adulamita*. Que **no consulta a Dios** para elegir pareja y se casa con una *cananea*. Que **no ofreció instrucciones** a sus hijos, quienes llevan vidas sin límites. Y que finalmente **se allega a una prostituta**, buscando consuelo y guía, misma que resultó ser su nuera. Y para cerrar con "broche de oro", después que le dan aviso sobre el embarazo de Tamar, **con absoluta ligereza juzga**, y simplemente dice: *"Que la saquen y que la quemen"*.

Pero no contaban con la astucia de Tamar, quien con mucha prudencia le manda a su suegro las pertenencias del padre de la criatura. Al reconocer Judá sus pertenencias, modifica su declaración y juicio sobre su nuera declarándola inocente y justa, reconociendo que el único culpable era él, porque por temor a perder al menor, no se lo había entregado a Tamar. Este es el momento en que la historia del Cachorro de León se vuelve la historia de Tamar, quien después de la declaración de Judá pasa de ser considerada una mujer fornicaria a ser una santa. El relato termina diciéndonos que Tamar traía gemelos en su vientre, y precisamente uno de estos niños fue **Fares**, el hijo de Judá y de Tamar sobre quien sigue la línea Mesiánica.

Mateo el Apóstol comienza su evangelio ofreciéndonos una cronología (Mateo 1:1-17). Afirma al final que desde **Abraham** hasta **David**, hubo catorce generaciones. Desde **David** hasta que los judíos fueron llevados prisioneros a **Babilonia** también hubo catorce generaciones, y otras catorce desde ese momento hasta el nacimiento del **Mesías**. Lo que me parece más relevante del caso es que en la línea Mesiánica aparecen tres mujeres importantes en el primer bloque de catorce generaciones, desde Abraham hasta David. En orden de aparición fueron: Tamar, Rahab y Rut.

En este punto se hace evidente un comparativo entre **Tamar** la cananea y **Rut** la moabita. Porque estas mujeres no pertenecían al pueblo de Israel; no obstante, Dios las adopta como israelitas por su fe y disposición, y porque una vez residentes de Israel, adoptaron las leyes y costumbres hebreas, particularmente aquellas que resguardaban las tradiciones familiares. Por ejemplo, las dos permanecieron a la espera del **pariente redentor**. Este concepto es muy hebreo, y en él se busca la protección de la mujer viuda y del difunto esposo. La mujer sería «redimida» al recibir la dignidad familiar de convertirse en madre, y el difunto sería honrado al obtener la trascendencia por medio de un hijo que llevara su nombre. Eso es amar y respetar los **fundamentales** que gobiernan a una familia. En la herencia recibida de los padres no todo es negativo. De hecho hay costumbres y rituales que deben perdurar a través de las generaciones. Hay límites que no se deben traspasar, como lo hicieron Er y Onán. Hay reglas que no se deben romper. Hay costumbres que no se deben perder y palabras que no se deben pronunciar. No se deben traspasar los límites puestos por Dios, por algo Él los puso y quiere que nosotros aprendamos a vivir bajo el cuidado de Su autoridad. Su Palabra es nuestro fundamental, del que buscamos aprender a guiar nuestros actos y a resguardar nuestras decisiones, porque vivir bajo los fundamentales atrae bendición.

> *"Entonces Booz proclamó ante los ancianos y ante todo el pueblo: 'Hoy son ustedes testigos de que le he comprado a Noemí toda la propiedad de Elimélec, Quilión y Majlón, y de que he tomado como esposa a Rut la moabita, viuda de Majlón, a fin de preservar el nombre del difunto con su heredad, para que su*

nombre no desaparezca de entre su familia ni de los registros del pueblo. ¡Hoy son ustedes testigos!' Los ancianos y todos los que estaban en la puerta respondieron: 'Somos testigos. ¡Que el Señor haga que la mujer que va a formar parte de tu hogar sea como Raquel y Lea, quienes juntas edificaron el pueblo de Israel! ¡Que seas un hombre ilustre en Efrata, y que adquieras renombre en Belén! ¡Que por medio de esta joven el Señor te conceda una descendencia tal que tu familia sea como la de Fares, el hijo que Tamar le dio a Judá!'." (Rut 4:9-12 NVI)

Judá marca un cambio en la manera en la que Dios trataría con Su Pueblo. Hasta el momento, lo había hecho por medio de los patriarcas, como es el caso de Abraham, Isaac y Jacob. Notará que Judá no se ganó **el título de Patriarca**. Pudiera ser por un cambio estratégico de Dios, el Señor, quien había decidido modificar la manera en la que se dirigiría a Israel, pero también pudo deberse a la vida tan desordenada, inmadura y alejada de Dios de este hombre. Contrasta la vida de respeto a los fundamentales que demostró Tamar, una mujer con valor, paciencia, madurez y sensatez. Por desgracia, no apreciada por los varones de la familia de Judá, pero cuya historia no pasó desapercibida por Dios, quien honró su memoria al escribir en su epitafio: *"Aquí yace una mujer que supo vivir con fe, valor y a la espera del pariente redentor"*. En contraste se lee en la lápida contigua: *"Aquí yace el Cachorro de León"*.

Moisés

El primero de los caudillos

Haciendo un balance general de la vida y familia de Judá, nos queda la sensación de que el Cachorro de León representa la típica familia sin guía. No obstante, a Judá se le dio el Cetro al elegir a su tribu y familia para representar a la línea Mesiánica, un privilegio que fuera negado a hombres de mucho valor, como José. Lo cierto es que Judá hubiese podido trascender a su época al convertirse en un **líder ejemplar de tribu**, pero no fue así. Por el contrario, su nombre se perdió en las páginas de la historia al no dejar un legado honroso como el de José, su hermano, quién logró trascender a su época, a pesar de las circunstancias tan difíciles que tuvo que enfrentar.

El autor de *Hebreos* nos dice que Dios ha hablado al hombre muchas veces y de muchas maneras. Y al analizar estas historias nos damos cuenta de que Dios habló a su pueblo por medio de los Patriarcas, los Jueces, los Reyes, los Profetas, etc. En un principio, lo hacía mediante personajes aislados, como fue el caso de Abel, Enoc, Noé, etc. Después, llamó a un hombre y le hizo tres promesas; me refiero a **Abraham**. Y comienza así la generación de los **Patriarcas**. Posteriormente con **Judá** vino otro cambio importante, porque con él inicia la época de los **líderes de tribu**. A partir de este momento, la historia daría un vuelco importante, porque los doce líderes y sus tribus permanecerían en Egipto y serían sus esclavos por 400 años, tal y como Dios lo había dicho a Abraham (Génesis 15:13). Después de la vida de Judá, líder de tribu a quien Dios decidió darle el Cetro, el Señor levantó una nueva generación de líderes por medio de los cuales mostraría su poder y guía a todos los nacidos en Egipto. Es así como llegamos a la era de los **Caudillos**. El término «Caudillo» proviene del latín "capitellium", que es una expresión empleada para referirse a un *cabecilla* o líder **político**, **militar** o **ideológico**. Notará que esto es justo lo que necesitaba el naciente pueblo de Israel, que para entonces era un pueblo de *ladrilleros*, con una mentalidad de esclavos. Ese era el momento justo cuando la descendencia de Abraham requería de un líder que les influyera por medio de sus funciones administrativas, militares, políticas e ideológicas, y que transformara así a las doce tribus hasta lograr darles **identidad nacional**. Tal es el caso de Moisés y Josué, líderes que en efecto desempeñaron funciones militares, políticas, ideológicas, legales y administrativas, dándole forma al pueblo de Israel manifiesta en identidad nacional, tierra y leyes. Bajo esta premisa analicemos la vida, obra y familia de Moisés, el primero de los caudillos del pueblo de Israel.

La vida de este líder es apasionante desde su nacimiento; se nos narra que el faraón, por temor, al ver que los esclavos aumentaban en número y fortaleza, había dado la orden de que los niños varones, hijos de los esclavos, fueran llevados a la muerte. Primero lo intentó en secreto con las parteras de los hebreos Sifra y Fúa, pero después la orden fue arrojar al río a todos los varones que nacieran. Esto lo hacían para mantener débil a un pueblo ladrillero, sin guía, ni identidad nacional. Pero desde que nació, Moisés era hermoso.

En términos generales, la vida de este caudillo, nos narra Esteban, se dividió en tres bloques de 40 años (Hechos 7:22, 29, 35 y 36). En sus primeros 40 años recibió la mejor educación a la que la gente de la época pudiera aspirar. Esteban afirma que Moisés terminó siendo un hombre **sabio** y **poderoso**, según la sabiduría y poder de los egipcios. Pero antes de entregarle el liderazgo, Dios trató con él en la soledad del desierto por otros 40 años. En este segundo periodo veo dos elementos que formaron a Moisés como un gran líder a la manera de Dios: **primero**, haciendo a Moisés un hombre de familia; y **segundo**, sometiéndolo a la escuela del silencio en el desierto, para convertirlo en un líder espiritual. En el tercer bloque, nos dice Esteban, Moisés guió otros 40 años a Israel por el desierto.

Concentrémonos en el segundo segmento para ver al esposo y padre de familia que fue este gran líder. Nos encontramos con un hombre joven y soltero, Moisés contaba apenas con 40 años de edad. Estaba huyendo porque había asesinado a un Egipcio por querer defender a uno de sus hermanos hebreos. Dios sabía que lo primero que Moisés necesitaba en ese momento era una motivación que le generara la emoción suficiente para continuar con su vida. Dios entonces le hace esperar en un pozo de agua, porque ahí saciaría algo más que su sed física (Éxodo 2:15-17). Después del encuentro entre las hijas de Jetro y Moisés, y de defenderlas de aquellos pastores que las agredían, Séfora y su padre lograron ver en Moisés a un hombre que protege a la mujer y que provee a sus necesidades. De inmediato entra en escena el suegro, personaje protagonista en esta parte de la historia, quien al escuchar que un varón egipcio había defendido a sus hijas y que les había dado apoyo en sus labores, de inmediato les manda a traerlo y le convence para que more con ellos. Desde su primer encuentro, creo que Moisés vio en su suegro a un padre, y Jetro veía en Moisés al hijo que nunca tuvo.

Cuando vemos el desempeño de Moisés como hombre de familia, podemos deducir que como líder y como padre siempre supo manejar el equilibrio que ambas ocupaciones exigen. Leemos en Éxodo 2:15-22 que Moisés se percibía a sí mismo como **forastero**, de ahí que así nombró a su primer hijo **Gerson**, porque dijo: *"Forastero soy en tierra ajena"*. Y cuando le nació el segundo, le nombró **Eliezer**, porque dijo: *"El Dios de mi padre me ayudó y me libró de la espada"*. Con este *simple* acto, Moisés estaba logrando equilibrar dos de los elementos que son muy difíciles de conciliar, la **familia** y el **trabajo**, al convertir a su familia en su nueva filosofía de vida. Cada vez que este padre de familia llamaba a *Gerson*, recordaba que él no pertenecía a esa tierra y que le esperaba una patria, hasta el momento desconocida. Y al nombrar a *Eliezer* declaraba que Dios era su escudo y fortaleza. Yo descubro aquí una manera de equilibrar el trabajo y la familia; y es que debemos ser capaces de **mover el centro** que balancea estos dos importantes aspectos de la vida. Si viéramos en equilibrio a la familia y al trabajo, tarde o temprano uno de los dos generará mayor presión sobre el otro, y erróneamente nuestra tendencia natural será sacrificar recursos de uno para fortalecer al otro. Lo mismo será de ocurrir lo contrario. Creo que lo que podemos aprender de Moisés es que debemos ser capaces de *mover el centro* que distribuye el peso entre ambos lados de nuestra balanza. De este modo lograremos **convertir a uno en el contrapeso del otro.** Solo con ver el nombramiento de los hijos de Moisés y el proceder que este líder tuvo con su esposa y sus hijos después del llamado del Señor, puedo darme cuenta de que la vida *profesional* de Moisés estaba íntimamente ligada a su familia.

Después de que Dios le llama, Moisés fortalece su posición familiar. En el siguiente capítulo podremos ver al **líder incluyente**. En el capítulo cuatro del *Éxodo* lo vemos hablando con su suegro sobre los acontecimientos en el monte Horeb. Su suegro lo bendice, Moisés toma a su familia y sigue la visión y misión que Dios había puesto en él. No es un "Llanero Solitario" que cree que la esposa y los hijos son un estorbo para sus planes; por el contrario, se comporta como un hombre incluyente que no **divide** o **resta**, más bien **suma** los esfuerzos de los suyos, haciéndolos *parte del proyecto* que Dios ha puesto en su corazón. Después de esto, guiado por Dios, Moisés va con su hermano Aarón y hace prácticamente lo mismo. Convierte a su hermano en parte de su equipo. A estas alturas, Moisés contaba con su esposa, con sus hijos, con su hermano y con su suegro. Con todo su equipo, se presenta con los ancianos de Israel, hace las señales delante de ellos que Dios le había indicado, y estos hombres creyeron y se sumaron al proyecto de liberación promovido por Moisés. Finalmente, Moisés y su equipo, en conjunto con los ancianos, presentan al resto de los hebreos el proyecto, y todo esto produjo un espíritu de adoración en las doce tribus de Israel. Porque donde existe un líder incluyente, que sabe generar y motivar una visión compartida en su familia y en los suyos, se produce un espíritu de trascendencia.

Por otro lado, también veo a un hombre que supo mantener una relación sana con sus parientes políticos. Desde el capítulo tres del *Éxodo* se nos dice que Moisés cuidaba las ovejas de Jetro, su suegro. Y después vimos que cuando Dios le llama, él regresa a su suegro y le hace parte del proyecto. Después de su encuentro con los ancianos de Israel y de producir ese espíritu trascendente de adoración en el pueblo, parece ser que Moisés hace regresar a su familia al cobijo protector de su suegro mientras él enfrenta al faraón con las diez plagas. Libera a Israel, les lleva por el desierto y acampados junto al monte de Dios, Jetro convoca la reunión de la familia (Éxodo 18:1-12). Y la manera tan cordial en la que Moisés trató a su suegro nos permite ver el vínculo tan sólido que se había creado entre estos dos hombres. *Moisés salió a recibir a su suegro, y se inclinó, y lo besó.* Después de algunos días, Jetro pudo observar a Moisés en su trabajo y pronto descubrió las fallas operativas de la labor de su yerno. En pocas palabras, su suegro le dijo: *"Te vas a morir de estrés"*. Posteriormente añade: *"Te voy a aconsejar"*. Y Moisés **escuchó** la voz de su suegro, **realizó** los cambios sugeridos, y pudo **hacer** mucho más funcional su rendimiento en su liderazgo en Israel. Finalmente, Jetro hace su mejor contribución, **se despide y se va a su tierra**. Mi conclusión al ver la dinámica familiar de Moisés, es que una familia que respeta y apoya al hombre, termina por convertirlo en un **líder influyente**.

Las tres peticiones que Moisés hace a Dios algunos capítulos más adelante, se hicieron posibles en un contexto de una familia funcional, con el apoyo, respeto y admiración de los suyos. Cuando se nos ofrece la lista de características que debería tener un aspirante al servicio en la Iglesia, Pablo nos dice que el siervo de Dios debe ser un **hombre de familia**, marido de una sola mujer que gobierne bien su casa; un hombre *incluyente*; un líder *influyente* y un hombre *espiritual*. Y si en este punto añadimos a Josué, el caudillo sucesor de Moisés, veremos que en esencia Josué mantuvo la misma casta. Igual cuidaba de su familia, y al final de sus días expresa, en aquel emotivo discurso de despedida:

> *"Pero si a ustedes les parece mal servir al Señor, elijan ustedes mismos a quiénes van a servir: a los dioses que sirvieron sus antepasados al otro lado del río Éufrates, o a los dioses de los amorreos, en cuya tierra ustedes ahora habitan. Por mi parte, mi familia y yo serviremos al Señor."* (Josué 24:15 NVI)

Josué el Caudillo, un sucesor excelente. Cuando analizamos su historia, podemos encontrar tres antecedentes que le hacen un sucesor ideal: **Su amor por Dios y Sus leyes,** manifiesto en una vida de servicio a su líder Moisés, manteniéndose además muy de cerca del Tabernáculo de reunión. **Una fe viva** demostrada en acciones temerarias desde su juventud, al estimular junto con Caleb al pueblo de Israel a entrar en la tierra que Dios les daba. Incluso en aquella ocasión, el pueblo habló de apedrearlos. Y **un espíritu de lucha** declarado por el mismo Dios cuando Moisés le pide que ponga un líder que guíe al pueblo para que no queden como ovejas sin pastor (Números 27:12 y 18). Y Dios mismo dice de Josué: *"En este varón hay espíritu"*.

El secreto de la vida de este hombre se expresa en el libro que lleva su nombre. En su primer capítulo, Josué nos pone en el contexto de su historia y nos revela la primera parte de su secreto. El lector podrá encontrar en este capítulo una serie de indicaciones de Dios, junto con una serie de promesas que revelan el secreto de su vida de éxito. **Indicación**: Dios le dice a Josué: *"Tienes una misión. Levántate y pasa el Jordán tú y todo este pueblo. Cumple con esta misión"*. **Promesa**: *"Yo estaré contigo igual que estuve con Moisés, no te dejaré ni te desampararé"*. **Indicación**: *"Solo esfuérzate y sé muy valiente. No temas ni desmayes. Sé constante en lo que yo te mando"*. **Promesa**: *"Nadie te podrá hacer frente en todos los días de tu vida"*. **Indicación**: *"Nunca se aparte de ti este libro de la ley, sino que de día y de noche meditarás en él para que guardes y hagas conforme a todo lo que en él está escrito"*. **Promesa**: *"Al guardar todo lo escrito en este libro, tú harás prosperar tu camino y todo te saldrá bien"*.

La segunda parte del secreto de su éxito lo expresa en su discurso final, cuando antes de afirmar que él y su casa servirían al Señor, Josué anima al pueblo a servir a Dios con **integridad** y en **verdad** (Josué 24:14). Esto significa que el caudillo sucesor pide al pueblo servir al Señor con honestidad y con un compromiso total. Para lograr la integridad en el servicio, el hombre deberá comprometer todas las áreas de su vida, incluyendo por supuesto a su familia.

El balance final de la vida de los caudillos resulta muy positivo. Tanto Moisés como Josué aprobaron en sus vidas y familia el vivir en congruencia con sus enseñanzas. Ambos **amaron** la ley, **vivieron** la ley y **enseñaron** la ley. Tanto Moisés como Josué terminaron sus días como estadistas excepcionales que supieron guiar y establecer las bases de toda una nación. Caudillos que pudieron ofrecer identidad nacional al pueblo de Israel e instruirlo en las leyes de Dios. Cerramos la enorme aportación de los caudillos con uno de los elementos fundamentales que aprendemos de la vida de Moisés, y es que antes de que el Señor le entregara la misión de su vida, en la quietud del desierto, Dios formaba a un hombre espiritual.

El camino ya está trazado por los caudillos; guiar, proteger, instruir, corregir, equilibrar, enseñar, ser ejemplo, influir, etc., en resumen, **liderar con valor a los nuestros**. Un líder desde el punto de vista de Dios, es aquel que primeramente sirve a los suyos, tal y como vivieron los caudillos. Por esto, nuestro papel como líderes en nuestro hogar deberá estar cubierto con esta noble causa. El abandono o descuido de nuestra tarea podría traer consecuencias verdaderamente graves como veremos en la siguiente época del pueblo de Israel. Así es que, no expongamos al caos a nuestra familia, y sin más dilación, pongamos manos a la obra.

Sansón

El más famoso de los jueces

Después del emotivo discurso de despedida de Josué, todo apuntaba al éxito en la vida del pueblo de Israel. Parecía que con las bases de la ley establecidas por los Caudillos, el pueblo entero había comprendido que la clave del éxito estaría en mantener una fe viva que les llevara a desarrollar el amor por Dios y sus leyes. Pero Josué había muerto. Y a pesar de que las últimas palabras dictadas por este caudillo en su discurso de despedida todavía sonaban fuerte y claro, se levantó toda una **generación que no conocía al Señor**. Algo había fallado en el corazón mismo de las familias. Cuando vemos la serie de eventos en la historia de las generaciones de Israel, veremos que la *generación del éxodo* había vivido los milagros de las plagas y la provisión de Dios durante su peregrinaje en el desierto por aquellos 40 años. Josué y la *generación de la conquista* habían peleado sus batallas y habían logrado dejar establecidos a sus hijos en su territorio. Este fue el momento en el que se levantaba la nueva generación, la *generación que no conocía al Señor*. Esta generación y sus familias ya estaban en sus casas sembrando sus viñas, cuidando sus ganados, disfrutando de la tierra prometida y llevando a cabo la tarea más difícil que puede enfrentar el ser humano: **la rutina de la vida**.

Así daba inicio una nueva etapa en la vida de este pueblo. Con el camino marcado por los Caudillos, pensamos que la naciente **era de los jueces** viviría en paz, con abundancia y plenitud. Pero al parecer, esta época se distinguió exactamente por lo contrario. El pueblo tomaría su decisión de seguir o no el camino trazado por los Caudillos, y fue así como decidieron renunciar a las recomendaciones de sus desaparecidos líderes y optaron por el camino de la **apostasía**. Esta generación se caracterizó por un estado de abandono o renuncia que hicieron los padres de no instruir a sus hijos en los valores y creencias trasmitidos por la generación de la conquista. El pueblo entero renunció a las indicaciones de los Caudillos y su valiosa herencia. Las palabras de Josué cayeron por tierra: *"Nunca se apartará de tu boca este libro de la ley, sino que de día y de noche tú meditarás en él"*. Los padres, **absorbidos por la rutina**

de la vida, ya no reunían a sus hijos alrededor de aquellas fogatas en donde, mientras compartían el pan, contaban las historias de los abuelos, relatos de milagros y liberación del gran Dios de Israel, momentos en que se privilegiaba **el conocimiento de Dios** y se enseñaba el valor de vivir bajo el cobijo de la obediencia a las leyes Divinas. La apostasía se manifestó en el abandono de las hermosas *tradiciones* que mantenían vivo el conocimiento de Dios, lo que sumergió a toda aquella generación en un **círculo perverso**.

El capítulo dos del *Libro de los Jueces* describe de manera sucinta la espiral descendente en donde se evidencia la corrupción del pueblo en esta época. Este capítulo comienza exponiendo la decisión de Dios de dejar a un grupo de naciones que terminarían por convertirse en azotes para los israelitas. Entre ellos, **los filisteos**, enemigos acérrimos del pueblo de Israel. Por esto, el pueblo levantó su voz y lloró. Lloró porque sabía todo lo que venía a ellos y a sus hijos después de ellos. El segundo elemento que expone este capítulo es el círculo perverso bajo el que se hundió el pueblo de Israel. Por lo menos podemos distinguir cinco pautas que marcan este proceso destructivo, y que se repetirán en cada una de las historias de los jueces: **Primero**, los hijos de Israel hicieron lo malo ante los ojos de Dios. **Segundo**, Dios los entregó en manos de sus enemigos. **Tercero**, la aflicción les llevó a clamar por la misericordia de Dios. **Cuarto**, Dios levantó a un juez que juzgara a Israel con su vida. Una nota que vale la pena añadir en este punto es que no se trataba solo de jueces que dictaban sentencias legales, sino de hombres y mujeres que **juzgaban al pueblo con sus vidas**, con su proceder, con su buena conducta y su entrega a Dios. Hombres espirituales que Pablo describe en 1 Corintios 2:14-16, y dice que el hombre espiritual juzga todas las cosas, pero él no es juzgado por nadie. El hombre espiritual juzga a las personas a su alrededor, solo por su existencia. Estos fueron hombres que eran elegidos y llamados por Dios para guiar al pueblo de Israel, y mientras ellos vivían Israel retomaba el camino del Señor. Esto nos lleva al **quinto** momento, cuando a la muerte del juez, los hijos de Israel hacían nuevamente lo malo ante los ojos del Señor y se reiniciaba el ciclo.

Para comenzar la era de los jueces, quiero llevarle al corazón mismo del más famoso de los jueces de Israel, **Sansón**. Este fue un hombre muy poderoso, caracterizado por una fuerza física extraordinaria, capaz de destrozar con sus propias manos a un león joven. Suficientemente fuerte como para arrancar las puertas de la ciudad de Gaza con todo y sus pilares y su cerrojo, cargarla sobre sus espaldas y llevarla hasta lo alto de un monte. Un hombre que fue capaz de matar, él solo, a mil hombres con la quijada de un asno. Un sujeto con el poder suficiente como para derribar con sus manos todo un edificio que alojaba a más de tres mil personas el día de su muerte. Pero como nuestro objetivo es entrar a la familia misma del personaje, asimilar sus dinámicas y descubrir su herencia, la primera pregunta que quiero plantear en este caso es: ¿Cómo educar al pequeño Sansón? ¡Qué tarea tan difícil para una pareja madura e inexperta! Una pareja de edad que nunca había tenido la dicha de procrear hijos. Manoa y su mujer deseaban tener un hijo, y Dios les envía un niño prodigio. Un nazareo a Dios. **Un niño con una misión**: *comenzar a liberar* a Israel de la opresión de los filisteos.

El relato del origen de este juez es fascinante (Jueces 13). Creo yo que muchas de las respuestas a las dudas que generan la vida y conducta displicente e infantil de Sansón se encuentran en su hogar. El ángel de Jehová anuncia el nacimiento de Sansón a su madre. ¿Puede imaginar el gozo y la responsabilidad que esto representaba? Tanto que Manoa ora a Dios pidiendo las indicaciones para poder guiar al niño. Las dos preguntas del padre fueron: ¿Qué debemos hacer con él? Y ¿cómo debe ser la manera de vivir del niño? El ángel reitera las mismas indicaciones para los padres. Finalmente Manoa le pregunta al ángel que cuál es su nombre, y Dios se revela a él como **Admirable**. Después, realiza un milagro frente a ellos, ¿Para qué? Para fortalecer la fe de los nuevos padres. Pero no debemos olvidar que Manoa y su mujer **pertenecían a la generación que no conocía a Jehová**.

Puedo imaginar lo consentido que estaría Sansón. Su primer capricho se narra en el capítulo catorce, se trataba de una mujer filistea. Y sus padres le dan el consejo de Dios al decirle que busque mujer entre las hijas de Israel. No obstante, lo dejan en libertad. Son tres los capítulos en los que se desarrolla la historia de este juez. Es sorprendente la similitud de elementos encontrados en estos tres capítulos. Lo **primero** que salta a la vista es que en cada episodio de la vida de Sansón, está involucrada una mujer filistea. La mujer de *Timnat*, la prostituta de *Gaza* y la famosísima *Dalila*. Dios le mandó acabar con los filisteos, y parece que Sansón dijo: *"Las damas primero"*. Lo que pasa es que este hombre era de corazón alegre y muy enamorado. Y todo un poeta cuando se trataba de enigmas. Por ejemplo, cuando destrozó al león camino a Timnat, a su regreso, curiosamente el cuerpo tenía un panal de miel en sus entrañas. Entonces él compuso: *"Del devorador salió comida, y del fuerte salió dulzura"*. Y cuando los filisteos presionaron a su novia para que le sacara el secreto, Sansón dijo: *"Nunca hubierais descifrado mi enigma, si no araseis con mi novilla".* Y qué decir de aquel verso que dijo después de la enorme victoria que Dios le dio al exterminar a mil filisteos: *"Con la quijada de un asno un montón, dos montones. Con la quijada de un asno maté a mil hombres".*

El **segundo** elemento coincidente que verá en estos tres episodios, es un patrón recurrente de conducta en este juez. Sansón fue un hombre **auto-complaciente**. Arrogante y altanero. Caprichoso y soberbio. Envanecido y *endiosado* por su fuerza. Creo que no había entendido la razón de por qué Dios se le reveló a sus padres como el **Admirable**. Dios era el admirable, no él. Así se entreteje el fracaso de una vida con una muy alta probabilidad de éxito. ¿Imagina la historia que se habría contado si Sansón con su fuerza y bajo la guía del Espíritu de Dios capitaneara a los escuadrones de Israel? Pero este juez también pertenecía a la generación que no conocía al Señor.

Y el **tercer** elemento que verá en estos tres capítulos, es la asistencia de Dios a través de su Santo Espíritu, a pesar de los errores de este juez. Por esto verá en este personaje una extraña mezcla: **una mujer, una actitud y una misión por cumplir**. Un hombre vacilante e inestable con las mujeres, arrogante y megalómano. Pero con una misión muy específica por cumplir, que era liberar a los israelitas de la opresión de los filisteos.

A pesar del consejo de sus padres, el capricho de la primera mujer llevó a Sansón a responderles: *"Quiero que tomen a esta mujer para que sea mi esposa, porque esta mujer me agrada".* Camino a Timnat, sale a su encuentro un león joven rugiendo, y con sus manos lo destroza. Lo oculta a un lado del camino y cuando regresa, encuentra un panal de miel dentro del cuerpo del animal. De aquí salió con su primer enigma. Ya en el banquete de la boda lo dice a treinta de sus invitados: *"Del devorador salió comida, y del fuerte salió dulzura".* Les propone la apuesta de que si en los siete días de la fiesta descifran el enigma, él les dará treinta vestidos, y si no, ellos se los darán a él. Estos hombres amenazan a su mujer para que lo convenza de que le revele el secreto. Como que la debilidad del juez era evidente a los filisteos, porque en todos los casos, fueron las mujeres la puerta de entrada a la mente de Sansón. Y así fue esta primera vez. Dice la historia que **la mujer estuvo llorando los siete días**. Finalmente, Sansón se rinde ante las lágrimas de su mujer, quien traiciona a su marido revelando el asunto a estos hombres.

Enojado, Sansón sale de la fiesta y asesina a treinta filisteos y los despoja de sus vestidos. Deja a la mujer y regresa con sus padres. Después de un largo tiempo se le ocurre ir a visitar a su mujer, y llevando consigo un cabrito, piensa: *"Entraré a los aposentos de mi esposa"*. Pero la sorpresa es que su suegro ya se la había dado a otro hombre. Entonces Sansón dice: *"Sin culpa soy esta vez"*. Cazó trescientas zorras, las ató en pares y les prendió fuego quemando las mieses, las viñas y los olivares. Los filisteos se enteran de que Sansón había hecho esto por **venganza** a causa de su mujer, y en su conducta típica sanguinaria, estos hombres quemaron a la mujer de Sansón y a su padre. Nuevamente el juez se venga de este asesinato, matando a un buen número de filisteos, y se refugia en Judá. Los filisteos se reagrupan y acampan en aquel lugar para rodear y capturar a Sansón. Los moradores de Judá se enteran de lo que se aproxima a su tierra, se juntan tres mil hombres para ayudar a detener al juez. Él se entrega y simplemente les dice: *"No me maten ustedes, mejor entréguenme a los filisteos"*. Los judíos lo atan con cuerdas nuevas y en el camino, le salen a su encuentro los filisteos para cobrar venganza. Este es el momento memorable cuando Sansón mata a **mil filisteos** con la quijada de un asno. El lector podrá corroborar que hasta este momento, solo se trataba de venganzas.

El capítulo dieciséis comienza con el encuentro de Sansón con una ramera en Gaza. Los habitantes lo quieren detener cerrando las puertas de la ciudad, y él arranca las puertas con todo y pilares y las deja en lo alto de un monte. Después de esto, se enamora de otra mujer andando en el valle de Sorec, llamada **Dalila**, la mujer que le llevó a la muerte.

En este tercer caso, la debilidad de Sansón se hizo muy evidente jugando el juego del "gato y el ratón". Ella, comprada por los filisteos quienes le prometen darle dinero a cambio del secreto de la fuerza de Sansón, busca seducirlo con el fin de obtenerlo. Y el juez, sabiendo esto, juega con ella engañándole en tres ocasiones. La primera mentira se trataba de ser atado con *mimbres verdes*, la segunda, ser atado con *cuerdas nuevas*. Y la tercera, acercándose al secreto de su fuerza, se trataba de tomar las siete trenzas de su cabello y entretejerlas *con tela asegurada a una estaca*. Y en cada una de ellas, Dalila decía: *"¡Sansón, los filisteos contra ti!"*. Evidentemente Sansón sabía que se trataba de una trampa, y a pesar de esto, se divertía con la mujer. Pero lea esta parte de la historia:

> *"Y ella le dijo: ¿Cómo dices: Yo te amo, cuando **tu corazón** no está conmigo? Ya me has engañado tres veces, y no me has*

*descubierto aún en qué consiste tu gran fuerza'. Y aconteció que, **presionándole** ella **cada día** con sus palabras e importunándole, **su alma fue reducida a mortal angustia.***"
(Jueces 16:15-16; énfasis mío en negritas.)

Esta mujer logró reducir el alma del "hombre fuerte" a *mortal angustia*. Entonces él descubrió su corazón a Dalila. Esta mujer, sabiendo que esta vez Sansón le decía la verdad, buscó a los filisteos para negociar nuevamente el secreto. Estos hombres le pagan lo acordado y ella lo hace dormir sobre sus rodillas. Y después de cortar las siete trenzas de su cabello, grita: *"¡Sansón, los filisteos contra ti!"*. Sansón piensa: *"Esta vez escaparé como las anteriores"*. Pero no sabía que Dios ya no estaba con él. Los filisteos le ataron, le sacaron los ojos y le sujetaron a una rueda de molino como a una bestia. ¡Qué final tan vergonzoso para este gran hombre de Dios! En esta triste historia, como en muchas otras, veremos de manera repetitiva cómo los **grandes hombres de Dios cayeron por las mujeres que amaron**.

Hagamos una pausa en este momento y pensemos, porque quizá el lector ha podido identificar similitudes en las conductas de sus hijos y la manera de actuar de este juez. Los padres logramos ver el potencial de nuestros hijos y vislumbramos para ellos un futuro promisorio. Pero luego nos encontramos también con la soberbia y egoísmo en su manera de comportarse con la familia. Sus actitudes desafiantes hacia las figuras de autoridad y la arrogancia en sus ojos casi nos revelan su derrota. Quizá a nuestros hijos no les "saquen los ojos" ni los "aten a una piedra de molino", pero estamos conscientes de que su pecado y su estilo de vida al final los dejará **cegados** de la visión para su vida, y sabemos que pueden terminar **atados** a la *piedra de molino* de los compromisos que antes no tenían, como un embarazo no deseado, o peor aún, quedar esclavizados a algún vicio. Conviene compartir en familia esta historia y después exponer cada uno sus conclusiones y la manera en la que creen que Dios quiere hablarles. Hagamos algo antes de que sus decisiones les llevan al desastre.

Viendo la vida de este líder de Israel en una secuencia de hechos, encontraremos puras venganzas, revanchas y berrinches del juez. En sus palabras finales, cuando él servía de escarnio en el templo de Dagón, en esa situación tan deplorable ruega a Dios que le dé fuerza una vez más para poder **vengar sus ojos**. Creo que ni en semejante circunstancia comprendió la profundidad de su error. ¡Qué final tan triste! Pudiendo vivir con la satisfacción que genera el cumplimiento de la propia misión, y poder morir con la dignidad que ofrece haber logrado encontrar el propósito sublime de la propia existencia. Pero en vida a este juez solo le importó su bienestar, y con su muerte, solo buscó la venganza por los daños que le hicieron a su persona. En resumen, en Sansón vemos de manera constante una mujer, una actitud y una misión… **en espera de ser cumplida**.

Creo que la historia de Sansón nos lleva a la reflexión sobre el **concepto** que cada uno de nosotros tiene de sí mismo. Verdaderamente todo individuo debe tener un **auto-concepto** equilibrado, tal y como lo afirma el apóstol Pablo:

> *Digo, pues, por la gracia que me es dada, a cada cual que está entre vosotros, que **no tenga más alto concepto de sí que el que debe tener**, sino que piense de sí con cordura, conforme a la medida de fe que Dios repartió a cada uno.* (Romanos 12:3; énfasis mío en negritas)

Este hombre de Dios declara que cada uno de nosotros deberá definirse a sí mismo manteniendo la cordura, es decir, no con locura, y conforme a la medida de fe que Dios repartió a cada uno. Y que este concepto no deberá ser **más alto** que el que se **debe tener**. Debemos entonces poner mucho cuidado al modular el auto-concepto, porque existe una línea muy delgada entre la **auto-estima** y la **soberbia**. La auto-estima es aquel conjunto de percepciones y evaluaciones que hacemos de nosotros mismos, dando como resultado el amor propio. La auto-estima es un elemento indispensable para el buen desarrollo individual dentro de un contexto social, y muy necesaria para sobrevivir a toda relación humana. El desequilibrio de la auto-estima nos puede llevar a dos extremos que son igualmente pecado: la *baja-estima* termina en **servilismo** y la *sobre-estima* nos lleva a la **soberbia**. La soberbia es pecado. La soberbia conduce al egoísmo y a la arrogancia, y cuando es la soberbia la que gobierna el corazón del hombre, inevitablemente lastimará a su esposa(o), a sus hijos, a sus amigos y a sí mismo. La soberbia destruye toda relación humana, pero siempre al final, terminará por destruir a quién le permita la entrada. La advertencia hecha por Salomón en los Proverbios 16:18 mantiene su vigencia: *"Antes del quebrantamiento es la soberbia y antes de la caída la altivez de espíritu"*. No permitamos que este pecado gobierne nuestro corazón, no sea que terminemos igual que este juez; sumergidos en nuestra arrogancia, cegados por nuestro pecado y esclavizados a nuestros deseos. Atados a la *"piedra de molino"* del deseo de la venganza y muy lejos de cumplir con la misión que Dios puso en nosotros.

Gedeón

Un juez en las manos de Dios

El balance final de la vida de Sansón nos deja con la sensación de un gran fracaso. Una misión fallida. Creo yo que la falla consistió en que a pesar de que Dios desde el principio se reveló al padre de Sansón como **Admirable**, Sansón nunca entendió que el "admirable" era Dios, no él. Así comenzó el fracaso de una vida con una muy alta probabilidad de éxito. Qué historia se habría escrito si Sansón hubiera tomado con seriedad la misión de su vida, guiando a los escuadrones de Israel. Pero este juez también pertenecía a la generación que no conocía al Señor. La pregunta que queda en el aire es esta: si Dios sabía el gran fracaso que significaría la vida de este juez, ¿por qué le dio esa gran fuerza? La respuesta a esta pregunta se comprende mejor en la vida de otro juez, **Gedeón**, un juez débil pero en las manos de Dios.

El círculo perverso se activó nuevamente. La tierra reposó 40 años con la vida y obra de los jueces Débora y Barac. Pero a su muerte, el pueblo de Israel hace nuevamente lo malo ante los ojos de Jehová, y Dios el Señor lo entregó en manos de Madián. La crueldad de este pueblo consistió en que dejaban a los israelitas sin alimentos. Entonces los hijos de Israel clamaron a Jehová, y esta vez, Dios les envía un profeta que les recuerda el origen de su problema:

> *"Jehová envió a los hijos de Israel un varón profeta, el cual les dijo: 'Así ha dicho Jehová Dios de Israel: Yo os hice salir de Egipto, y os saqué de la casa de servidumbre. Os libré de mano de los egipcios, y de la mano de todos los que os afligieron, a los cuales eché de delante de vosotros, y os di su tierra; y os dije: Yo soy Jehová vuestro Dios; **no temáis a los dioses de los amorreos**, en cuya tierra habitáis; **pero no habéis obedecido a mi voz**'."* (Jueces 6:8-10; énfasis mío en negritas.)

Después de esto, el Ángel de Jehová se aparece a un hombre llamado Gedeón, y le dice: *"Jehová está contigo, varón esforzado y valiente"*. **Y Gedeón duda.** Este punto me parece revelador, porque desde el llamado de cada uno de los jueces, podrá notar en qué punto se concentrará su lucha. A Sansón, Dios se le revela como el Admirable, porque el Señor sabía cuál sería el punto débil de este juez. Gedeón es el hombre que para dar un paso, **pide una señal**. Desde su primer encuentro con el Enviado de Dios, pide su *primera señal*. El Ángel de Jehová realiza el milagro al hacer subir fuego de la peña, y después desaparece. Él, por temor, dice: *"Hay Señor, estoy muerto por ver al Enviado del Señor"*. El Ángel de Jehová le dice: *"No temas, no morirás"*. A pesar de que Dios de manera insistente le decía: *"Yo estaré contigo"*. Él decía: *"Dame una señal"*. Podrá notar un enorme contraste entre Sansón y Gedeón. Uno confiado, el otro inseguro. Parece que el temor acompañaba a este líder a cada paso que daba.

Lo primero que Dios le pide a Gedeón es destruir el altar de Baal y la imagen de Asera. Y él, **por temor**, lo hace de noche. Al siguiente día, sabiendo que fue el hijo de Joás quien había destruido la imagen, algunos hombres rodean su casa. Y Joás dice: *"¿Contenderán ustedes por Baal? Que él defienda su causa si puede"*. Este breve discurso fue suficiente para hacer reunir a treinta y dos mil hombres en torno a Gedeón, quien **por temor** pide su *segunda señal*, el vellón de lana y el rocío de la mañana. Que solo el vellón amanezca mojado. Sucede tal y como lo había pedido. Al amanecer, toma el vellón, lo exprime y obtiene un tazón lleno. **Por inseguridad**, pide una *tercera señal*. Que al siguiente día amanezca seco el vellón y el campo mojado por el rocío, y así fue. ¡No había duda! Dios le daría la victoria.

Pero después Dios lo puso a prueba. Le indica pregonar que los que **tengan temor**, que se regresen. Según Dios, eran muchos los hombres que seguían a Gedeón. No sea –dijo Dios-, que Israel se alabe y diga: *"Mi fuerza me trajo esta victoria"*. No olvidemos el llamado que Dios le había hecho a este juez cuando le dijo: *"Ve con esta tu fuerza"*. Que mejor se traduciría: *"Ve con todo y tu debilidad"*. Y con aquel llamado, se regresaron veintidós mil hombres, quedando solo diez mil.

Todavía Dios presiona un poco más a Gedeón diciendo: *"Aún son muchos"*. Los pone a beber agua del río dándole la indicación de que los que beban como perro serán los elegidos. Y fue así que seleccionó solo a **trescientos hombres**. Creo que de inmediato viene a nuestra mente **Leónidas I**, rey de Esparta, quién hacia el año **540** a. C. en el paso de las **Termópilas** el 11 de agosto de

480 a. C., bloquea el avance del ejército Persa de **Jerjes I** en una épica batalla. Pues creo yo que con Gedeón tenemos la historia original de los trescientos.

Dios sabía que el corazón **temeroso** de Gedeón necesitaba algo más que una promesa y le da ánimo cuando le dice que espíe el campamento de Madián. Gedeón, en compañía de su siervo Fura, se aproxima al cuartel enemigo y escucha la conversación de un hombre que le contaba un sueño a su compañero:

> *"-Soñé que un pan de cebada rodaba por la colina, caía sobre el campamento de Madián y lo destruía por completo".*
>
> *-"Esto —le dice su compañero- no es otra cosa sino la espada de Gedeón."*

Escuchar esto motivó el corazón de Gedeón, quien arma su estrategia de ataque. Organiza a sus trescientos en escuadrones de cien. Les entrega sus armas: antorchas, cántaros y trompetas. *No se trataba de una fiesta infantil, pero eso parece.* Tenían cada uno su antorcha encendida pero dentro del cántaro. E iban "armados" con una trompeta. Rodean el campamento enemigo y cuando los madianitas hacían el cambio de centinelas, Gedeón da la orden y los trescientos al unísono rompen sus cántaros haciendo un terrible estruendo, iluminando a la vez en un instante todo el campo en derredor con sus trescientas antorchas encendidas. ¡Podrá imaginar lo que significó aquél espectáculo de luz y sonido en la madrugada! Pero además, los trescientos hombres gritaban a una voz: *"¡Por la espada de Jehová y por Gedeón!".* La orden fue que cada uno de ellos mantuviera su posición sosteniendo su antorcha con la mano izquierda y con la derecha la trompeta. A propósito del tema, *¡a estos sí los mataron del susto!* Dice el relato que **el terror del Señor**, cayó sobre ellos y cada uno levantó su espada en contra de su compañero, haciendo una gran mortandad.

Después de que Gedeón libera a Israel de mano de Madián, todo el pueblo lo propone como Señor de Israel. Y la respuesta de un hombre que había entendido y aceptado de quién venía el poder, fue: *"Jehová será vuestro Señor"* (Jueces 8:22-24). No obstante, hace una petición a los israelitas. Les pide los brazaletes y joyas de oro que ellos con mucho gusto entregan. Y Gedeón hace un **Efod**. El Efod y el Pectoral formaban parte de la vestidura del sumo sacerdote, y al parecer, eran empleados para **consultar a Dios** sobre la manera de proceder, ya sea en la guerra o en el gobierno. Con este acto, Gedeón selló su entendimiento de que era del Señor de quién provenía el poder de la victoria. Pero Israel se prostituyó tras el Efod (Jueces 8:27), porque esta generación no conocía al Señor.

En este punto, ante esta valiosa lección que Gedeón había aprendido, hagamos un comparativo entre él y Sansón. Sansón era físicamente fuerte, determinado y seguro de sí mismo. Y Gedeón débil, inseguro y temeroso. Sin embargo el final de esta historia es muy diferente de la anterior. **En su forma**, uno confiado y otro inseguro. **Pero en el fondo**, Sansón confiaba en su fuerza y Gedeón confiaba en Dios. Creo que la diferencia capital entre estos dos jueces es la actitud que marcó el estilo de vida de cada uno de ellos. Sansón vivió en la arrogancia, producto de la seguridad que le ofrecía su fuerza física. A diferencia de Gedeón, quien después de darse cuenta de que el poder venía de Dios, vivió en la búsqueda y dependencia de Dios. La conclusión del primero es el fracaso y del segundo, el éxito.

Hoy en día estas dos **actitudes** son las que gobiernan a los hombres de nuestro tiempo. Y no me refiero solo a los hombres egoístas, arrogantes, revestidos de su soberbia, y a los hombres inseguros, dependientes de lo que sucede en su entorno, sino a la condición que marca el problema real. La diferencia fundamental está entre la *soberbia* que nos hace ajenos a Dios y la *humildad* de vivir en la constante búsqueda de Dios en obediencia a sus leyes. Una actitud soberbia o humilde… **¿Cuál de estos hombres le representa mejor a usted?**

El buen juez por su casa empieza

Como hemos visto en las dos historias anteriores, creo que la era de los jueces fue una de las épocas más sombrías que vivió el pueblo de Israel. Definitivamente quedó bien descrita en el último verso del Libro de los Jueces: *"En estos días no había rey en Israel y cada uno hacía lo que bien le parecía"* (Jueces 21:25). No obstante, bajo la tutela de **Elí** y **Samuel**, los jueces modificaron sus funciones de manera positiva. Ambos pertenecieron a la generación de hombres bajo los cuales se manifestó claramente el *gobierno de Dios a los hombres,* mejor conocido como **Teocracia**. Estos hombres cumplían ambas funciones, eran *sacerdotes* que enseñaban y guiaban espiritualmente a Israel, pero a su vez *juzgaban* al pueblo gobernando sobre ellos. El punto central era que su juicio se regía por la revelación directa de Dios. Eran una especie de *profetas,* que además *hacían cumplir* la palabra de Dios.

La historia de Elí se desarrolla a la par de la historia de Samuel, el último gobernante bajo la **Teocracia**, que de hecho entrega el poder a los reyes desde el momento en que ungió a Saúl, rey de Israel, dando inicio a la **Monarquía**. Elí, por su parte, junto con sus dos hijos Ofni y Finees, había sido seleccionado para ser sacerdote del Dios Altísimo. Cabe aclarar que no todo levita era designado sacerdote, lo que significaba que la familia de Elí había adquirido un gran honor al ser elegida. Esta familia tenía las indicaciones bajo las que debían cumplir su ministerio como sacerdotes, pero además podían gozar de los privilegios que este llamado les había otorgado, como era, vivir de las ofrendas. A pesar de este honor, el proceder de los hijos de Elí no era recto ante los ojos de Dios. Pero estos hombres pecaron no solo en contra de los hombres, sino en contra del mismo Dios, al no honrar su ministerio (1 Samuel 2:12-17 y 22).

Estos jóvenes insensatos y llenos de malicia **no tenían conocimiento** del Señor. **No hacían conforme** a lo que Dios había mandado de quemar la grosura -que representaba el pecado-, antes de tomar lo propio, pero también abusaban de la gente al tomar más de lo que les correspondía del sacrificio. Un **robo a las ofrendas**. Esto hacía que **no permitieran** que el pueblo ofreciera su sacrificio de manera correcta. Y no solo eso, sino que también se hablaba mal de ellos a causa de los otros pecados que cometían justo a las puertas del Tabernáculo de reunión, en donde la presencia del Señor habitaba. Justo ahí, **dormían** con las fieles que velaban. Por todo lo anterior su padre les dice en un débil y tardío intento por corregirlos:

> *"Pero Elí **era muy viejo**; y oía de todo lo que sus hijos hacían con todo Israel, y cómo dormían con las mujeres que velaban a la puerta del tabernáculo de reunión. Y les dijo: '¿Por qué hacéis cosas semejantes? Porque yo oigo de todo este pueblo vuestros malos procederes. No, hijos míos, porque no es buena fama la que yo oigo; pues **hacéis pecar al pueblo de Jehová**. Si pecare el hombre contra el hombre, los jueces le juzgarán; mas si alguno pecare contra Jehová, ¿quién rogará por él?'. **Pero ellos no oyeron la voz de su padre**, porque Jehová había resuelto hacerlos morir."* (1 Samuel 2:22-25; énfasis mío en negritas.)

Y ellos **no escucharon** a la voz de su padre. No podemos evitar juzgar nuestro proceder al escuchar las palabras sabias de Elí. La pregunta que debemos plantearnos es: ¿estamos pecando en contra de Dios o de los hombres? Por todos los acontecimientos que se daban dentro de la familia de Elí, Dios envía un **profeta** con una sentencia muy dura para Elí y para su familia (1 Samuel 2:27-36). Vea una lista extraída de esta parte de la historia:

- Yo honraré a los que me honran, y los que me desprecian serán tenidos en poco.
- Cortaré tu brazo y el brazo de la casa de tu padre, de modo que no haya anciano en tu casa.
- Verás tu casa humillada, mientras Dios colma de bienes a Israel.
- En ningún tiempo habrá anciano en tu casa.
- El varón de los tuyos que yo no corte de mi altar, será para consumir tus ojos y llenar tu alma de dolor.
- Todos los nacidos en tu casa morirán en la edad viril.
- Ofni y Finees: ambos morirán el mismo día.
- El que hubiere quedado en tu casa vendrá a postrarse delante del sacerdote en turno por una moneda de plata y un bocado de pan.

De primera mano, la sentencia de Dios podría parecernos muy severa. Pero es necesario recordar que la gran mayoría de los pecados que los hombres cometemos son en contra de nuestro prójimo. Pues estos jóvenes hacían cosas muy malas en contra del prójimo, y además pecaban en contra de Dios. Y el mismo Elí advirtió con sabiduría: *"al hombre que peca contra el hombre los jueces le juzgarán, pero si el hombre peca contra Dios, ¿quién rogará por él?"*.

En esta sentencia familiar todos los varones fueron juzgados. Los pecados de Ofni y Finees fueron muy evidentes, pero, ¿cuál fue el pecado de Elí? Yo puedo ver tres pecados manifiestos en su función paterna. Primero: **No instruir a sus hijos** en el conocimiento del Señor. El relato dice que los hijos de Elí fueron hombres insensatos que *no tenían conocimiento* del Señor (1 Samuel 2:12), cosa que es una responsabilidad de los padres. No debemos olvidar que Elí y sus hijos pertenecían a toda aquella generación que no conocía al Señor. Segundo pecado: **Honró más a sus hijos** que al mismo Dios (1 Samuel 2:29). Pecado por demás terrible que atrajo la maldición a toda una generación, porque tanto él como los hijos de Elí, y todos los varones de la familia, morirían ¡Qué terrible es el pecado cuando no se frena a tiempo! Y tercero: **Elí no estorbó a sus hijos** en su mal proceder (1 Samuel 3:10-14). Los padres debemos comprender que existen múltiples maneras de estorbar el mal proceder de nuestros hijos. Pero si los padres permanecemos **indolentes** e **indiferentes** ante sus malos actos, estaremos condenando al fracaso a nuestros hijos.

Elí **holló**, es decir, **pisoteó** todo lo que para Dios era sagrado al **honrar** más a sus hijos que al mismo Dios. Al no estorbarlos y al no darles la debida instrucción. Ofni y Finees pecaron por **obra** al menospreciar a Dios, sus ofrendas y deshonrar el Tabernáculo de reunión con su conducta sexual. Pero Elí pecó por **omisión**, porque vio el pecado de sus hijos y no lo corrigió a tiempo. Y para cuando quiso hacerlo, era ya demasiado tarde. Dios había resuelto la muerte de todos ellos.

Posteriormente, cuando Dios llama a Samuel por primera vez, Elí pide a Samuel que no le oculte nada de lo que el Señor le había revelado aquella noche. Y después de escuchar la confirmación de la sentencia antes dicha por el profeta, simplemente expresa: *"Dios es. Haga lo que bien le parece"* (1 Samuel 3:15-18). Elí sí conocía al Dios Todopoderoso y Soberano. ¿Será que los hijos de Elí podían dimensionar el mal y las terribles consecuencias que acarrearían a la casa de su padre? Creo que no.

Los días de las campañas militares comenzaron y los judíos se reunieron en Eben-ezer para luchar contra los filisteos. Viendo el pueblo de Israel que la batalla se inclinaba a favor de sus enemigos, pidió que el Arca fuese traída al campo de batalla. Los israelitas pensaron que eso atraería una victoria segura, pero se llevaron la amarga sorpresa de ver cómo la espada de sus enemigos devoraba a sus compatriotas. El Arca fue tomada y cumplida la palabra del Señor contra los hijos de Elí (1 Samuel 4:11). De esta manera tan miserable acabó la vida de los hombres que ocasionaron tales tristezas a su padre, cargando el Arca. Murieron con el mismo **disfraz de piedad** que siempre expresaron por fuera, pero llevando por dentro la corrupción que atrajo el castigo expuesto a los ojos del pueblo.

La noticia llegó a Elí por alguno de los sobrevivientes de la derrota del pueblo de Israel a manos de los filisteos. Le contó lo que Elí sabía que era inevitable, la muerte de sus hijos. Pero cuando el mensajero relató la captura del Arca por parte de sus enemigos, Elí cayó hacia atrás de la silla al lado de la puerta, se desnucó y murió. El texto lo describe como un hombre viejo y pesado, que había sido juez en Israel por 40 años.

Muerto Elí, Samuel tomó el liderazgo del pueblo de Israel. Samuel fue el último y más grande de los jueces de Israel. Siendo enseñado por Elí, supo andar en los camino del Señor todos los días de su vida. Y aunque nunca se le nombra en la Biblia en el puesto de sumo sacerdote, ejercía todas las funciones de éste, cumpliéndose una parte de la larga profecía en contra de la casa de Elí, cuyas consecuencias apenas comenzaban a manifestarse. En esta familia Dios visitaría **la maldad de los padres sobre los hijos hasta la tercera y cuarta generación**: *"He aquí, vienen días en que cortaré tu brazo y el brazo de la casa de tu padre, de modo que no haya anciano en tu casa"* (1 Samuel 2:31). Parece injusto. Esta clase de sentencias divinas han sido difíciles de asimilar, principalmente porque el ser humano inevitablemente interpreta los acontecimientos desde su «prisión emocional» que le sujeta al sentimentalismo, además de permanecer atado a los límites de la maldición del pecado original expuesto desde el *Génesis* capítulo tres. Pero Dios es congruente, y no tiene conflicto entre lo que Él piensa, siente y hace, además de amar a sus criaturas, sin ignorar que odia y juzga el pecado.

Esta sentencia se cumplió años después. Nuevamente en el campo de batalla, un joven llamado David derrota a Goliat, el gigante filisteo. A su regreso las mujeres danzaban y decían: *"Saúl hirió a sus miles… Y David a sus diez miles"*. Esto despertó la envidia del rey Saúl, quien después de esto y una serie de eventos más, determina asesinarlo. Huyendo del rey, David se exilió con el sacerdote **Ahimelec** (1 Samuel 21:1). Ahí encontró alimento para él y sus hombres. Además Ahimelec le dio provisiones y le entregó la espada de Goliat, que ellos conservaban en aquel lugar. Luego que David se fue de Nob, el rey Saúl fue informado por un hombre mal intencionado llamado Doeg, de que David había estado en Nob (1 Samuel 22:11-16, 18 y 19). Aquel día Saúl mandó llamar a Ahimelec y a toda la casa de su padre. Y después de interrogarlos sobre la ayuda que ofrecieron al joven David, los condenó a muerte. Doeg edomita, por orden de Saúl, arremetió contra los sacerdotes de Nob y asesinó aquel día a ochenta y cinco varones que vestían Efod de lino. Aquel acto atroz parece ser una de tantas rabietas de Saúl, pero cuando analizamos la historia en secuencia resulta sorprendente (1 Samuel 14:3). Elí engendró a Finees, Finees engendró a Icabod y a **Ahitob**. Ahitob engendró a Ahías y a **Ahimelec**, sacerdote de Nob. Esto ocurrió aproximadamente 50 años después, cumpliendo la sentencia que Dios había dictado sobre la casa de Elí. Pero no murieron todos los varones de la casa de Elí (1 Samuel 22:20), uno de los hijos de Ahimelec, hijo de Ahitob, que se llamaba **Abiatar**, escapó y fue tras David, escapando de la sentencia de Saúl, pero no de la Palabra del Señor. Y siguió la sentencia: *"El varón de los tuyos que yo no corte de mi altar, será para consumir tus ojos y **llenar tu alma de dolor**"*.

Cuando finalmente David se hizo rey, **Abiatar** se convirtió junto con Sadoc, en el Sumo Sacerdote. Abiatar estuvo siempre con David, fue su gran apoyo y uno de sus mejores compañeros. Fue de gran bendición en los momentos difíciles y permaneció fiel cuando Absalón se rebeló en contra del rey David, su padre. Pero el pecado ha demostrado a través del tiempo que finalmente doblega la voluntad del hombre. Cuando el rey David era viejo y estaba en cama, su hijo Adonías se rebeló contra el rey en cumplimiento de la palabra de Dios que habló Natán el profeta contra David (1 Reyes 1:5-7). Y la sentencia de Dios cayó sobre Abiatar después de que David murió y Salomón tomó el trono.

> *"Y el rey dijo al sacerdote Abiatar: 'Vete a Anatot, a tus heredades, pues eres digno de muerte; pero no te mataré hoy, por cuanto has llevado el arca de Jehová el Señor delante de David, mi padre, y además has sido afligido en todas las cosas*

> *en que fue afligido mi padre'. Así echó Salomón a Abiatar del sacerdocio de Jehová, para que se cumpliese la palabra de Jehová **que había dicho sobre la casa de Elí** en Silo* (1 Reyes 2:26-27; énfasis mío en negritas.)

El procedimiento de Dios debe ser analizado desde una perspectiva histórica y en secuencia. Porque está escrito: *"Dios no es hombre para que mienta ni hijo de hombre para que se arrepienta. Él dijo: '¿Y no hará?' Habló: '¿Y no ejecutará?'"* (Números 23:19). Si interpretamos el proceder de Dios como *causa-efecto* entraremos a una profunda confusión y de primera mano nos parecerá injusto. Su proceder en secuencia es el siguiente: **Primero**, por amor le da al hombre sus leyes e indicaciones; la buena voluntad de Dios para con los hombres es evidente, Dios quiere que el hombre viva bien. **Segundo**, ante la mala conducta del hombre denuncia su pecado con el fin de que éste corrija su mal proceder y advierte sobre las consecuencias lógicas de los malos actos. **Tercero**, es paciente esperando el arrepentimiento del hombre. **Finalmente**, ejecuta la sentencia antes dicha, **porque Dios al que ama disciplina**, pero también bendice a quien vive de acuerdo con sus leyes.

Es definitivo que el tema central de la historia de Elí, está en los hijos. El llamado es simple, **amar a Dios por sobre nuestros hijos**. Un reto por demás fácil de explicar y verdaderamente difícil de llevar. La razón fundamental por la que Dios reclama ser el número uno en nuestra vida, es por nuestro propio bien. Si algo o alguien ocupa el lugar de Dios en nuestra escala de valores, ese "algo" terminará por traicionarnos, abandonarnos o destruirnos. La historia de Elí lo demuestra. Si en nuestro corazón el trono está ocupado por nuestros hijos o por alguien más, hagamos algo hoy mismo, antes de que sea demasiado tarde.

Samuel
El último de los jueces

Cerramos la época de los jueces con una historia excepcional. Samuel: el último juez. También es el último gobernante bajo la **Teocracia**. Fue él quien entregó el poder a los reyes cuando ungió a Saúl como rey de Israel, dando inicio a la **Monarquía**. Considero a Samuel como el máximo representante de la unión de las funciones de líder político y espiritual del Antiguo Testamento. Un *juez* y *profeta* que supo mantener un liderazgo incuestionable y una vida ejemplar. Un hombre con un profundo respeto por Dios y sus leyes. Un hombre de estado, un hombre de Dios y un hombre de familia. La historia de Samuel nos revela tres escenarios que nos permiten ver en acción a este gran hombre de Dios. No obstante, también desde sus inicios, la historia de Samuel nos presenta tres agravantes importantes que conviene analizar. El **primer agravante** se presenta desde su nacimiento. Desde su concepción Samuel se vio envuelto en el dolor y la depresión de una mujer atribulada por la esterilidad. Y aquí inicia nuestra historia en el *primer escenario* que se monta en la vida de Samuel. La trama del dolor emocional en su familia de origen se desarrolla en tres protagonistas: Ana, Elcana y Penina.

Ana, la futura madre de Samuel, era una mujer afligida, triste, decepcionada de la vida y con un fuerte anhelo de ser madre. Ana fue una mujer azotada por la maldición que representaba en aquella época la esterilidad, pero al mismo tiempo fue una mujer muy amada por Elcana, su marido, pero odiada y abrumada por Penina, su rival, quien la presionaba y se burlaba de ella cada año que la familia completa subía a adorar a Dios en Silo.

Ana representa a la mujer que logra salir de la depresión por su pura fe en Dios y una firme determinación de estar bien a pesar de las circunstancias. Aquel año, al igual que muchos anteriores, Elcana y su familia subieron a adorar a Dios en Silo. En aquella ocasión, Ana derramó su dolor ante Dios. Fue tal su tristeza vertida que Elí –padre de Ofni y Finees-, creyó que estaba ebria. Pero Ana solo era una mujer atribulada que **rogaba** y **exponía** a Dios su dolor. Y en su oración, hacía al Señor una petición y una promesa. Aquí podemos ver el inicio de su proceso de ascenso. Porque primero se dirigió a la persona correcta y en la actitud correcta. Su siguiente paso fue **creer** y **confiar** en la respuesta de Dios, fuera cual fuera su decisión. El ingrediente final lo veremos en su actitud, la **determinación** de estar bien. Cabe añadir que Dios aprecia la determinación de la persona atribulada. Ana dijo: *"¡No más tristeza!"*. Lo más relevante es que a estas alturas ella no estaba embarazada, pero a pesar de esto salió del lugar transformada, confiada en el amor de Dios, quien después de todo, le concedió la petición de su corazón. Al cabo del tiempo recibió a su primer hijo varón, tal y como lo pidió, y le puso por nombre Samuel. La promesa que ella había hecho en su oración a Dios fue dedicar al joven Samuel a Su servicio. Esto significa que Ana solo deseaba el placer de ser madre, y a pesar de que era su único hijo, ella cumplió su palabra. Claro que Dios no se queda con nada de lo que nosotros le ofrecemos de corazón, y fue así como bendijo a esta mujer con cinco hijos más: tres varones y dos niñas (1 Samuel 2:21).

Este apasionante capítulo apenas marcaba el preámbulo de la vida de este juez. Pero el **segundo agravante** comenzaba justo al momento en que Ana entregaba a Samuel en manos nada más y nada menos que de Elí, un hombre con un liderazgo muy cuestionable. Y no debemos perder de vista que Elí educó a Ofni y a Finees, jóvenes insensatos y llenos de malicia, que como veíamos en el capítulo anterior, no tenían **conocimiento del Señor**. Samuel sería formado y educado como líder bajo la sombra de este hombre, lo cual marcaría el *segundo escenario* en la vida del futuro juez.

Y el **tercer agravante** en su vida, que también nos ofrece su *tercer escenario*, es la época bajo la que gobernó este varón profeta y bajo la cual, también, él mismo formaría su propia familia. Se trataba de la época de los jueces, bien descrita en el último versículo del *Libro de los Jueces* como la época en la que **cada uno hacía lo que bien le parecía**. Toda una generación que no conocía al Señor. Samuel tenía que gobernar a un pueblo ignorante de Dios, pero además, formaría a su familia bajo una sociedad ajena a Dios y a sus principios.

Uno de los capítulos que nos ofrece un resumen de la manera de vivir y proceder de este hombre de Dios está en 1 Samuel 7. De manera explícita, en el versículo tres, este juez expone el proceso bajo el cual el pueblo obtendría el éxito como nación. Las recomendaciones de Samuel para el pueblo fueron: **Volverse** de corazón al Señor. **Quitar** los dioses falsos que incluían toda clase de ídolos que se antepongan al único Dios. Y de manera individual, **preparar** el corazón para servir a Dios. Y así fue. Israel escuchó y siguió las instrucciones y liderazgo de este siervo de Dios. El resultado final es que fueron liberados de mano de los filisteos (v. 10-12). Después de la victoria, este líder levantó una piedra a manera de altar y lo llamó: Eben-ezer (*"Hasta aquí nos ayudó el Señor"*), como queriendo instruir al pueblo ignorante de Dios. Pero en esta historia vemos muchos más elementos en acción, porque el éxito de Samuel estaba en que sabía cómo hacer de su ministerio un estilo de vida. Ministraba el espíritu con su ejemplo, pero además administraba el gobierno de manera **presencial**. Samuel se estableció en Ramá **porque ahí estaba su casa y su familia**. Pero durante su gestión, todos los años visitaba las tres ciudades más importantes del Israel de entonces: Betel, Gilgal y Mizpa (v. 15-17). Pero hay una nota que debemos resaltar en el proceder de este líder excepcional, y es que su estilo de vida era el mismo en el gobierno que en su casa. Porque desde Ramá juzgaba también a Israel. Pero el relato nos dice que en su casa **levantó un altar al Señor**. Después de todo, el máximo ministerio que podemos desarrollar está en nuestro hogar.

Pero no todo fue bueno en la vida de este juez. Casi al final de su gobierno el pueblo le da un golpe a la **Teocracia** que Samuel había logrado desarrollar con mucho éxito, cuando pide un rey. ¿Por qué Israel pidió un rey? Porque por desgracia **los hijos** de Samuel no siguieron su ejemplo y se dejaron corromper, pervirtiendo el derecho (1 Samuel 8:1-3). Qué tristeza que con semejante ejemplo y estilo de vida, los hijos no siguieran los pasos de su padre. Pero ante esto, los padres debemos admitir que estamos criando voluntades y que nuestra tarea no consiste en hacer que nuestros hijos tomen las decisiones correctas, esa es la responsabilidad de cada uno de ellos. Nuestra tarea la he especificado puntualmente en otro de mis libros: *Mi rebelde con-sentido* (Ed. WestBow), cuando expuse el concepto de IDEA. La función básica de nosotros como padres consiste en **instruir** a nuestros hijos en el camino de las leyes de Dios; **disciplinar** en tiempo y forma su mala conducta permitiendo que las consecuencias lleguen ante sus malos actos; ser **ejemplo** al modelar los valores cristianos que pretendemos enseñarles; y a través de nuestras acciones cotidianas mostrarles el **amor** de Dios. El trabajo de nuestros hijos será **tomar la decisión** de la forma de vida que ellos quieran llevar.

Samuel refirió todas las palabras del pueblo a Dios, y el Señor le dijo: *"Escucha la voz del pueblo, porque no te desprecian a ti sino a mí"*. No lo tomes personal.

El pueblo no te desecha a ti sino a mí. Lo mismo sucede con tus hijos, ellos no te desprecian a ti sino a mí. Pero protesta solemnemente contra ellos, es decir, advierte lo que vendrá a su vida con esta petición que te hacen, para que piensen bien la decisión que han de tomar. Siguiendo la indicación de Dios, Samuel les da un discurso excepcional sobre el futuro que les esperaba si se decidían por la **Monarquía** en lugar de la **Teocracia** (1 Samuel 8:10-18). Cuando leemos semejante advertencia, quisiéramos que el relato dijera: *"Y después de que el pueblo escuchó las palabras de Samuel, reflexionó y corrigió de inmediato"*. Pero no fue así (v. 19-20). Ellos se aferraron a la idea de ser como los demás pueblos con los que tenían contacto.

Lo mismo sucede en casa. Porque también los padres quisiéramos que cuando corregimos a nuestros hijos, ellos reflexionaran sobre la lógica y conveniencia de nuestras palabras. Quisiéramos que nuestra historia sonara más o menos así: *"Y cuando el padre habló con su hijo sobre las consecuencias que traería su decisión, el muchacho escuchó a su padre. Reflexionó sobre las recomendaciones que él le hacía y corrigió su camino"*. La madre de familia sueña que su historia sea esta: *"Y cuando la mamá explicaba a su hija que el novio borracho se convierte en un esposo alcohólico, que el novio atenido y flojo se convierte en un marido pasivo y estancado, que el novio violento e iracundo se convierte en un marido golpeador, etc., la hija escuchó a su madre, reflexionó sus palabras y decidió romper la 'relación enferma' que tenía con aquel 'enfermo'"*. En fin, no siempre las historias terminan con un final feliz. Y aunque nos pese como padres, debemos admitir que esta ya no es nuestra decisión. A los hijos de Samuel no les faltó el conocimiento del Señor, y en su discurso final, el mismo pueblo dio testimonio de la conducta intachable de Samuel como líder y como padre. Y a pesar de que sus hijos no siguieron sus caminos, sino que se corrompieron, el pueblo comprendió que Samuel sí hizo su trabajo en casa, como en el gobierno.

A pesar de todos los agravantes que se sumaron a la vida de este gran líder, Samuel supo llevar un liderazgo excepcional e incuestionable durante toda su vida en el gobierno y en su propia casa. Finalmente el pueblo no escuchó a su líder y los hijos no escucharon a su padre. Pero con todo y esto, Samuel pudo al final de sus días cerrar sus ojos en paz y entregar la vida y voluntad a sus hijos, y la libertad de elegir al pueblo de Israel. Al final de su vida, Samuel logró ganarse el respeto y admiración de su mujer, de sus hijos, del pueblo y del rey Saúl. Y hoy en día, Samuel se gana nuestro reconocimiento por su liderazgo ejemplar.

Saúl
El primer rey de Israel

En la vida real no siempre las historias terminan con un final feliz. Y en muchas ocasiones ni de cerca al final esperado, deseado o merecido. Este fue el caso de Samuel, quien a pesar de ser un excepcional hombre de Dios, hombre de estado y padre de familia ejemplar, al final prácticamente **nadie le hizo caso**. A pesar del contexto social que le tocó vivir, arrancado de los brazos de su madre por la promesa que ella misma le había hecho a Dios, formado y educado por Elí, a quien sucedió en el poder, y después de gobernar con dignidad a un pueblo duro de cerviz, tristemente sus hijos se vuelven tras la avaricia y se dejan sobornar, el pueblo de Israel decide dar la espalda a la Teocracia para darle paso a la Monarquía, y el rey a quien él tenía que encaminar a Dios, desobedece y es desechado por Dios desde la primera indicación.

A pesar de todo, durante toda su vida Samuel mostró dedicación y empeño en su trabajo. Y con mucha dignidad se pone frente al pueblo que él gobernó y le da su último discurso en el que le desafía a evaluar su proceder y su trabajo durante toda su vida (1 Samuel 12:1-5). Qué manera de terminar una carrera con gozo, como diría el apóstol Pablo. No obstante, le quedaba todavía por escribir el último capítulo de su misión en esta tierra: ungir al primer rey de Israel y encaminarlo hacia el manejo adecuado del poder y el buen gobierno.

Después de ungir a Saúl como rey de Israel, Samuel lo presenta ante el pueblo e inicia sus últimas indicaciones. A pesar del error que significaba darle la espalda a la Teocracia y pedir el gobierno humano, Dios da sus recomendaciones por boca de Samuel su siervo, que les darían descanso a pesar de la decisión equivocada de haber pedido un rey (1 Samuel 12:13-16). Aquel día Samuel clamó a Dios para demostrar lo equivocado que estaba el pueblo con esta decisión, y Dios se manifestó desde los cielos con una gran tormenta, truenos y lluvia. El pueblo se atemorizó y hasta entonces se dio cuenta de la gravedad de su error. Pero Samuel les recuerda nuevamente la cláusula que activaría las bendiciones de Dios sobre su pueblo y sobre su rey (v. 20-25): un temor reverente que les lleve a la obediencia a Dios y a sus leyes. Si retrocedemos en el tiempo, nos daremos cuenta de que ya estaba escrito. Durante la época de los caudillos y mucho antes de que transcurriera toda la era de los jueces, estaba escrito que en un momento de su existencia este pueblo pediría un rey:

> *"Cuando hayas entrado en la tierra que Jehová tu Dios te da, y tomes posesión de ella y la habites, y digas: '**Pondré un rey sobre mí, como todas las naciones que están en mis alredededores**', ciertamente pondrás por rey sobre ti al que Jehová tu Dios escogiere; de entre tus hermanos pondrás rey sobre ti; no podrás poner sobre ti a hombre extranjero, que no sea tu hermano. Pero él no aumentará para sí caballos, ni hará volver al pueblo a Egipto con el fin de aumentar caballos; porque Jehová os ha dicho: 'No volváis nunca por este camino'. Ni tomará para sí muchas mujeres, para que su corazón no se desvíe; ni plata ni oro amontonará para sí en abundancia. Y cuando se siente sobre el trono de su reino, entonces **escribirá para sí en un libro una copia de esta ley**, del original que está al cuidado de los sacerdotes levitas; y lo tendrá consigo, y leerá en él todos los días de su vida, **para que aprenda a temer a Jehová su Dios**, para guardar todas las palabras de esta ley y estos estatutos, para ponerlos por obra; para que no se eleve su corazón sobre sus hermanos, ni se aparte del mandamiento a diestra ni a siniestra; a fin de que prolongue sus días en su reino, él y sus hijos, en medio de Israel."* (Deuteronomio 17:16-20; énfasis mío en negritas.)

Dios diseñó al ser humano en sus procesos mentales, por eso da estas indicaciones tan puntuales. Dentro de nuestra mente algo nos **mueve a actuar** tal cual lo vimos en aquella película de Pixar: **Intensa-mente**. Notará en la película que en el «tablero de control», una de las cinco emociones básicas toma el control de la persona, la alegría, como el caso de la niña protagonista; la tristeza, como es el caso de la mamá; o el enojo, como se ve en el tablero de control de la mente del papá. ¡Dios quiere ser el motivante número uno en nuestra mente! Quiere influir nuestras emociones y motivaciones. Debemos comenzar por admitir que ni la tristeza, ni el enojo, ni el temor son pecados.

Porque la Escritura afirma que hay una **tristeza** según Dios (2 Corintios 7:9-10). Y también dice: *"Airaos, pero no pequéis"* (Efesios 4:26), entonces también hay una **ira** según Dios. Y el mismo Samuel experimentaba un **temor reverente**, un temor según Dios. Creo firmemente que Dios nos capacitó con un «equipaje emocional» que nos mueve a actuar y a procesar los pensamientos que nos llevan a la constante toma de decisiones. Dios quiere ser el centro de nuestro interés y quien inspire nuestras vidas. Por eso nos da sus leyes y recomendaciones, para que por medio de ellas tomemos mejores decisiones.

Desde el principio, Saúl fue un rey desobediente a las indicaciones de Dios, obstinado en sus razones y engañador en sus palabras cuando se trataba de justificarse; muy hábil para maquillar sus intenciones, pero **los hechos** fueron que él no guardó el mandamiento de Dios. ¿Cuáles fueron las motivaciones que llevaron a Saúl a la desobediencia? **El temor.** Toda su vida Saúl fue movido a tomar decisiones equivocadas por temor. Observe la conducta del rey Saúl en una de las primeras indicaciones que Dios le dio por boca de Samuel. Podemos analizar sus motivaciones en tres simples pasos. Primero, Dios le da un mandato claro y sencillo:

> *"Después Samuel dijo a Saúl: 'Jehová me envió a que te ungiese por rey sobre su pueblo Israel; ahora, pues, está atento a las palabras de Jehová. Así ha dicho Jehová de los ejércitos: Yo castigaré lo que hizo Amalec a Israel al oponérsele en el camino cuando subía de Egipto. Ve, pues, y hiere a Amalec, y destruye todo lo que tiene, y no te apiades de él; mata a hombres, mujeres, niños, y aun los de pecho, vacas, ovejas, camellos y asnos'."* (1 Samuel 15:1-3).

La orden fue: *"Ve y hiere a Amalec y no te apiades de él ni de todo lo que tiene"*. Lo primero que dice **nuestra compasión** según la carne, o según nuestra lógica, es: *"qué Dios tan malo"*. Pero el hecho de que yo no comprenda la manera de actuar de Dios, no me da el derecho de juzgar su proceder. La forma nos confunde, pero si lo vemos de fondo entenderemos que había una cuenta pendiente. Una cuenta registrada desde el *Éxodo* (Éxodo 17:8-16). Amalec no tuvo ningún temor de Dios y atacó la retaguardia de un pueblo cansado y sediento. Y se le dijo a Moisés que registrara en un libro estos acontecimientos y que enterara a Josué, el caudillo sucesor, de que Dios borraría la memoria de Amalec porque él se levantó contra el trono de Dios. Y se escribió en el libro de la ley:

> *"Acuérdate de lo que hizo Amalec contigo en el camino, cuando salías de Egipto; de cómo te salió al encuentro en el camino, y te desbarató la retaguardia de todos los débiles que iban detrás de ti, cuando tú estabas cansado y trabajado; y no tuvo ningún temor de Dios. Por tanto, cuando Jehová tu Dios te dé descanso de todos tus enemigos alrededor, en la tierra que Jehová tu Dios te da por heredad para que la poseas, borrarás la memoria de Amalec de debajo del cielo; no lo olvides."* (Deuteronomio 25:17-19)

El segundo paso fue la ejecución del mandato hecho por Saúl (1 Samuel 15:7-9). La obediencia a medias se llama desobediencia, y Saúl desobedeció la orden directa de Dios. ¿Qué movió al rey Saúl en esta ocasión? En su forma, los intereses **económicos** y **políticos**. Pero en su fondo lograremos ver que este hombre fue movido por el temor. En este caso, temor a la pérdida de «algo». El rey escuchó la voz del pueblo y a sus voces internas, no a la Palabra de Dios. Pero lo último que el rey haría es admitir su error. Y todavía, movido de nueva cuenta por el temor, justifica sus actos y se **obstina**. Culpa al pueblo cuando él era el rey. Culpa a Dios, diciendo que perdonaron lo mejor del ganado para ofrecerlo a Dios. Por esto Samuel dictó la consecuencia a su desobediencia:

> *"Y Samuel dijo: ¿Se complace Jehová tanto en los holocaustos y víctimas, como en que se obedezca a las palabras de Jehová? Ciertamente el **obedecer es mejor** que los sacrificios, y el prestar atención que la grosura de los carneros. Porque como **pecado de adivinación** es la rebelión, y como ídolos e idolatría la obstinación. Por cuanto tú desechaste la palabra de Jehová, él también te ha desechado para que no seas rey'."* (1 Samuel 15:22-23; énfasis mío en negritas.)

El tercer paso había llegado. La consecuencia por sus actos dio su fruto. Y hasta entonces Saúl reconoce su pecado, pero era demasiado tarde para el rey: Dios lo desechó. En esta parte de la historia hay dos profecías importantes a las que este hombre debió poner especial atención: primero, la referencia al pecado de adivinación. Esto fue lo que finalmente causó la muerte del rey.

Saúl consultó a una adivina, lo que según el *Libro de las Crónicas de los Reyes* le llevó a la muerte (1 Crónicas 10:13). La segunda profecía se refiere al mismo Mesías. Samuel le dijo que el rey que Dios había elegido para gobernar a su pueblo sería **la Gloria de Israel,** y no mentiría, ni se arrepentiría, porque no es hombre para que se arrepienta (v.29). Finalmente Saúl pide a Samuel guardar las apariencias.

En este punto, Dios elige a su futuro rey. Un hombre conforme al corazón de Dios. Un hombre que sentía la tristeza según Dios, la ira según Dios y el temor reverente hacia Dios. Me refiero al rey David (1 Samuel 16:6-7). Es muy interesante ver la manera en la que el Señor ve, juzga y actúa. Nada tiene que ver con la manera de ver, juzgar y actuar de nosotros los seres humanos. El Señor no considera lo que mira el hombre, Dios ve el corazón, las motivaciones internas y más profundas que nos llevan a actuar. Después, fortalece el corazón que es recto para con Él. Este fue el caso si comparamos el desempeño del rey Saúl con el del recién ungido David.

> *"Y Samuel tomó el cuerno del aceite, y lo ungió en medio de sus hermanos; y desde aquel día en adelante el Espíritu de Jehová vino sobre David. Se levantó luego Samuel, y se volvió a Ramá. El Espíritu de Jehová se apartó de Saúl, y le atormentaba un espíritu malo de parte de Jehová."* (1 Samuel 16:13-14)

El Espíritu del Señor acompañaba a David mientras que un espíritu malo atormentaba a Saúl. ¿Por qué? Porque cuando la persona no le permite la entrada al Espíritu de Dios, dejará la puerta abierta y la consecuente influencia a cualquier clase de espíritu malo. Los siervos de Saúl de inmediato notaron que el rey obtenía cierto alivio al escuchar el arpa. Fue cuando le sugieren traer al joven David, quien además de ser pastor de ovejas, era un músico muy talentoso. Saúl les dice: *"Vayan, **pero que toque bien**"*. Todavía las intenciones de fondo no eran buenas. Pero fue así como David hizo su entrada al palacio (v. 23).

El segundo encuentro entre David y Saúl se da en el siguiente capítulo, cuando un paladín enorme desafía a los ejércitos de Israel. Gritaba con fuerza que algún valiente lo enfrentara, y que si lo derrotaba, los filisteos serían esclavos de los israelitas. Saúl buscaba **motivar** al valiente que se atreviera a enfrentar a Goliat ofreciéndole motivaciones carnales. Saúl ofrece enriquecer al sujeto que enfrente a Goliat, darle a una de sus hijas y eximirlo del pago de impuestos a él y a su familia (v. 25). Claro que el rey ofrecía lo mismo que a él le movía: el dinero, la fama y una hermosa mujer. Posteriormente Eliab, **movido por la vergüenza**, se enoja con David, su hermano, juzgando que sus intenciones eran *morbosas* al estar presente en el campo de batalla. Lo regaña, lo expone y le ordena alejarse (v. 28). Mientras tanto Goliat continuaba gritando y ofendiendo al mismo Dios y nadie se atrevía a levantarse en contra de él. Este fue el momento memorable cuando el futuro rey de Israel, movido por el **celo de Dios** y por una **fe activa**, con el **coraje según Dios** que se manifiesta en valor, da un paso al frente diciendo: *"Yo lo voy a enfrentar"*.

El final de esta historia es de todos conocido. De cualquier manera analizaremos en el próximo capítulo algunos otros detalles cuando estudiemos la vida y familia del rey David. Por ahora, baste recordar la enorme victoria que Dios dio a Israel por mano del joven David. Lo que quiero resaltar, continuando con el rey Saúl, es la interacción entre el rey y el joven David. Al final de este gran episodio se supone que a partir de aquel momento, Saúl debería de llenar de bienes y favores a David, además de tener que darle una hija.

Curiosamente, cuando nos mueven las motivaciones equivocadas, las mismas motivaciones que nos movieron al principio a actuar, al final **siempre caen sobre nosotros mismos**, generando nuevas necesidades y motivaciones equivocadas. En el caso de Saúl, las mismas mujeres que ofrecía le generaron una de las peores motivaciones: **la envidia**.

La envidia activa *la fuerza del lado oscuro*, genera las más sombrías motivaciones. La envidia es el dolor por el bien ajeno. La envidia llevó a Asaf a ver la prosperidad de los pecadores e impíos, a envidiar su estilo de vida y a renegar contra el mismo Dios. Nos dice Asaf (Salmo 73) que cuando comparaba su entorno con el entorno de los pecadores, **sentía punzadas** en su corazón.

Desde el momento en que Saúl escucha los cánticos de las mujeres que salían a recibir a David después de aquella memorable batalla (*"Saúl hirió a sus miles y David a sus diez miles"*), concluyó: *"Solo le falta el trono"*. A partir de ese momento surgió un pensamiento punzante en su corazón: **asesinar al joven David.** Y como las motivaciones equivocadas producen más motivaciones oscuras, Saúl insistía en apagar la lámpara de Israel exponiéndolo a la muerte en varias ocasiones. Negocia en silencio: *"Díganle a David que sí lo quiero, y* *que quiero que sea mi yerno".* David les dice a los mensajeros que no es poca cosa ser el yerno del rey. Y le regresan el mensaje diciendo que el rey solo quería a cien filisteos muertos a cambio de una de sus hijas. Y David desciende al campamento de los filisteos y asesina a doscientos hombres. Así fue como finalmente Saúl **se ve obligado** a cumplir su palabra desde la promesa hecha por la muerte de Goliat.

Dios estaba con David. Y paso a paso David se hacía más y más apreciado por el ejército, por el pueblo y principalmente por la familia del rey; Jonatán era su mejor amigo, y Mical, la hija de Saúl que terminó siendo la esposa que le entregó el rey, amaba a David. Existe una gran similitud en la vida de David y el general Máximo, el personaje de la película: "El gladiador". Verá que los dos protagonistas, **Máximo** (el gladiador) y **Cómodo** (el hijo del emperador), nos exponen los dos papeles que hemos visto entre el rey Saúl (Cómodo) y el joven David (Máximo). Como recordará, Máximo se hizo querer por el ejército, por el pueblo, por el emperador y por la hija del emperador. Peleaba las batallas con el ejército al que capitaneaba. Por su parte Cómodo, tenía otra clase de valores que su mismo padre no aprobaba. Y comete una serie de errores que lo llevan al fracaso y termina convertido en el típico emperador que se impone por la fuerza a través de engaños y asesinatos. Igual le ocurrió a Saúl. Pero… ¿Cuál fue su error? Saúl tuvo su oportunidad, desde el principio Dios mudó el corazón de este hombre y lo convirtió en su siervo, lo eligió y le puso por rey de Israel, le dio el carácter que no tenía y hasta le hizo profetizar. Dios le dio una misión, poder y sentido a su vida. Cuando Samuel lo ungió por rey de Israel le dijo:

> *"Entonces el Espíritu de Jehová vendrá sobre ti con poder, y profetizarás con ellos, y **serás mudado en otro hombre**. Y cuando te hayan sucedido estas señales, haz lo que te viniere a la mano, porque **Dios está contigo**… Aconteció luego, que al volver él la espalda para apartarse de Samuel, **le mudó Dios su corazón**; y todas estas señales acontecieron en aquel día."* (1 Samuel 10:6-7 y 9; énfasis mío en negritas).

Pero el Señor deseaba que la fe y la voluntad del rey se expresaran en un corazón inclinado hacia Dios. Y Saúl tuvo su oportunidad de trascender en la historia, pero lo echó todo a perder por seguir sus impulsos internos y no guiarse por las leyes de Dios ni por el consejo de Samuel.

Qué triste el caso de Saúl. Toda su vida el temor lo movió y lo acompañó. Fue un hombre motivado por un **espíritu de competencia** que frecuentemente lo llenaba de temores. Desde el principio tuvo temor a la fama, por eso se escondió detrás de las mulas –*adonde pertenecía*-, pero después tuvo temor de perder su fama y su popularidad. Tuvo temor a decidir, lo que en el fondo es un temor a perder, por eso consultó a una adivina aun en contra de las leyes que Dios había dictado con respecto a esa clase de prácticas. Y cuando Dios se alejó de él, Saúl fue acosado por un espíritu de envidia que lo atormentaba frecuentemente. Y al final de sus días tuvo temor a ser capturado por los filisteos, y ese mismo temor lo llevó al suicidio. La triste conclusión que nos arroja esta historia, es ver claramente que la ausencia de Dios en un individuo abre la puerta a toda clase de **espíritus malignos**, que llevarán a la persona paso a paso a su ruina al tomar decisiones equivocadas.

El temor es una de las emociones más sombrías que podemos experimentar. Y muchos de nosotros permitimos, como fue el caso del rey, que el temor se apodere de nuestra mente. Aún que duela, reconozcamos que vivir en temor es un síntoma de falta de fe y confianza en Dios. El temor también es producto de creer que nosotros podemos cuidar mejor a los nuestros y a nosotros mismos. Entonces, el manejo adecuado del temor comienza en una transformación interna, una decisión, abandonarnos en los brazos de Dios. Confiar en Él. Aprendamos a manejar el temor a través de una fe activa en Dios, y enseñemos por medio de este ejemplo a los nuestros a manejar sus propios temores.

David

Un hombre conforme al corazón de Dios

Dios quiere ser la inspiración y motivación de nuestras vidas. Quiere influir y guiar nuestras emociones y acciones, porque si Él no es nuestra motivación e inspiración terminaremos siendo motivados y guiados por impulsos sombríos, dirigidos por emociones cambiantes, tal como le sucedió al rey Saúl, que en vida fue guiado por impulsos oscuros. Cuando Dios NO es nuestra máxima motivación y emoción, actuamos como el hombre de doble ánimo que describe el apóstol Santiago, un sujeto **inconstante en todos sus caminos**, arrastrado de un lugar a otro como las olas del mar. Una hoja al viento.

Pero si Dios se convierte en nuestra motivación y emoción, lograremos experimentar la **tristeza** según Dios, que es aquella tristeza que lleva al arrepentimiento y al deseo de mejorar. Podremos sentir esa **ira** según Dios que se vuelve el impulso necesario para tener el valor para cambiar. Y nos guiará ese **temor reverente** que experimentaba Samuel, tan necesario para lograr vivir bajo el cobijo de sus leyes. Dios quiere ser el centro de nuestro interés y quien motive nuestras vidas. Por eso nos da sus leyes y las reglas del juego para que juzguemos nuestras emociones según Sus leyes.

En la exposición anterior analizamos al rey Saúl y sus motivaciones. Veíamos que a pesar de que en vida siempre trató de maquillar sus intenciones y motivos para desobedecer, pudimos simplemente examinar sus acciones. Y **los hechos fueron** que no guardó el mandamiento del Señor. En marcado contraste se encuentra nuestro siguiente personaje, el rey David, un joven elegido por Dios y ungido por Samuel, que se convirtió en aquel muchacho valiente que enfrentó a Goliat, que se transformó en el hombre misericordioso que perdonó en más de una ocasión la vida del rey Saúl cuando éste buscaba su muerte. Un hombre que terminó convertido en el rey que con sus escritos, ha inspirado a millones de personas a lo largo de la historia. Quién no se ha fortalecido con estas palabras: *"El Señor es mi pastor nada me faltará…"*; o *"el* *que habita al abrigo del Altísimo morará bajo la sombra del Omnipotente…"* Quién no se ha visto animado en su vida cuando lee: *"NO te impacientes a causa de los malignos y no tengas envidia del que hace iniquidad…"*. Quién no ha experimentado el perdón y la reconciliación con Dios al escuchar: *"Ten piedad de mí, oh Dios, conforme a tus piedades borra mis rebeliones…"* y tantos otros escritos inspirados que fortalecen nuestra vida en momentos de angustia, temor, ansiedad, tristeza, enojo o dolor por el pecado.

Este es el rey David, **un hombre conforme al corazón de Dios**. Y desde el momento en que fue ungido por Samuel, el Espíritu de Dios vino sobre él. Y no hay más vivo ejemplo en las Escrituras del proceso de transformación de una vida que se deja guiar por Dios que el Rey David, un ejemplo evidente de la manera en que Dios trabaja cuando un hombre le permite ser el centro de su motivación. Mientras el rey David fue motivado por Dios pudo sentir la tristeza según Dios, la ira según Dios y el temor reverente hacia Dios que lo hacía actuar con valor y con determinación. **La ira según Dios** lo llevó al campo de batalla desde que era un joven. Cuando este muchacho cumplía con las instrucciones de su padre de llevar comida a sus hermanos enlistados en el ejército de Israel, de pronto escuchó los improperios que aquel enorme filisteo lanzaba en contra de Dios y de Israel. Esto encendió en David la ira según Dios, que lo impulsó a aceptar el desafío que representaba enfrentar a aquel gigante. Y sin más armas que la fe, su honda y unas cuantas piedras, se encamina con valor a enfrentar a la misma muerte diciendo: *"Tú vienes a mí con espada, lanza y jabalina. Y yo voy a ti en el nombre del Señor de los ejércitos a quien tú has provocado"* (1 Samuel 17:42-45). La habilidad de aquel joven se sumó al poder de Dios, creando la sinergia necesaria para realizar el milagro y obtener la victoria. El final es conocido por todos: David lanza una piedra certera que se incrusta justo en la frente de Goliat, derribándolo; de un solo golpe le dio muerte.

La ira según Dios también le motivó en repetidas ocasiones a enfrentar a los ejércitos que a diario conspiraban y se levantaban contra el pueblo del Señor. Podrá observar en la historia de David que el éxito en las batallas que él enfrentaba se volvía cada vez más la constante en su gobierno gracias a que era motivado por la ira según Dios. Y en su caso, podemos decir que la victoria casi se volvió un estilo de vida.

Pero también podemos ver en acción en la vida del rey, **el temor reverente**

hacia Dios que le llevó a vivir conforme a sus lineamientos. En un momento afirmó: *"No ofreceré sacrificio a Dios que no me cueste nada"* (1 Crónicas 24:24). El rey se propuso ofrecer a Dios lo mejor de sí mismo. Una vida entregada a guardar los principios que enseñaban las leyes Divinas. Y cuando iluminado por el Espíritu Santo escribe el Salmo 19, nos deja muy en claro que lo que inspiraba su manera de pensar y de actuar era la ley de Dios. El temor reverente iluminó a David para escribir todos aquellos Salmos que han fortalecido y motivado a tantas personas alrededor del mundo a lo largo de la historia. El temor a Dios le llevó también a generar una vida que inspira, una vida excelente. Pero al final, era un ser humano, por lo tanto, no tuvo una vida perfecta. Y en un momento de debilidad, el hombre maduro, el rey establecido, el gobernante exitoso, el hombre realizado, **bajó la guardia**. Era la segunda mitad de su gobierno, y Dios había establecido su reinado, pues era el tiempo en el que los reyes salían a la guerra, pero David, movido por **otra clase de impulsos**, se quedó en su casa. El pecado del rey fue dejarse mover por sus propios instintos y no por Dios.

Las **circunstancias** cambian. Las **motivaciones** cambian. La **vida** cambia. Y en la vida del rey, los cambios fueron dramáticos. No pierda de vista que el gran pecado de David fue dejarse motivar por sus instintos y no por el Espíritu de Dios. Observe las aparentemente simples decisiones que David tomó (2 Samuel 11). Primero, se quedó en su casa. Segundo, se levantó tarde de su cama. Tercero, se paseaba por el terrado de la casa real. Cuarto, vio a una mujer hermosa bañándose y preguntó por ella. Finalmente, mandó traerla y se acostó con ella sabiendo que era una mujer casada. ¿Usted cree que Dios estaba motivando a David en esta serie de "pequeñas" decisiones? Por supuesto que no. Pero este episodio tan sombrío en la vida de David corresponde a un clímax producto de una serie de malas decisiones equivocadas que el rey había tomado **mucho antes**. Si quisiéramos comprender la caída del rey y la manera en que *la tristeza según Dios* trabajó en su vida, tendremos que hacer un viaje a través del tiempo y analizar tres momentos importantes en la vida de David, marcados por tres mujeres que fueron reconocidas como sus esposas.

Regresando en la línea del tiempo nos encontrarnos con Mical, su primera esposa. Como vimos en el capítulo anterior, poco a poco David se hacía más amado por el pueblo de Israel, por el ejército y por la misma familia del rey Saúl. Jonatán fue su mejor amigo y Mical, hija de Saúl, amaba a David (1 Samuel 18:20 y 28-30). Incluso, en una de tantas ocasiones en las que Saúl intentó asesinar a David, fue Mical -la misma hija de Saúl-, quien encubrió a David para ayudarle a escapar. **Pero Mical nunca renunció a su familia**. Prefirió quedarse con su padre, quien terminó por darla a otro hombre, seguramente para hacer enfurecer a David. Creo que Mical dejó la primera huella en el corazón del rey que marcó su caída.

Abigail fue la segunda mujer en la vida del rey. Después de huir de Saúl y vivir la separación entre él y Mical, David constituyó un grupo, que en nuestro tiempo se vería como un grupo de **autodefensa**. Pero claro, de los buenos. En esa época David ofrecía protección al pueblo porque el rey Saúl estaba muy ocupado buscando la manera de alabarse a sí mismo, desapareciendo a la gente que amenazaba su "mundito"; por eso estaba distraído de sus obligaciones al tratar de matar a David. Pero Nabal era un hombre insensato, un hombre duro y de malas obras, y respondió con desaire a la petición del joven David, quien pedía alimento y demás provisiones para él y sus hombres (1 Samuel 25:10). Pero Abigail, la esposa de Nabal, era una mujer descrita como de buen entendimiento y de hermosa apariencia (v. 14-17). Fue la prudencia de Abigail la que salvó la vida de muchos hombres que estaban condenados a muerte por aquel desaire (v. 32-35). Posteriormente a este desencuentro, Dios hirió de muerte a Nabal y David envió por Abigail y la hizo su esposa. Abigail fue una mujer excelente. Si el rey se hubiera quedado solo con ella, seguramente no habría sucedido el capítulo de Betsabé y hoy leeríamos otra historia. A pesar de la sabiduría de Abigail, ella también representó la etapa más sombría en la vida del rey, época que le condujo finalmente a la cueva de Adulam. Pero las malas decisiones motivadas por los impulsos del joven rey le llevaron a tomar a otras mujeres además de Abigail (v. 43-44).

Y finalmente llegamos con Betsabé, el tercer capítulo en la vida del rey. Su primer esposo fue Urías y su segundo marido fue David. Tuvo cuatro hijos con el rey (1 Crónicas 3:5): Simá, Sobab, Natán y **Salomón**. En un breve resumen, Betsabé llegó a la vida del rey establecido y fortalecido en el palacio. Un hombre poderoso y maduro. Con todo y esto, en un momento de pasión, también se dejó llevar por sus impulsos y terminó acostándose con Betsabé y ordenando el asesinato de Urías. Después de estos eventos, tomó a Betsabé como su esposa.

He repasado muchas veces esta parte de la historia de David. Particularmente aquel día cuando el rey busca encubrir su pecado. Trato de meterme en la mente de David y buscar respuestas. Quiero comprender qué fue lo que le motivó a tomar esta serie de decisiones equivocadas. Y siempre el momento culminante, que logra erizarme la piel, es cuando David escribe la sentencia de muerte de Urías y la entrega en mano de la misma víctima. Veo al rey sentado en su trono con un pergamino y una pluma de ave en sus manos. Puedo ver que su expresión ha cambiado. Ya no veo el brillo en sus ojos, aquella alegría característica del hombre espiritual alabando a su Señor… La sonrisa ha sido cambiada por esa expresión de engaño y culpa. Frente a él, veo de pie a un hombre fiel. Un soldado firme en sus convicciones que ha demostrado integridad… No obstante, el rey escribe: *"Poned a Urías al frente, en lo más recio de la batalla, y retiraos de él, para que sea herido y muera"*.

En ese momento no puedo evitar pensar que aquella misma mano y quizá con la misma pluma, él escribió: *"El Señor es mi Pastor, nada me faltará"*… El rey había cambiado. El adulterio lo había trasformado. Confirmo lo que la Escritura enseña: "Corrompe su alma quien comete adulterio" (Proverbios 6:32). Surge un hombre que yo no conocía, y lo veo haciendo cosas que nunca creí que sería capaz de hacer y planear. Pero también en este punto me siento más identificado con él, y en la medida que se hunde en el pecado se parece más a mí. El David victorioso, hombre centrado y motivado por Dios, es mi **meta**. Pero este hombre que veo sentado en su trono escribiendo la sentencia de muerte, es mi **realidad**. Creo que por esto me mueve tanto aquella escena. Y el temor me invade al ver la serie de consecuencias que llegaron a la vida del rey e inundaron a su familia. Las secuelas de su pecado fueron terribles. Natán el profeta fue el medio por el que Dios dio a conocer su dictamen. El siguiente escenario es apenas el comienzo del dolor: *"Yo traeré el mal sobre ti, de tu misma casa"*. ¡Qué sentencia más terrible se puede recibir que esta! David tendría que cuidarse de su misma familia, porque el mal vendría de su propia casa (2 Samuel 12:9). Pero así como la parte exitosa de la vida del rey sirve de inspiración a muchos, también diré que su caída puede servirnos de prevención.

Acompáñeme al siguiente escenario. El momento es intenso. Esta vez no es como la anterior. En esta ocasión veo al rey sentado en su trono. Cabizbajo. Reflexivo. Frente a él está un profeta, un hombre de Dios; el mismo siervo de Dios que antes le profetizaba que de sus hijos vendría el Mesías. En esta ocasión informa la sentencia que Dios le había dictado. Pero una luz de esperanza se enciende en aquel tétrico escenario. Porque ese fue justo el momento cuando

la tristeza según Dios llegó al corazón del rey. Esa tristeza que lo llevó al arrepentimiento y al reconocimiento que había pecado contra Dios y contra su siervo Urías, porque la tristeza según Dios produce arrepentimiento para vida. Y la mano del rey… volvió a escribir:

> *"Bienaventurado aquel cuya **transgresión ha sido perdonada**, y cubierto su pecado. Bienaventurado el hombre a quien Jehová no culpa de iniquidad, y en **cuyo espíritu no hay engaño**. Mientras callé, se envejecieron mis huesos en mi gemir todo el día. Porque de día y de noche se agravó sobre mí tu mano; se volvió mi verdor en sequedades de verano. Mi pecado te declaré, y no encubrí mi iniquidad. Dije: 'Confesaré mis transgresiones a Jehová'. Y tú perdonaste la maldad de mi pecado. Por esto orará a ti todo santo en el tiempo en que puedas ser hallado. Ciertamente en la inundación de muchas aguas no llegarán éstas a él. Tú eres mi refugio; **me guardarás de la angustia**, con cánticos de liberación me rodearás."* (Salmos 32:1-7; énfasis mío en negritas.)

La tristeza según Dios produce arrepentimiento que conduce al cambio de actitudes y estilo de vida. David no fue un hombre profano, fue así como el corazón sensible del rey a la palabra de Dios le llevó al arrepentimiento y a un cambio radical en su vida. Por desgracia, la sentencia dictada sobre su pecado ya había sido determinada por Dios, y como veremos en seguida, las consecuencias llegaron en avalancha por haber abierto las puertas de su hogar al pecado.

David
El padre de familia

En el capítulo anterior veíamos a David el rey, un hombre conforme al corazón de Dios. Un hombre que cuando se dejó guiar por Dios, y Él fue su única motivación y emoción, el éxito le seguía. Lo contrario también ocurrió en la vida del rey cuando en un momento de debilidad, aquel hombre maduro, el rey establecido, el gobernante exitoso y realizado, **bajó la guardia**. El pecado del rey fue dejarse mover por sus propios instintos y no por Dios. Y cuando se dejó mover por sus impulsos y deseos, su mano escribió su propia sentencia que llevó su vida al caos: *"Poned a Urías al frente, en lo más recio de la batalla, y retiraos de él, para que sea herido y muera"*. La sentencia de Dios ante las decisiones equivocadas de David fue: *"Yo haré levantar el mal sobre ti, de tu misma casa"*. Esta es precisamente la parte de la historia que aquí deseamos analizar. Entremos al hogar del rey. Veamos a David, **el padre de familia**.

Para analizar la paternidad del rey, es necesario entender el proceso que le llevó precisamente a convertirse en padre. Como vimos en el capítulo anterior, de todas la mujeres que tomó el rey David como esposas, tres de ellas representan tres etapas distintas en la vida del rey: **Mical**, **Abigail** y **Betsabé**. La lección profunda que se desprende en este capítulo es que **la mujer no pasa inadvertida en la vida del hombre**, principalmente cuando ambos deciden compartir sus vidas. La mujer siempre dejará **algo trascendente en la vida del hombre**. De este modo vemos que *cada una de las esposas del rey le dejó una marca, un legado, un recuerdo. Un programa que sería activado en su paternidad.*

Comencemos con **Mical**, su primera esposa. Una mujer hermosa, inteligente y acostumbrada a la vida en el palacio. Mical era una mujer de sociedad. Muy astuta. Creo que fue ella quien logró que su padre enviara el mensaje al joven David de que el rey Saúl lo quería como yerno. Y en respuesta a la propuesta *que Mical envió por conducto de su padre*, porque Mical era quien realmente orquestaba todo esto, finalmente se acuerda que la dote serían cien prepucios de filisteos. Una vez casados, Mical ayuda a escapar a David porque **ella**

sabía que su padre intentaría asesinarlo (1 Samuel 19:11-17). La pregunta es: ¿cómo se enteró de esto? La respuesta se encuentra en la astucia de Mical. Pero también su astucia la llevó a no renunciar a su comodidad en el palacio, y no se liberó de su familia. Después de ayudar a su marido a escapar, ella prefirió quedarse con su padre, quien terminó por darla a otro hombre. Con esta serie de reflexiones sobre Mical, ¿qué pudo dejar esta mujer en la vida del rey? Lo que suele dejar una mujer astuta y manipuladora en el corazón del hombre: **menosprecio**. Pero menosprecio a sí mismo.

Después de la muerte del rey Saúl, Abner, quien fuera el general del ejército en vida de Saúl, tomó a Is-boset, hijo de Saúl, y **lo puso a reinar sobre Israel**. Este "simple" movimiento hizo que Abner obtuviera mayor poder y control. Y en un momento políticamente delicado, mientras el rey David se hacía cada vez más fuerte reinando a Judá desde Hebrón, Is-boset pidió una explicación a Abner de por qué había tomado a una concubina de Saúl su padre (otra mujer y su legado). Esto fue suficiente para que Abner se enfureciera contra Is-boset y decidiera romper con la casa de Saúl y después entregara a David todo el reino de Israel. Posteriormente el mismo rey David envía mensajeros a Is-boset diciendo: *"Restitúyeme a Mical mi mujer"*. Seguramente el rey no consideró las implicaciones que acarrearía a él y a su familia hacer regresar a Mical. Puedo suponer que lo hizo como una estrategia política, porque si el nuevo rey tiene como esposa a la hija del antecesor, facilitaría seguramente la aceptación y continuidad del poder en el gobierno. Pero en el fondo, creo que también el rey pudo haber sido motivado por su baja estima, y por lograr la aprobación de la misma Mical, quien antes había preferido a su padre por sobre su marido, y creo que la actual circunstancia favorecía a David para lograr conquistar el corazón de su mujer.

Por temor a morir, de inmediato Is-boset responde enviando a su hermana Mical con David. Y aquí hay otro dato curioso, porque para entonces Mical ya era mujer de **Paltiel**, hijo de Lais, quien siguió a su mujer **llorándole todo el camino** (2 Samuel 3:15-16). ¡Atestigüe el efecto *"Mical"* en la vida de los hombres! Una mujer astuta y manipuladora. ¿Qué podía dejar Mical con esta historia y carácter en la vida de Paltiel? Lo mismo que dejó en la vida del rey, "menosprecio a sí mismo". Supongo que David quería cerca de él la *clase* y la *educación* de Mical. Una mirada de aprobación de parte de ella, en cambio, recibió nuevamente menosprecio. Esto puede verse justo en ese tiempo cuando David procuraba establecer su trono. Entre todos los ajustes que hizo, decidió traer el Arca a Jerusalén (2 Samuel 6:14-16 y 20-23). Y después de lo accidentada que resultó esta decisión, que derivó incluso en la muerte de uno de sus siervos, con mucho esfuerzo logra hacer llegar el Arca a la ciudad de David lo que despierta tanto gozo en él, que danza con muy grande júbilo. Pero alguien contemplaba aquella escena desde una ventana:

> *"Cuando el Arca de Jehová llegó a la ciudad de David, aconteció que Mical, hija de Saúl, miró desde una ventana, y vio al rey David que saltaba y danzaba delante de Jehová; y le menospreció en su corazón... Volvió luego David para bendecir su casa; y saliendo Mical a recibir a David, dijo: '¡Cuán honrado ha quedado hoy el rey de Israel, descubriéndose hoy delante de las criadas de sus siervos, como se descubre sin decoro un cualquiera!'. Entonces David respondió a Mical: 'Fue delante de Jehová, quien me eligió en preferencia a tu padre y a toda tu casa, para constituirme por príncipe sobre el pueblo de Jehová, sobre Israel. Por tanto, danzaré delante de Jehová. Y aun me haré más vil que esta vez, y seré bajo a tus ojos; pero seré honrado delante de las criadas de quienes has hablado'. Y Mical, hija de Saúl, nunca tuvo hijos hasta el día de su muerte."*
> (2 Samuel 6:16 y 20-23)

Abigail representa una segunda etapa en la vida del rey. Regresemos en el tiempo, porque aunque Abigail fue posterior a Mical, ella aparece en la vid del rey durante la época en que éste huía de Saúl. Nabal esquilaba sus ovejas y David le pidió comida para él y para su gente, que era merecida porque ellos protegían las pertenencias de Nabal. Pero Nabal era un hombre insensato, duro y de malas obras, y respondió con desaire (1 Samuel 25:10). En marcado contraste se encontraba Abigail, la esposa de Nabal, una mujer de buen entendimiento y de hermosa apariencia (1 Samuel 25:14-17). Nabal y Abigail, una de esas parejas raras. Parejas disparejas. Pero la prudencia de Abigail salvó la vida de Nabal y de muchos hombres que ya estaban condenados a muerte (32-35), y salvó a David de la venganza. La sabiduría y razonamiento de Abigail se pueden ver en acción en el encuentro que ella tuvo con David cuando éste estaba resuelto a vengarse:

> *"'Ahora pues, señor mío, vive Jehová, y vive tu alma, que Jehová te ha impedido el venir a derramar sangre y **vengarte por tu***

*propia mano. Sean, pues, como Nabal tus enemigos, y todos los que procuran mal contra mi señor. Y ahora este presente que tu sierva ha traído a mi señor, sea dado a los hombres que siguen a mi señor. Y yo te ruego que perdones a tu sierva esta ofensa; pues Jehová de cierto **hará casa estable a mi señor**, por cuanto mi señor pelea las batallas de Jehová, y mal no se ha hallado en ti en tus días. Aunque alguien se haya levantado para perseguirte y atentar contra tu vida, con todo, la vida de mi señor será ligada en el haz de los que viven delante de Jehová, tu Dios, y él arrojará la vida de tus enemigos como de en medio de la palma de una honda. Y acontecerá que cuando Jehová haga con mi señor conforme a todo el bien que ha hablado de ti, y te establezca por príncipe sobre Israel, entonces, señor mío, **no tendrás motivo de pena ni remordimientos por haber derramado sangre sin causa, o por haberte vengado por ti mismo**. Guárdese, pues, mi señor, y cuando Jehová haga bien a mi señor, acuérdate de tu sierva.' Y dijo David a Abigail: 'Bendito sea Jehová, Dios de Israel, que te envió para que hoy me encontrases. Y bendito sea tu razonamiento, y bendita tú, que me has estorbado hoy de ir a derramar sangre, y a vengarme por mi propia mano'."* (1 Samuel 25:26-33; énfasis mío en negritas.)

Algunos días después, Dios hiere de muerte a Nabal y David manda llamar a Abigail (v. 38-42). Creo que el rey quedó impactado por la profundidad y sabiduría de aquel breve y profundo discurso. David sabía que Abigail sería una esposa excelente. Pero a pesar de la sabiduría de Abigail, ella representa una de las etapas más sombrías en la vida del rey, que le llevó finalmente a la cueva de Adulam. Pero la historia nos dice que las malas decisiones motivadas por los propios impulsos del joven rey, le llevaron a tomar a otras mujeres además de Abigail (v. 43-44). Abigail fue una mujer de buen entendimiento que lo libró de tomar venganza por propia mano y le sirvió de corazón. Su legado fueron **la sabiduría y la prudencia**.

Betsabé llegó a la vida del rey establecido y fortalecido en el palacio. Un hombre poderoso y maduro. Con todo y esto, en ese momento también David se dejó llevar por sus impulsos y terminó tomando a Betsabé como su esposa. La aportación trascendente que dejó Betsabé a David, que afectó de manera profunda la vida del rey pero que también afectaría a toda su familia, fue **la pasión concupiscente**.

Tres mujeres. Tres legados trascendentes a la vida del rey que le serían de influencia positiva o negativa en su función de padre: el **menosprecio** de Mical, la **sabiduría** de Abigail y la **pasión sexual** de Betsabé. Tres influencias que generarían dos fenómenos con los que el rey batallaría el resto de su vida, que fueron la **culpa** y el **rencor.** La serie de consecuencias que llegaron a la vida del rey e inundaron a la familia fueron terribles. Después de todo, la sentencia de Dios fue: *"Yo haré levantar el mal sobre ti, de tu misma casa"*.

Cuando vemos el desempeño del rey como padre, estos tres legados permean los diferentes episodios en su función paterna. Pensemos en Amnón, su primogénito (2 Samuel 13:1-7). La misma pasión y el deseo concupiscente que un día atacó al rey, ahora llegaba al corazón de su primogénito. La astucia y manipulación con la que Mical manejaba sus asuntos, esta vez llegó al rey por medio de Jonadab, hijo de Simea, hermano de David (v. 3). Así que su mismo **sobrino** fue quien aconsejó a Amnón engañar a Tamar, y a poseerla. La sabiduría de Abigail se materializa en las palabras sabias de Tamar, quien pide a su hermano pensar en la *fama* que esto le traería a él, y le llama a actuar con sabiduría y no hacer vileza en Jerusalén (v. 12-13). No obstante, el mal se levantaba contra David de su misma casa. Por esto, Amnón, dominado por la pasión concupiscente decidió violar a su propia hermana. Y el rey… **guardó silencio**. Y lo vemos sufriendo por la víctima y por el victimario.

Cuando veo al rey sufriendo por los últimos acontecimientos que llegaban en avalancha, trato de imaginar lo que David sintió al saber que su hijo primogénito forzó a su propia hermana, que su hija Tamar sufría su deshonra en soledad y que todo esto fue orquestado precisamente por su sobrino Jonadab. Pero que además, esto solo marcaba el principio. David sabía que los embates del mal apenas comenzaban, y que Absalón no se quedaría cruzado de brazos ante aquel acto cobarde de Amnón, que el corazón lleno de **rencor** movería al joven Absalón a la venganza, y que solo era cuestión de tiempo para que el reloj marcara el día de la muerte de alguno de sus hijos. Y las palabras del Señor, dichas por su profeta, desgarraron las entrañas mismas de la familia real: *"Yo haré levantar el mal sobre ti, de tu misma casa"*. El rey sabía que todo esto era producto de la lujuria desatada aquel día con Betsabé, por eso sufría en silencio el golpe de la **culpa** (20-21).

Absalón, lleno de **rencor**, amasaba el deseo de venganza planeando el asesinato de su propio hermano. Y espera **dos años** para ajustar cuentas. Invita al rey y a sus hermanos a comer para emboscar al violador. El rey se excusa, pone de pretexto que son muchos y que no querían ser gravosos al joven Absalón. El hijo insiste. Pero creo que el rey no quería estar ahí. ¡Imagine qué situación más incómoda! A pesar de los dos años transcurridos, las heridas todavía sangraban. Imagine aquel cuadro: el rey, sentado a la mesa. A su derecha está Amnón, su primogénito, el violador. Y a su izquierda su hija Tamar, la violada. Al lado de Tamar está Absalón apoyando a su hermana y observando a la distancia a su hermano violador, cavilando en secreto: *"Eres hombre muerto"*. Y en aquella comida, el resto de sus hijos, expectantes, observando el escenario en silencio. Porque el abuso sexual siempre se vuelve un secreto a voces dentro del núcleo familiar, pero el dolor invisible late dentro del corazón roto de la familia. Todos están enterados de lo que ocurre, pero nadie dice nada.

El rey no acepta. Y ante tanta insistencia de Absalón permite que Amnón y el resto de sus hijos acudan a la invitación. El rey sabía que nuevamente se cernía sobre su cabeza aquella sentencia divina: *"Yo haré levantar el mal sobre ti, de tu misma casa"*. Absalón ordena el asesinato de Amnón (v. 30). Es increíble la manera en la que se repiten los pecados de los padres sobre los hijos hasta una tercera y cuarta generación. La pasión sexual y el asesinato. Pero al rey le llegó el rumor de que habían muerto todos sus hijos. Creo que aquel rumor fue un acto de misericordia de Dios, porque cuando el rey sufría con la idea de que habían muerto todos sus hijos, y se entera de que todos vivían excepto Amnón, fue más tolerable el dolor de la pérdida del primogénito. A pesar de lo grave del asunto, nuevamente veremos al rey **guardando silencio**. Pero… ¿Por quién llorar? ¿Por la víctima o por el asesino? ¡Ambos son hijos del Rey! El saldo de aquella comida fue: Amnón muerto y Absalón exiliado. Y nuevamente el rey sufre por la víctima y por el victimario. El cuadro familiar llevó al rey a llorar la ausencia de Absalón en silencio **todos los días** (v. 37-39). Ante la tristeza profunda del rey, Joab procura el regreso de Absalón. Y vuelve a llegar la sabiduría de Abigail, ahora representada en la mujer que logra hacer volver al joven Absalón. Lea la profundidad y sabiduría en las palabras de esta mujer:

> *"Entonces la mujer dijo: ¿Por qué, pues, has pensado tú cosa semejante contra el pueblo de Dios? Porque hablando el rey esta palabra, se hace culpable él mismo, por cuanto **el rey no hace***

*volver a su desterrado. Porque de cierto morimos, y somos como aguas derramadas por tierra, que no pueden volver a recogerse; ni Dios quita la vida, sino que **provee medios para no alejar de sí al desterrado**.*" (2 Samuel 14:13-14, énfasis mío en negritas.)

Y a pesar de que logra que el rey ordene el regreso de su hijo, David no permite que su hijo vea su rostro y le bloquea el paso al palacio (v. 24). **El rencor** se apodera una vez más del corazón del joven Absalón y la manipulación de Mical regresa a la vida del rey nuevamente cuando este joven roba el corazón de Israel (2 Samuel 15:6). **La culpa** bloquea al padre de familia y le lleva a huir de su propio hijo pretendiendo evadir la sentencia divina (v. 14). Pero Dios lo había sentenciado: *"Yo haré levantar el mal sobre ti, de tu misma casa"*.

Mientras tanto, en la ciudad de David, el consejo de Ahitofel seguía el proceso de la sentencia. Este hombre aconsejó al joven Absalón acostarse con las concubinas de su propio padre (1 Samuel 16:21-23). Pero había sido Dios quien dijera a David: *"Lo que hiciste en secreto, **yo lo expondré a los ojos de todo Israel**"*. Los días estaban contados para el joven Absalón y el rey lo sabía. Este joven actuaba contra el ungido de Jehová. Como es de esperarse, el capitán de la guardia y encargado de la seguridad del rey asesina al joven Absalón (18:10-33). Nuevamente el silencio y la tristeza invaden el corazón del monarca. Y llorando… subió la cuesta de los olivos (v. 30).

El dolor y la tristeza producto del pecado, tarde o temprano inundan la vida y la familia de quien le permite la entrada. El rey subió la cuesta de los olivos en busca de consuelo… Y su mano volvió a escribir:

"Ten piedad de mí, oh Dios, conforme a tu misericordia, conforme a la multitud de tus piedades borra mis rebeliones. Lávame más y más de mi maldad y límpiame de mi pecado. Porque yo reconozco mis rebeliones, y mi pecado está siempre delante de mí. Contra ti, contra ti solo he pecado, y he hecho lo malo delante de tus ojos. Para que seas reconocido justo en tu palabra, y tenido por puro en tu juicio. He aquí, en maldad he sido formado, y en pecado me concibió mi madre. He aquí, tú amas la verdad en lo íntimo, y en lo secreto me has hecho comprender sabiduría." (Salmos 51:1-6)

Amo al rey. Un hombre común. Un hombre con pasiones y deseos. Un hombre que peca… pero un hombre sensible a la voz de Dios. El Espíritu Santo inspiró a sus escritores, quienes resumen toda la vida y ministerio del rey en dos frases trascendentes que describen de manera sucinta la opinión del Cielo sobre este gran siervo de Dios (Hechos 13:22): *"He encontrado a* David –dice Dios- *un hombre conforme a mi corazón".* Y la opinión de los hombres fue (Hechos 13:36): *"David sirvió a su generación".*

Cerrar la historia del rey en sus dos etapas, David el rey y David el padre de familia, nos lleva a la reflexión sobre nuestro proceder ante las dos vertientes fundamentales a las que dedicamos nuestro tiempo, nuestra vida **pública** y nuestra vida **privada**. Entre más *diferencias* encontremos entre estas dos partes, mayor será el riesgo bajo el que nos encontramos. La **doble vida** o doble moral es un desgaste terrible para quién así vive. No se puede ocultar para siempre el pecado en el corazón, tarde o temprano la incongruencia saldrá a la luz:

> *Los pecados de algunos hombres se hacen patentes antes que ellos vengan a juicio, mas a otros se les descubren después.*
> (1 Timoteo 5:24).

Tarde o temprano lo que hacemos en lo oculto saldrá a la luz, el llamado entonces es a la **honestidad y transparencia**. Dentro de las reflexiones posteriores a la caída del rey, él expresó con vehemencia: *"He aquí, tú **amas la verdad** en lo íntimo, y en lo secreto me has hecho comprender sabiduría…"* (Salmo 51:6). La lección había sido aprendida, David ahora experimentaba las bondades de una vida congruente; **paz interior**, estabilidad y calma interna ante los conflictos externos que tenía que enfrentar tanto en el gobierno como en su casa. La congruencia hace del hombre un ser libre, un hombre de una sola pieza que produce **armonía exterior** en su entorno, estado óptimo que le permite la realización efectiva de sus funciones básicas en su hogar; el amor manifiesto a su esposa y el cuidado y formación de sus hijos.

Salomón
Un joven sabio y un viejo necio

Después de analizar la vida del rey David en sus dos grandes vertientes, David el rey y David el padre de familia, pudimos creo yo comprender mejor la razón de por qué Dios mismo lo describe como **un hombre conforme a su corazón**. Pudimos ver que lo que hizo tan emocionante la vida del rey David fue la coexistencia de una vida llena del poder del Espíritu en combinación con la debilidad humana. Finalmente, en sus escritos, el rey nos deja con un sabor a victoria y el secreto del éxito. Dios le reveló: *"Te haré entender, y te enseñaré el camino en que debes andar; porque sobre ti he fijado mis ojos. Pero tú, no seáis como el caballo, o como el mulo, sin entendimiento".* Por esto David pudo expresar con libertad: *"Tú eres mi refugio; me guardarás de la angustia; con cánticos de liberación me rodearás" (Salmo 32).* Definitivamente, conocer la historia del rey es comprender su lucha y sentir su corazón.

Ahora nuestros reflectores se dirigen al heredero al trono, el rey Salomón. **Un hombre sabio**. Salomón es el tercer rey de Israel y el último en gobernar un reino unido conformado por las doce tribus. Él reinó sobre estos doce gobernantes entre los años 965 y 928 a.C. Su gobierno se extendió por casi cuatro décadas en paz y prosperidad. La grandeza de Salomón está bien descrita en 1 Reyes 4:21-34. Salomón heredó un vasto imperio conquistado por David su padre, pero fue bajo su gobierno que se estableció el poderoso Israel embellecido por las construcciones que él edificó. Para darnos una idea de la majestuosidad del Templo, su construcción se prolongó por siete años (1 Reyes 6:38 y 7:1), y tardó casi el doble para construir su casa. ¡Fueron trece años construyendo su casa! Podrá imaginar la elegancia y buen gusto que dieron al lugar. Además de construir su casa de campo en el Líbano, hizo erigir el famosísimo pórtico de Salomón, con sus majestuosos pilares que embellecían la ciudad de David. Otro elemento que manifestaba la grandeza de Salomón era su harem, conformado por mil mujeres, setecientas esposas reinas, entre las que se encontraba la mismísima hija del faraón, y trescientas concubinas. Salomón logró darle la mayor gloria a Israel como nunca se había visto y difícilmente se verá. Salomón, el rey más sabio de la historia. Dios le prometió que no se levantaría otro rey ni filósofo más sabio que él. Se le atribuyen tres de los cinco Libros Poéticos de la Biblia: *Proverbios, Eclesiastés* y *Cantar de los Cantares*.

¡Cómo nos hace falta **la sabiduría** para la vida! Sabiduría para disciplinar y formar a nuestros hijos. Sabiduría para amar a los nuestros. Sabiduría para comprender la manera en la que ellos quieren ser amados. Sabiduría para resolver nuestros conflictos. Sabiduría para hacer productivo nuestro trabajo y cuidar nuestros recursos. Sabiduría para vivir. Por todo esto, Salomón, cuando fue un joven, pidió sabiduría para gobernar. Pero no se confunda la sabiduría con el conocimiento o la inteligencia. **El conocimiento** es la facultad del ser humano para comprender, por medio de la razón, la naturaleza de las cosas. Ante el conocimiento la inteligencia juega un papel fundamental, porque la inteligencia es la habilidad de formarse una idea de las cosas, y aprenderlas. Por su parte, **la sabiduría** es el conjunto de conocimientos profundos que se adquieren solo con la experiencia que ofrece el paso del tiempo. Pero además, la sabiduría es la facultad de la persona **para actuar** cada día con sensatez, prudencia y acierto. La sabiduría es el buen juicio.

¿En qué consistía la sabiduría de Salomón? Si retrocedemos a 1 Reyes 2:3, en el consejo e instrucciones de su padre está el secreto del rey, y el inicio de todo. Aquí veo a un hombre en su lecho de muerte, lleno de experiencia y sabiduría dando su mejor consejo a su hijo quien heredaría el trono. En resumen, el consejo de David a Salomón fue: **"Sigue las leyes y estatutos de Dios"**. Porque la sabiduría para la vida comienza en la ley de Dios. Salomón lo comprendió, y mientras siguió el consejo de su padre, vivió en paz. Al comienzo de sus escritos, en los *Proverbios* escribe: *"El principio de la sabiduría es el **temor a Dios**"*. Ese temor reverencial que nos lleva a escuchar, creer y vivir lo que Dios dice. Por esto, cuando Dios se le aparece en un sueño, y le ofrece un deseo, el rey pide sabiduría para gobernar (1 Reyes 3:3-10). Y después de construir el templo, Dios reitera este concepto y le promete dos cosas. Le dice: *"Guarda mis estatutos y decretos, y yo habitaré en esta casa y cumpliré contigo las promesas hechas a David"*. La pregunta que surge en nosotros al leer estas promesas es: ¿Queremos que Dios habite en nuestras casas, proteja y guíe a nuestros hijos, bendiga nuestro trabajo y cumpla las promesas hechas en Su Palabra? La verdadera cuestión que debemos plantearnos es: ¿Estoy verdaderamente comprometido con Sus leyes? ¿Vivo de acuerdo con Sus estatutos y Sus recomendaciones? ¿Vivo con sabiduría y aplico con honestidad Sus leyes? ¿Soy verdaderamente honesto en la observancia de los principios que persiguen las leyes divinas? ¿O simplemente buscamos apegarnos a la letra?

Este es precisamente el problema de nuestro México, vivir siempre oscilantes entre la **justicia** y la **legalidad**. Es claro que el objetivo de todo sistema jurídico en una República que nace de una democracia, es la impartición de la justicia. Pero, según dice mi amigo y abogado, el camino para hacer justicia debe pasar necesariamente por **el puente de la legalidad**. Y hablando de leyes humanas, quizá pueda cumplirse la ley sin llegar a la justicia. Pero ciertamente no puede haber justicia sin legalidad. Así, cuando hablamos de «legalidad» hacemos referencia a **la aplicación correcta de la ley**. El problema es que el ser humano, por naturaleza, siempre está buscando los escollos y resquicios en la ley para hacer su voluntad.

Los romanos sostenían: «*Dura lex, sed lex*», que significa: *Dura es la ley, pero es la ley*. La aplicación inevitable de la ley, incluso aunque resulte desfavorable, nos llevará a vivir bajo su cobijo y protección. El respeto a la ley beneficia la vida, familia y comunidad de quien la aplica. Precisamente, en obediencia a la ley, Salomón construye y dedica el templo. Y la oración de Salomón retumba fuerte (1 Reyes 8). Después de esta hermosa dedicación y clamor, Salomón trae el Arca del Pacto. Y nos dice la historia bíblica que dentro del Arca estaban **las tablas de la ley** (v. 9). La dedicación entraña la sabiduría de volver una y otra vez en busca del rostro de Dios el Señor. Podemos sostener entonces que una vida apegada a las leyes de Dios puede hacernos sabios, porque el *principio de la sabiduría es el temor reverente a Dios*.

Con semejante historia, nos imaginamos el gran éxito que se esperaba en la vida del rey Salomón. Pero cuando entramos a la **segunda mitad** de su gobierno, nos encontramos con un rey en descenso. Veremos a un hombre próspero, rico, famoso y viviendo en la abundancia de todo, sin embargo, también encontramos a un hombre **insatisfecho**. Un hombre deprimido y en la búsqueda de algo que pudiera llenar ese vacío. Un pensador en busca del significado y sentido de la vida. Un hombre experimentando. Cuando leemos el libro de *Eclesiastés*, que bien se puede considerar su diario, lo vemos experimentando con la riqueza y el poder, con la belleza de la arquitectura, con el trabajo, con la risa, con la comida, con las mujeres, y todo en **abundancia**. Sin embargo en su diario, y de manera continua expresa con un dejo de tristeza e insatisfacción: *"Y vi que **todo era vanidad y aflicción de espíritu"*** (Eclesiastés 1:14). Finalmente llegó a la gran conclusión de toda la experimentación a la que pudo llevarle el devenir de su vida, y también a su gran hallazgo, que plasmó en su diario: **"Teme a Dios y guarda sus mandamientos"** (Eclesiastés 12:13).

No podemos decir que Salomón no descubriera el "hilo negro" de la vida. La hebra que desenredaría la madeja es **la consciencia de la existencia de Dios** desde la juventud y la observancia a Sus indicaciones. Sin embargo, llegamos así al gran fracaso en la vida del rey:

> *"Pero el rey Salomón amó, además de la hija del faraón, a muchas mujeres extranjeras; a las de Moab, a las de Amón, a las de Edom, a las de Sidón, y a las heteas; gentes de las cuales Jehová había dicho a los hijos de Israel: 'No os llegaréis a ellas, ni ellas se llegarán a vosotros; porque ciertamente harán inclinar vuestros corazones tras sus dioses'. A éstas, pues, se juntó Salomón con amor. Y tuvo setecientas mujeres reinas y trescientas concubinas; y sus mujeres desviaron su corazón. **Y cuando Salomón era ya viejo, sus mujeres inclinaron su corazón tras dioses ajenos**, y su corazón no era perfecto con Jehová su Dios, como el corazón de su padre David."* (1 Reyes 11:1-4; énfasis mío en negritas.)

Tristemente, **Salomón fue un joven sabio y un viejo necio**. Paradójico. Salomón de joven pidió sabiduría para gobernar, y cuando fue un anciano, perdió la sabiduría para vivir. ¿En qué consistió el gran fracaso del rey? **En dejar las leyes de Dios**, lo que inevitablemente le llevó a vivir fuera de las mismas recomendaciones que él había recibido por revelación divina, y que había registrado en los libros de sabiduría que él había escrito. **Salomón se entregó a las mujeres**. Y se vuelve a repetir lo que hemos visto en esta serie de historias, que *los grandes hombres de Dios cayeron por las mujeres que amaron.* Tal fue el caso de Sansón, de David y de Salomón. Y este podría ser nuestro **ocaso**. Y no solo en relación con las mujeres, porque él mismo afirmó: *"Pobre del que ama el dinero, porque nunca tendrá suficiente"* (Eclesiastés 5:10). La constante búsqueda de satisfactores y el afán por poseer más mujeres, riqueza, poder, placer, control, etc., siempre al final conduce a la misma insatisfacción. Y lo peor es que ese "algo" a lo que dedicamos toda nuestra atención por ser el objeto de nuestra búsqueda, también terminará por alejarnos de Dios, como fue el caso de Salomón, cuyo abandono a las leyes de Dios le llevó a amar a las mujeres que no debía amar. Y las mujeres que amó le llevaron a **apartar su corazón de Dios**. Resulta increíble que al final nos encontramos con un rey viejo construyendo templos y lugares altos. Postrado. Adorando a los dioses falsos a quienes sus mujeres quemaban incienso desde Jerusalén, la ciudad de David. Sus mujeres le inclinaron a adorar a **Astoret** (diosa de los sidonios), a **Milcom** (dios de los amonitas), a **Quemos** (dios de Moab) y a **Moloc** (dios de los hijos de Amon). «*Dura lex, sed lex*». Y la terrible sentencia de la ley finalmente llegó al mismo gobierno de Salomón:

> *"Y se enojó Jehová contra Salomón, por cuanto su corazón se había apartado de Jehová Dios de Israel, que se le había aparecido dos veces, y le había mandado acerca de esto, que no siguiese a dioses ajenos; mas él no guardó lo que le mandó Jehová. Y dijo Jehová a Salomón: 'Por cuanto ha habido esto en ti, y no has guardado mi pacto y mis estatutos que yo te mandé, romperé de ti el reino, y lo entregaré a tu siervo. Sin embargo, no lo haré en tus días, por amor a David tu padre; lo romperé de la mano de tu hijo. Pero no romperé todo el reino, sino que daré una tribu a tu hijo, por amor a David mi siervo, y por amor a Jerusalén, la cual yo he elegido'."* (1 Reyes 11:9-12)

Salomón representa el final de una vida llena de excesos y placeres fuera de las recomendaciones de Dios. Pero también su vida es una advertencia para todos nosotros, se trata de **la imparcialidad de las sentencias de la Palabra de Dios**. Dios es imparcial sobre la aplicación de las debidas consecuencias a la ruptura de sus leyes. El mismo escritor, utilizado por Dios para revelar las leyes y recomendaciones bíblicas respecto a la vida, sufrió las mismas consecuencias por él descritas. «*Dura lex, sed lex*». La ley es **dura** en sus sentencias, pero también es **firme** en sus promesas.

Elías

El más famoso de los profetas

La era de **los reyes de Israel** encontró su máximo esplendor y mayor fracaso en Salomón. La grandeza de su reinado fue la sabiduría, riqueza y paz que Dios le concedió. Y paradójico, pero su mayor fracaso consistió en su **gran probabilidad de éxito**. Mucho talento desperdiciado por las mujeres que amó. Finalmente veíamos que Salomón terminó postrado ante los dioses falsos de los pueblos que le rodeaban. Por esto, Dios lanzó su sentencia sobre el gobierno de este rey: el reino sería dividido. Sin embargo, Dios no rompería el reinado en el tiempo de Salomón por amor a David su padre, la ruptura vendría en el gobierno de Roboam, su hijo.

El capítulo trece del primer *Libro de Los Reyes* registra la visita de un profeta. Y con este encuentro surge la última era que quiero exponer en este hermoso viaje que hemos hecho por las familias de los famosos, **la era de los profetas**. Después de la división del reino con Roboam y Jeroboam, sobre la vida de los reyes del norte (Israel) y del sur (Judá) leerá de manera reiterativa en cada una de estas historias: "Y se levantó en su lugar el rey *fulano de tal*". Y una de dos, o dice que anduvo en los caminos de **David su padre**, o que anduvo en los **pecados de Jeroboam**. Esto ocurre de igual manera durante el reinado de los 19 reyes que desfilaron en el reino del norte (Israel), que eran elegidos por méritos propios y que pertenecían a diferentes tribus hasta el final de su existencia en el cautiverio asirio en el 722 a.C., y de igual forma ocurriría con los 20 reyes del reino del sur (Judá), todos hijos de David que heredaban el reino, y que terminó su curso de acción como un gobierno establecido hasta el cautiverio babilónico en el 586 a.C.

En la era de los reyes veremos también de manera constante la aparición de los profetas. Hombres que eran enviados por Dios para hacer volver el corazón del pueblo y de su rey hacia Dios. Se levanta entonces toda una generación de **profetas escritores**. Tanto los profetas mayores como Isaías, Jeremías y

Ezequiel (Daniel no es considerado como profeta de oficio), y los profetas menores como Oseas, Joel, Amós, Jonás, etc.

Estos hombres tenían una manera muy peculiar de hablar al pueblo de Israel y Judá. Principalmente utilizaban metáforas. Por esto vemos al profeta Ahías romper su manto en doce partes y dar a elegir diez piezas a Jeroboam cuando le profetizó la entrega de las diez tribus de Israel. Isaías va a la casa del alfarero y Oseas se casa con una prostituta. Definitivamente un oficio difícil, el de los profetas, porque en su mensaje comprometían toda su vida y familia.

Para ofrecerle un panorama general de la era de los profetas, hoy quiero que veamos la historia de uno de los profetas menos reconocido de todos, un varón de Dios llamado simplemente: "**el profeta de Judá**". Y que contrastemos su vida y ministerio con la del profeta más famoso y reconocido de la historia de los reyes de Israel y de Judá, **Elías**. Pero en esta ocasión quisiera solicitar a mis lectores que tomen sus ropas de pelo de camello y se ciñan con un cinto de cuero. Que muden su residencia al desierto y que comiencen su dieta de chapulines y miel silvestre como todo un *monje beduino*, e imagine que usted es llamado por Dios para profetizar al pueblo de Israel. Logre la suficiente empatía con los profetas o júntese con uno y comenzará a actuar extraño, será segregado y lo verán raro. Terminará rechazado por su perfil excéntrico y poco común como ocurrió a aquellos grandes hombres de Dios.

Retrocedamos algunos años en la historia y comencemos con el profeta desconocido, el profeta de Judá. Algunas páginas atrás, al final del capítulo once (v. 28), antes de que el reino fuera dividido, aparece un joven esforzado y valiente de la tribu de Efraín llamado **Jeroboam**. Y al ser un hombre activo, Salomón le encomienda toda la casa de José. Cierto día, al salir Jeroboam de Jerusalén, recibiría una noticia que cambiaría su vida. El profeta Ahías le sale al encuentro con una capa nueva (1 Reyes 11:31-34). Y al puro estilo de los profetas de la época, rompe su capa en doce partes y le da a elegir diez pedazos diciendo: *"Dios ha puesto en tu mano elegir diez pedazos de mi manto que representan diez tribus que Él ha decidido poner en tus manos"*. Pero lo que llama más mi atención de esta escena, es el consejo del profeta en los versículos (v. 37-39):

> *"Yo, pues, te tomaré a ti, y tú reinarás en todas las cosas que deseare tu alma, y serás rey sobre Israel. Y si prestares oído a*

todas las cosas que te mandare, y anduvieres en mis caminos,
e hicieres lo recto delante de mis ojos, guardando mis estatutos
y mis mandamientos, como hizo David mi siervo, yo estaré
contigo y te edificaré casa firme, como la edifiqué a David, y yo
te entregaré a Israel."

Salomón se entera de esto y trata de asesinar a Jeroboam, quien logra huir de la mano del rey. Después de la muerte de Salomón, ocurre la ruptura. Jeroboam regresa de su exilio y es nombrado rey de Israel. Y a pesar de las recomendaciones de Dios expuestas por Ahías de seguir a Dios y a Sus leyes, Jeroboam, por temor a que el pueblo de Israel regresara a su rey legítimo Roboam, construye **dos becerros de oro**, haciendo pecar a todo el pueblo de Israel. Es así como llegamos al capítulo trece del primer *Libro de los Reyes*, en donde hace su primera aparición **el profeta desconocido**, varón de Dios que amonesta a Jeroboam y a la casa de Israel por el altar que él había levantado en Bet-el. Y profetiza contra este altar:

"He aquí que un varón de Dios por palabra de Jehová vino de
Judá a Bet-el; y estando Jeroboam junto al altar para quemar
incienso, aquel clamó contra el altar por palabra de Jehová y
dijo: 'Altar, altar, así ha dicho Jehová: He aquí que a la casa de
*David nacerá un hijo llamado **Josías**, el cual sacrificará sobre ti*
a los sacerdotes de los lugares altos que queman sobre ti incienso,
y sobre ti quemarán huesos de hombres.' Y aquel mismo día dio
una señal, diciendo: 'Esta es la señal de que Jehová ha hablado:
he aquí que el altar se quebrará, y la ceniza que sobre él está se
derramará'." (1 Reyes 13:1-3; énfasis mío en negritas.)

Molesto Jeroboam por la palabra del varón de Dios, extiende su mano y da la orden de que el profeta sea capturado. Al instante, ¡se le secó el brazo! Definitivamente la vida de los profetas siempre estaba rodeada de un aura de milagros y efectos sobrenaturales, además de que ellos estaban obligados a dar señales sobrenaturales para generar la confianza del pueblo en la palabra que emitían. Jeroboam pide al varón de Dios que ore por él, y al instante recuperó la movilidad.

Como podrá ver en esta parte de la historia, los profetas siempre arriesgaban la vida en cada profecía que pronunciaban. Ya sea que al rey en turno no le agradara la palabra (que era casi siempre) o si fallaba la palabra que emitían, simplemente morían (Deuteronomio 18:15-22). En este caso, Jeroboam, después de ver el milagro, quiso agradar al profeta ofreciéndole ir a su casa para que descansara y comiera. El hombre de Dios le dijo: *"Ni aunque me dieras la mitad de tu casa no regresaría contigo, porque he recibido indicaciones puntuales de parte de Dios de no comer ni beber agua en este lugar ni regresar por el mismo camino"* (1 Reyes 13:8-10). Pero había un profeta viejo y retirado en Bet-el, que al enterarse por su hijo, quien presenció aquel milagro y la profecía, busca al varón de Dios. Lo encuentra en el camino y le invita a ir a su casa que estaba en Bet-el. El varón de Dios le respondió lo mismo. No iré. Pero este hombre, con engaños le dijo que también Dios le había hablado, y que le dijo que saliera a encontrarlo para que regresara con él a comer a su casa. **Y sin consultar a Dios**, el profeta de Judá accedió a regresar. Y después de comer y beber con aquel hombre, vino palabra de Dios al profeta viejo, quien le dijo: *"Por haber sido rebelde a las indicaciones de Dios y por regresar por el mismo camino que yo te mandé que no regresaras, morirás, y no serás sepultado con tus padres"* (v. 20-22). Y al salir de aquella casa, por el camino, le sale a su encuentro un león joven que le arrancó la vida. Curiosamente, no se comió ni al varón de Dios, ni atacó al asno. El profeta viejo se entera de esto, y va a recoger el cuerpo. Lo sepulta en Bet-el y pide a sus hijos que cuando él muera, lo sepulten junto a este profeta porque, dijo: *"Ciertamente ocurrirá todo lo que este hombre de Dios ha dicho"*. Y tal como alrededor del mundo se levantan monumentos al soldado desconocido, también fue levantado un monumento *in memoriam* "al profeta desconocido". A pesar de todo, Jeroboam no se arrepintió (v. 33). Nos sorprende ver el final de la corta vida y muy breve ministerio de aquel profeta, y podría parecernos injusto su final. La razón principal por la que Dios no quería que aquel hombre **regresara** por el mismo camino, es porque esto sería una manera de protestar contra Israel, que en efecto regresaba a su antigua vida, y Dios había ordenado a Israel y a Judá no **regresar** a Egipto y a todas las prácticas antiguas como fue adorar al becerro de oro. No olvidemos que todo lo que acontecía en la vida del profeta era una metáfora que representaba en vida la Palabra de Dios.

Todo lo dicho por el profeta desconocido ocurrió casi al final del reinado de Judá, cuando se levanta Josías a reinar. Josías fue un rey que supo seguir los caminos de David su padre y anduvo rectamente en los caminos de Dios. Comienza a reinar a los ocho años de edad. No olvidemos que los reyes de Judá heredaban el reino, no como los reyes de Israel, que eran elegidos por sus virtudes. **Josías fue un reformador**. Estaba escrito en las leyes para los reyes de Israel, que el rey debía conservar una copia del libro de la ley para no desviarse de las indicaciones divinas y ejercer el buen gobierno (Deuteronomio 17:18). Pero tanto Israel como Judá habían olvidado la ley y descuidado el templo. Durante su reinado, el joven Josías, de tan solo dieciocho años de edad, manda restaurar el templo que para entonces se encontraba en un descuido total. Pero sus siervos encontraron en el templo el libro de la ley. La lectura de este libro produjo una reacción importante en Josías. Después de escuchar la serie de sentencias que vendrían sobre Israel y Judá por sus idolatrías, el rey rasga sus vestidos y convoca al pueblo. Da lectura pública del libro de la ley y hace un pacto de obediencia junto con el pueblo de Judá. Después, inicia una serie de reformas; purifica el templo, saca de él a los sacerdotes de Baal y los utensilios que estos hombres utilizaban, saca de la casa de Jehová la imagen de Asera y la quema. Saca los huesos de los sacerdotes que quemaban incienso en lugares altos y los quema sobre el altar de Bet-el, cumpliendo lo dicho por el profeta desconocido y limpiando a Judá y a Jerusalén. En aquel proceso de purificación se encuentra con el monumento al profeta desconocido:

> *"Y se volvió Josías, y viendo los sepulcros que estaban allí en el monte, envió y sacó los huesos de los sepulcros, y los quemó sobre el altar para contaminarlo, conforme a la palabra de Jehová que había profetizado el varón de Dios, el cual había anunciado esto. Después dijo: '¿Qué monumento es este que veo?' Y los de la ciudad le respondieron: 'Este es el sepulcro del varón de Dios que vino de Judá, y profetizó estas cosas que tú has hecho sobre el altar de Bet-el'."* (2 Reyes 23:16-17)

Creo que el impacto que este segundo hallazgo causó en el rey fue determinante para que Josías continuara con valor la serie de reformas que había comenzado, y que terminara celebrando la Pascua junto con el pueblo que gobernaba. Lo que nos deja la vida y mensaje de este profeta es que su vida y profecía seguían influyendo positivamente aun después de su muerte, ahora, con aquel testimonio de piedra.

Luego nos encontramos con Elías, el más famoso de los profetas. Como lo dije al comienzo de este viaje literario, hay solo dos épocas en el Antiguo Testamento bajo las cuales el poder de Dios se manifestó de manera evidente, clara y milagrosa: durante el liderazgo de **Moisés** en el *Éxodo*, y en el tiempo de la vida y ministerio de **Elías**. La historia de Elías se desarrolla durante el gobierno de Acab, según el escritor bíblico, el peor de los reyes de Israel hasta entonces. Israel experimentó una idolatría extrema en aquel tiempo porque el rey Acab siguió los pecados de Jeroboam, hijo de Nabat de la tribu de Efraín, con sus dos becerros de oro. Pero además este rey añadió a su gobierno la lista de pecados citada en el capítulo dieciséis del primer *Libro de los Reyes* de Israel. Primero nos dice que Acab hizo lo malo ante los ojos de Dios, más que todos los que reinaron antes de él. Porque le fue ligera cosa andar en los pecados de Jeroboam, tomó por mujer a Jezabel, hija de Et-baal, rey de los sidonios, sirvió a Baal y lo adoró, hizo un altar a Baal, en el templo de Baal que él edificó en Samaria. Hizo también una imagen de Asera (v.30-33). Con todo esto, podemos imaginar a un pueblo sumergido en la idolatría auspiciada por el gobierno. Pues en aquella época, Elías se levanta realizando su primer milagro, detener la lluvia durante más de tres años. Debo decir que Dios, durante la época de los profetas, logró toda una generación de hombres que cubrían tres objetivos, que fueron: hablar a su pueblo Israel, trabajar en la vida del profeta y registrar un testimonio para impacto a las naciones. Este fue el caso de Elías.

En la vida del profeta quiero hacer notar dos factores muy humanos, por los cuales todos nosotros somos atacados de manera constante, que son el **estrés** y la **depresión**. Elías estuvo acompañado durante todo su ministerio por estos dos flagelos. Desde el inicio de su ministerio, después de enfrentar al rey y profetizar la sequía, Dios le ordenó que se fuera a esconder al arroyo de Querit, donde sería alimentado por cuervos, y él bebía del arroyo. Pero el relato hace énfasis en que *el arroyo comenzó a secarse*. Elías dependía textualmente de Dios para la comida del día y por supuesto que no podía ignorar que el arroyo comenzaba a secarse. Pero esto era apenas el comienzo del estrés en su vida. Elías vivió huyendo por tres años del rey Acab, quien había dado la orden de asesinar al profeta. Pero le esperaba el momento cumbre del estrés en su ministerio, en el monte Carmelo. Por otro lado, el proceso depresivo inicia desde el momento en que Dios envía al profeta a ser sostenido por una mujer viuda. En este punto cabe mencionar que se habla poco de la familia de los profetas o no se habla nada, excepto en el caso de Oseas que veremos en nuestro próximo capítulo, y cuya profecía tenía mucho que ver con su propia familia. En el caso de Elías, no sabemos nada de su familia y como es natural, después del largo tiempo de convivencia en casa de la viuda y su hijo, seguramente el profeta veía a estos personajes como a su propia familia.

En su encuentro, Elías y la viuda comienzan un proceso de vinculación. Un compañerismo que llegaría a su punto crítico cuando muere el hijo de la viuda (1 Reyes 17:20). Este es un punto de quiebre importante en su proceso depresivo. Creo que ese día se conjuntaron muchas emociones en el corazón del profeta, quien hace una oración que descubre mucho de fondo:

> *"Él le dijo: 'Dame acá a tu hijo'. Entonces él lo tomó de su regazo, y lo llevó al aposento donde él estaba, y lo puso sobre su cama. Y clamando a Jehová, dijo: 'Jehová, Dios mío, ¿aun a la viuda en cuya casa estoy hospedado has afligido, haciéndole morir su hijo?'."* (1 Reyes 17:19-20; énfasis mío en negritas.)

La mezcla de angustia, temor, tristeza y enojo se puede notar en aquel clamor desgarrador. La oración sonaba casi como un reclamo: *"¿No solo a mí… También a la viuda has afligido haciéndole morir a su hijo?"*. Y la osada petición que le hace a Dios es: *"Has volver el alma de este niño"*. Y se tendió sobre él. Y Dios escuchó la oración del profeta y el alma del niño volvió a él… Perdemos la capacidad de asombro. Estamos acostumbrados a leer los relatos sin darle importancia a lo que acontece. Este es el primer milagro de una resurrección documentado en los relatos bíblicos. La pregunta obligada en esta parte de la historia es: ¿Para qué hacer morir y resucitar al hijo de la viuda? Las tres opciones posibles son: primero, para beneficio de la viuda, finalmente ella recibió de regreso a su hijo. Pero entonces la siguiente pregunta sería: ¿Y para qué hacerle morir entonces a su hijo? Esto nos lleva a la segunda opción: que este evento fuera en beneficio del muchacho; después de todo, él recibió la vida de regreso. Pero la segunda pregunta nos lleva al mismo callejón: ¿Para qué hacerle ir y regresar? Y todavía, si se leyera después que el hijo de la viuda se llamaba "Eliseo", y se convirtió en el sucesor de Elías, tendría sentido. Pero no fue así. Entonces nos queda la tercera opción, y es que aquel evento fue para fortalecer al mismo Elías. Y esto sí tiene mucho sentido. Después de que la viuda recibe de regreso a su hijo le dice al profeta: *"Ahora conozco que tú eres un hombre de Dios y que la palabra del Señor está en tu boca"*. Y después de aquel milagro, Elías fue enviado por Dios al encuentro con el rey Acab y los ochocientos cincuenta falsos profetas de Baal y de Asera. El Monte Carmelo. El punto culminante del ministerio del profeta más famoso de Israel.

El escenario es altamente estresante. Cuatrocientos cincuenta profetas de Baal y cuatrocientos profetas de Asera en torno a un sacrificio. El ejército protegiendo al rey Acab, quien miraba a sus profetas danzar y clamar a Baal. El pueblo de Israel abarrotaba la cumbre del Carmelo. Y en el otro extremo está Elías, solo. Pero veremos a un sujeto confiado en Dios. Determinado a demostrar que Dios está de su lado. Con sarcasmo se burla, levanta la voz y dice a los falsos profetas que griten, que parece que su dios no los escucha. Y después de un largo y vergonzoso medio día, no hubo quien respondiera a la voz de estos hombres. Fue entonces que el profeta levanta el altar de Jehová, que estaba arruinado. Toma **doce piedras** en representación de las doce tribus de Israel, no olvidemos que estamos en el reino del norte con solo diez tribus que seguramente añoraban a Judá y a Benjamín. Pone la leña y corta en pedazos al animal, poniéndolo sobre la leña. Finalmente hace que pongan agua sobre el sacrificio. Repite tres veces la indicación de que le pongan agua, hasta que el agua corría alrededor de aquel holocausto en la zanja que él había escarbado. Y dice al pueblo que se ponga a salvo porque están a punto de presenciar el milagro. Clama a Dios. Una simple oración: *"Jehová, Dios de Abraham, de Isaac y de Israel. Respóndeme para que conozca este pueblo que tú eres Dios, y que tú vuelves a ti el corazón de ellos"*. De inmediato descendió fuego del cielo y consumió el agua, la leña, el holocausto y hasta las piedras. Y el pueblo se postró reconociendo que Dios es el Señor.

Elías entonces dio la indicación de que detuvieran a aquellos falsos profetas y los degolló él mismo en el arroyo de Cisón. ¡Qué escena tan intensa! Todavía cierra con broche de oro este capítulo diciendo al rey Acab que suba a su carruaje, y acelere porque Dios hará llover antes de que el rey llegue a Jezreel, una distancia de unos 25 kilómetros. Y Elías corrió delante del carro del rey hasta llegar a Jezreel. Todavía el profeta cierra la serie de milagros de este capítulo corriendo 25 kilómetros delante del carruaje de Acab.

Todos hemos leído esta historia. Y cuando llegamos al capítulo diecinueve, algo cambia. Elías está huyendo nuevamente. Ahora huye de la amenaza de Jezabel. Y no podemos dar crédito a la reacción del profeta. ¿Qué sucedió con Elías? Puede sonar gracioso, pero yo siempre lo he dicho: una cosa es hacer descender fuego del cielo y otra, ¡enfrentar a una mujer! Lo cierto es que el profeta estaba deprimido. Agotado. Atacado por el síndrome de *desgaste profesional*, mejor conocido como «*burnout*», o síndrome del *quemado*. Es un padecimiento que en términos generales consiste en la presencia de una respuesta prolongada de estrés en el organismo ante los factores estresantes, emocionales e interpersonales. Normalmente se presenta en el trabajo. Incluye fatiga crónica, ineficacia, bloqueo mental manifiesto en falta de concentración, una visión de túnel ante las opciones a la resolución de problemas, y un evidente cambio de actitud. Pero esto solo marcaría un avance en el proceso depresivo que había comenzado algunos años atrás. Observe los escalones del descenso emocional:

> *"**Viendo, pues, el peligro**, se levantó y **se fue para salvar su vida**, y vino a Beerseba, que está en Judá, y **dejó allí a su criado**. Y él se fue por el desierto un día de camino, y vino y se sentó debajo de un enebro; y **deseando morirse**, dijo: 'Basta ya, oh Jehová, quítame la vida, pues **no soy yo mejor** que mis padres.' Y echándose debajo del enebro, se quedó dormido; y he aquí luego un ángel le tocó, y le dijo: 'Levántate y come'."* (1 Reyes 19:3-5; énfasis mío en negritas.)

Aquí puedo ver el típico proceso depresivo que todos los días atiendo en consulta, manifiesto en cuatro pasos que llevan a la persona en descenso. Primero, **ver el peligro**. El profeta ahora se concentraba en el peligro que representaba la amenaza a su vida. Creo que el Carmelo representaba un peligro real. O la sentencia de muerte dictada por el rey a la persona de Elías. La única diferencia es que esta vez, el profeta ve el peligro, no la salvación de Dios. Segundo, **huir para salvar su vida**. Esto no es otra cosa que la desconfianza en Dios. Es pensar que nosotros somos los responsables de cuidar de nosotros mismos, cuando esto no es posible. No podemos cuidar de nosotros. Tercero, **quedarse solo**. Buscar la soledad es una conducta *lastimera* del ser humano al desear "lamer sus llagas". En este punto, buscar la soledad es alimentar la depresión. La persona *decide* sufrir, sentir lástima de sí misma hasta experimentar un profundo estado de auto-conmiseración. Y cuarto, **compararse con los demás**. El profeta dijo: *"¡Basta ya! Quítame la vida pues no soy yo mejor que mis padres"*. Siempre que una persona se compara con los demás en carácter, nivel económico, aspecto físico, desempeño profesional, etc., está condenada a perder. Y tiene lógica, porque en este paso el sujeto compara sus peores rasgos con los mejores rasgos de los demás. Lo peor del caso es que poco a poco el último escalón se acerca, la persona se encuentra a punto de tocar fondo. Y este es justo el momento en el que las ideas de muerte inundan la mente. La visión de túnel sólo encuentra una salida, el suicidio.

Como psicólogo clínico me encanta este relato, porque veo claramente el tratamiento de Dios ante un estado depresivo. El remedio de Dios expresado en los cuidados físicos y espirituales de su profeta. Y lo primero que salta a la vista es **el silencio de Dios** ante las quejas del profeta. Elías debajo de un enebro deseando morirse, experimentando un profundo dolor emocional y quejándose a todo pulmón. Libre. Sin juicios ni sermones de parte de Dios. Esto produce la «catarsis» necesaria para la liberación de sus emociones. La segunda intervención de Dios se concentra en las **necesidades físicas** de Elías. El padre amoroso procura y protege el sueño del profeta y le provee sus alimentos y bebida. Literalmente, "comida de ángeles". Y Elías vuelve a dormir. La segunda vez que el ángel lo despierta para que coma y beba, le dice algo que solemos olvidar cuando caemos en el desánimo: *"Levántate y come, porque **largo camino te resta"**.* La vida no es una prueba de velocidad. Hay quienes viven como si estuvieran corriendo la carrera de los 400 metros, cuando la vida más bien es un maratón, una prueba de la capacidad del ser humano para competir consigo mismo. En un maratón, al igual que en la vida, la persona administra sus recursos; administra la respiración, vigila y administra su presión sanguínea, por eso los maratonistas deben llevar un reloj de pulsera que les marca el límite en la presión arterial que ellos no deben rebasar y cuando esto ocurre el corredor baja el ritmo de su paso. Administran su hidratación, no se toman toda la botella de agua a pesar de que así lo desean; más bien dan pequeños tragos para mantenerse hidratados. Administran sus tiempos, el único reto a vencer son sus propios tiempos. En este punto, el maratonista evita comparar los tiempos de los demás y la distancia entre él y los otros corredores. En fin… ¡Vivamos la vida paso a paso! **Porque largo camino nos resta.**

Creo que a Elías le hizo falta jugar más con el hijo de la viuda. Escalar con él una montaña, verlo crecer, abrazarlo, alimentarlo y disciplinarlo. Ir a las juntas de los padres de familia y atender sus reportes escolares. Frustrarse con su desobediencia y gozarse con sus sonrisas. No juzgo al hombre de Dios, veo su necesidad y agradezco a Dios por darme cinco hijos y una hermosa y comprensiva esposa. Comprendo el ministerio tan pesado que Dios puso sobre sus hombros y compadezco al varón de Dios. Y su historia me motiva a apreciar lo que Dios me ha dado para que yo pueda correr el maratón de la vida.

Finalmente Dios, el Padre cuidadoso de su profeta, lo impulsa hasta Horeb, el monte de Dios. Y ahí le ofrece el tercer paso en el tratamiento de su depresión,

llenarlo de su presencia. Cuando el profeta llega al monte Horeb se mete a una cueva. Típica reacción humana cuando nos encontramos en una situación difícil. Tal cual una avestruz, nos encerramos en nuestra "cueva" para ignorar lo que realmente ocurre fuera de nosotros. Pero Dios hace la pregunta que nos confronta: *"¿Qué haces ahí?"* El profeta dice que al ver tanta desviación e idolatría en Israel, experimentó un vivo celo por Dios. En ese momento Dios, por medio de Su Palabra que es la Verdad, transformó la visión lastimera del profeta. Lo más hermoso de aquella escena es la manifestación de Su presencia. Dios el Padre, teniendo un momento de encuentro personal con su profeta. Pero además le dio las últimas indicaciones que debía seguir, entre las cuales le anuncia que la primera etapa de su ministerio, había terminado:

> *Y le dijo Jehová: Ve, vuélvete por tu camino, por el desierto de Damasco; y llegarás, y ungirás a Hazael por rey de Siria. A Jehú hijo de Nimsi ungirás por rey sobre Israel; y a Eliseo hijo de Safat, de Abel-mehola, ungirás **para que sea profeta en tu lugar**.* (1 Reyes 19:15-16; énfasis mío en negritas).

Poniendo ambos hombres en comparativo, de un lado solo veremos un monumento *in memoriam* "al profeta desconocido", y del otro lado, de pie, está Elías, el **más famoso** líder y representante de los profetas. Dos hombres en polos opuestos. Y a pesar de que ambos eran profetas, cada uno tenía una misión diferente. Uno profetizaba sobre el futuro, el otro obraba milagros portentosos; el ministerio del primero fue muy breve, el del segundo muy extenso. Al primero le tocó morir en el anonimato y el segundo fue arrebatado en un carro de fuego para no ver muerte. Diferencias abismales entre estos dos grandes hombres de Dios. Pero fue Dios quien llamó a cada uno y le puso en el lugar que Él quiso, además de capacitar a cada uno de ellos para que realizara con éxito la misión de su vida.

Dios ha diseñado una misión para cada uno de nosotros y ha determinado nuestro lugar, es nuestra labor descubrirla y aprender a amarla, pero además, debemos aceptar el lugar que Él nos ha asignado y asumir nuestro papel con determinación. Es mi oración que Dios nos dé la sabiduría y la humildad necesaria para lograr encontrar y realizar nuestra misión con entusiasmo.

Oseas
La esposa infiel

Desde el comienzo de su libro, en su primer capítulo, Oseas nos ubica históricamente en su contexto social y político. Nos dice que profetizaba durante el reinado de Uzías, Jotam, Acaz y Ezequías, reyes de Judá, lo que nos lleva a comprender que fue contemporáneo de los profetas Isaías y Amós. Oseas profetizaba en contra de las idolatrías heredadas desde el reinado de Jeroboam, hijo de Joás, rey de Israel, que como recordará, hizo pecar a todo el reino del norte con sus becerros de oro. Y gran parte de su profecía, que también es el tema central de su libro, se dirige en contra de las continuas «fornicaciones» de Israel. Pero mientras Oseas era un predicador que luchaba por hacer oír la Palabra de Dios, por desgracia al pueblo de entonces no le importaba mucho escuchar lo que Dios quería decirle.

Pero también su primer capítulo nos ubica sobre lo que ocurría en su vida personal. Al parecer, Oseas era un joven profeta soltero. Pero un buen día Dios le dice que ha elegido a una mujer muy hermosa para que fuera su esposa. Seguramente el corazón del joven profeta saltó de alegría cuando Dios le dijo que se trataba de **Gomer**, la hija de Diblaim, la chica más hermosa del pueblo. Trato de imaginar el entusiasmo que esta noticia traía a la vida de este joven predicador. Creo que mientras Dios hablaba, Oseas pensaba: "Hasta que el 'Jefe' se acordó de mí. ¡No más soledad!". Quizá hasta le vinieron a la mente imágenes de una pareja mirándose a los ojos, corriendo tomados de la mano a la orilla del *Mar Muerto*. Una familia feliz. ¡Un hogar! Después de todo, parecía que los profetas estaban condenados a quedarse solos. Pero aquella música que casi escuchaba de fondo, de pronto fue interrumpida con la segunda parte de la revelación de Dios: *"Y cuando estés más enamorado, **tu mujer te va a engañar**. Y debes saber que todo el pueblo se va a enterar. Y te digo que lo sabrán porque tu mujer se entregará a la fornicación. No solo te será infiel, terminará convertida en una prostituta"*. ¡Qué revelación tan fuerte! Y en este caso particular, qué problema para el profeta conocer el futuro. Los profetas sabían lo que habría de ocurrir, ¡y lo que vendría después! Pero Dios añade aún más datos a la amarga revelación: *"Y debes saber que una vez enterado de esto tú,* **tendrás el fuerte impulso de perdonarla**. *Y no lo harás porque yo te lo digo, o por los tres hijos que para entonces tendrás con ella. La perdonarás por amor"*.

No cabe duda de que Oseas debió sentirse profundamente conmovido por las revelaciones e indicaciones de Dios. Pero a su vez, todo esto carecía de sentido para él. Y ciertamente muchas veces Dios hace cosas extrañas, y puede pedir cosas que de primera mano nos parece que van incluso en contra de lo que conocemos de él. Pero definitivamente Dios sabe lo que está haciendo. Y a nosotros nos toca confiar en Él, y obedecer todas sus indicaciones.

Finalmente, Dios le revela que tendrá dos niños y una niña. Y le dice que cuando nazcan, en su momento, Él mismo regresará con sus revelaciones para darle nombre a cada uno de sus hijos. Hasta aquí llegaron las revelaciones de Dios. Ya lo hemos visto antes, Dios revelando solo parte de sus planes. Y creo firmemente lo que afirman Henry Blackaby y Claude V. Kyng, en su libro: "Mi experiencia con Dios", que Dios solo revela lo que en ese momento necesitamos saber. No revela todo su plan, quizá porque no le creeríamos o porque nos confundiría más.

Al escribir esta parte de la historia, casi pude ver a Oseas rascándose la cabeza, caminando de un lado al otro en la terraza de su casa. Creo que hasta el hambre se le quitó. Y seguramente por la noche daba vueltas tratando de conciliar el sueño sin lograrlo. ¡Hasta pudo sufrir de pesadillas por algunos días! En fin, como antes dije, a nosotros nos resta creer, obedecer y confiar. Y a pesar de que Dios no le contó al profeta el final de la "novela", **Oseas obedeció**.

Inicia el cortejo. Y Gomer se sintió atraída por aquel muchacho tímido quien al final, creo yo, luchando con las imágenes que venían a su mente, se armó de valor y le pidió matrimonio. Puedo suponer lo que Oseas experimentaba cada día que tenía que salir a su trabajo. ¡Qué luchas tan intensas traería toda esta revelación a su vida! Porque los celos son el furor del hombre. ¡Qué desesperación saber el futuro y **no poder hacer nada por evitarlo**! No eran sospechas, era la misma Palabra de Dios: *"¡Te van a engañar!"*. Por ese tiempo, seguramente su predicación sufrió ciertas modificaciones. El predicador itinerante se veía inquieto, y su público lo notaba. Pero él sufría en silencio. Después de todo, ¿cómo explicar la razón de su estado emocional?

Finalmente, vino el primer bebé. Y para sorpresa del profeta, Dios regresa con sus revelaciones. Le da la indicación de que le ponga por nombre «Jezreel». Creo que la historia resultaba cada vez más confusa para Oseas. Regresando a algunos años atrás, el lector podrá recordar la historia sangrienta de Acab y Jezreel en Jezreel (1 Reyes 21). Acab deseaba poseer la propiedad de Nabot, su vecino, para hacer un huerto de legumbres. Y el rey le propone un buen precio o darle incluso otra viña mucho mejor. Pero Nabot le dice que no dará a ningún precio la herencia de sus padres. Deprimido y enojado, el rey regresa al palacio. Y Jezabel, enterada de lo que ocurría, le promete a su marido que ella conseguirá la propiedad. Esta mujer entonces, levanta un falso a Nabot haciendo que el pueblo lo apedreara hasta la muerte. Por cierto, la historia bíblica afirma que Acab fue el peor rey de Israel hasta entonces y también afirma que la razón de esto fue que Jezbel lo incitaba (v.25). Una vez lapidado Nabot, Jezabel va con su marido y le dice que la viña es suya… ¡Qué espanto! Incluso Acab se horrorizó al saber lo que su mujer había fraguado. Pero con todo y esto, se levantó a tomar su propiedad. En ese momento Elías el profeta le sale al encuentro, lanzando la sentencia que Dios traería **sobre él y su familia**, sobre Jezabel su mujer y sobre todo Israel por sus idolatrías. También en este caso Dios visitaría el mal de los padres sobre los hijos hasta la tercera y cuarta generación:

> *"He aquí yo traigo mal sobre ti, y barreré tu posteridad y destruiré hasta el último varón de la casa de Acab, tanto el siervo como el libre en Israel. Y pondré tu casa como la casa de Jeroboam, hijo de Nabat, y como la casa de Baasa, hijo de Ahías, por la rebelión con que me provocaste a ira, y con que has hecho pecar a Israel. De Jezabel también ha hablado Jehová, diciendo: 'Los perros comerán a Jezabel en el muro de Jezreel. El que de Acab fuere muerto en la ciudad, los perros lo comerán, y el que fuere muerto en el campo, lo comerán las aves del cielo'."* (En verdad ninguno fue como Acab, que se vendió para hacer lo malo ante los ojos de Jehová, **porque Jezabel su mujer lo incitaba**.) (1 Reyes 21:21-25; énfasis mío en negritas.)

Con esta clase de historia, ahora resulta que Oseas tendría que ponerle a su primogénito **Jezreel**. Y justo con Jezreel llegaron las revelaciones de condena y castigo al pueblo de Israel por todos sus crímenes a causa de la sangre derramada en Jezreel. Y Dios le dijo que haría cesar el reino de la casa de Israel.

Posteriormente Gomer vuelve a concebir y da a luz una niña. Y regresan las revelaciones de Dios a su profeta. Dios le dijo: *"Ponle por nombre Lo-ruhama, porque no me compadeceré más de la casa de Israel"*. Pero añade: *"De la casa de Judá **tendré misericordia**"*. Y es en este punto de las revelaciones que el mensaje comienza a cobrar sentido para Oseas. Y todavía llega su tercer hijo y Dios le dice al profeta: *"Ponle por nombre Lo-ammi, porque a pesar de todo, los hijos de Israel serán como la arena del mar, que no se puede medir ni contar. Y serán llamados hijos del Dios viviente"*.

Oseas había entendido la misericordia que Dios mostraba a su pueblo, y su predicación volvió a sufrir una nueva perspectiva. Hablaba de la condenación que Israel estaba atrayendo sobre sí mismo por sus idolatrías, pero cuando llegaba a casa y miraba a los ojos de su pequeña Lo-ruhama, recordaba las promesas de Dios sobre la misericordia hacia Judá. Creo que nos encontramos en la cúspide del ministerio ascendente de Oseas. Ahora el pueblo quería escuchar las palabras de este profeta, porque la intensidad de las sentencias que antes había expuesto, ahora sonaba modulada por el amor de Dios y armonizada por la frescura de la misericordia divina.

Pero Dios había prevenido al profeta sobre la infidelidad de Gomer. En este punto, comienzan a circular en el pueblo los rumores de que la mujer de Oseas era infiel. Cada vez más estos rumores se fueron acrecentando hasta llegar al momento en que eran muchas las visitas de los amantes de Gomer en la ausencia de Oseas, hasta llegar el día en que su mujer decide abandonarlo. Ya no eran rumores, eran hechos: Gomer se prostituía. Era de todos sabido que Gomer se vendía por algunas monedas. Y la retórica del profeta cambió su intensidad. El pueblo podía ver y sentir el dolor del profeta en su predicación. Imagino a Oseas hablando desde su corazón roto. Casi de fondo puedo escuchar la breve ópera de Ruggero Leoncavallo, *Pagliacci* (Payasos), en donde es representada la vida de una pequeña compañía teatral en gira por Italia; en medio de todo aquel ambiente festivo que vive el pueblo, se está forjando la tragedia de los protagonistas, Canio y Nedda. En el *aria* más popular de esta ópera, *Vesti la giubba* (Ponte el traje), Canio, el Payaso, canta justo después de enterarse de la **infidelidad de su esposa** Nedda. Y a pesar de los celos y el dolor tan intenso que siente debe salir a actuar, porque la función debe continuar:

> *Ridi, Pagliaccio, sultuo amore infranto*
> *ridi del duol che t'avvelena i cor!*

> *¡Ríe, Payaso, sobre tu amor destrozado!*
> *¡Ríete del dolor que te envenena el corazón!*

Oseas profetizaba a Israel con el corazón herido. Pero dentro de su público, cada vez eran más quienes reconocían el dolor que ellos, como nación, habían causado al mismo Dios con sus idolatrías. La decadencia de Gomer llegó al colmo. Los hombres que al principio la buscaban, la desecharon, le dieron la espalda hasta llegar al punto de no lograr mantenerse. Tenía hambre, y llegó al extremo de venderse como esclava. Y en ese momento vuelven las revelaciones de Dios a Oseas, en un muy breve y confuso capítulo tres. En resumen, Dios le pide al profeta tener misericordia con Gomer, pero la misma misericordia que Dios tiene por su pueblo de Israel.

No olvidemos que la trama de la "novela" se desenvuelve ante los ojos del pueblo. Es Israel el público expectante que sigue en espera de la reacción del protagonista. Y la pregunta que en este punto de la historia el público se hace es: ¿Qué hará finalmente Oseas con su mujer? A partir de ese momento, la misericordia de Dios comienza a inundar el contenido de la predicación del profeta. Su discurso se dirige ahora hacia el perdón y la reconciliación, hacia el amor y la misericordia. Y simultáneamente busca a aquella mujer que le había abandonado en **busca de su felicidad**, la mujer que había roto algo más que sus votos, que le había roto el corazón. La busca en el lugar en donde se vendían a los esclavos y **paga el precio** de su libertad. La vuelve a llevar a casa. Le da alimento y protección ¡Qué manera de representar una verdad subjetiva como es el amor! Porque el amor es una decisión que debe manifestarse por medio de acciones muy objetivas como el perdón y la restauración.

El discurso de Oseas llega a su punto culminante. Parte del pueblo se burlaba en silencio. La otra parte, se admiraba de sus actos. Pero seguramente había otra parte de ellos que sí logró comprender la profundidad del discurso. Dios trataba de revelar con la historia de Oseas, que los verdaderos protagonistas no eran el profeta y su mujer, sino Dios y su pueblo, Israel. Y que Gomer, "la prostituta", representaba las continuas fornicaciones que el pueblo hacía con sus idolatrías. Y que la *gran* misericordia que Oseas mostró a Gomer, era apenas una *muy pequeña* muestra del gran amor y misericordia que Dios sentía por su pueblo.

En su discurso final, el profeta se pone de pie a los ojos de todo el pueblo. Esta vez el profeta estaba tranquilo y sereno. Gomer estaba en casa. Sus palabras estaban cargadas de la bondad mostrada hacia su esposa. Creo que hasta el momento no se había visto de manera tan clara el amor de Dios como en la vida de aquella pareja. Oseas cierra su emotivo discurso reafirmando la promesa de Dios:

-*"Lo mismo haré con ustedes."*

La historia de Oseas nos expone ante uno de los elementos fundamentales dentro del núcleo familiar, **el perdón**. Todo vínculo relacional trae consigo una buena carga de dolor y tragedia; el abandono, el desamor, la indiferencia y la indolencia, la traición y el engaño, la violencia y las heridas acumuladas con el paso del tiempo. Los padres hieren a sus hijos con sus palabras y acciones, y todavía *maquillan* sus agresiones bajo el pretexto de la disciplina, el marido lastima a su esposa cuando se aleja de ella y encesta el golpe final con el adulterio, la lealtad y el respeto de la esposa está con su padre no con su marido, el hermano mayor abusa del poder otorgado por sus padres y el menor es egoísta con sus hermanos, los suegros son *entrometidos* y el yerno es intolerante, la nuera es chismosa y hace lo imposible por alejar a su suegra de casa sin considerar que está lastimando a sus propios hijos al alejar a la abuela, en fin, las heridas fluyen en los hogares y la necesidad de manifestar misericordia y aplicar el perdón se hace cada vez más urgente.

¿Cómo lograr perdonar cuando la herida todavía sangra? La única manera de lograr la libertad que prodiga el perdón, es ajustarnos a la manera de Dios. El proceso que Él sigue para reconciliarnos consigo mismo lo vivió Oseas; **buscar** al perdido, **pagar** el precio y **liberar** al agresor. Si deseamos que el perdón y la misericordia fluyan en nuestro hogar, el camino está trazado, sólo tenemos que seguir sus pasos.

Daniel
El profeta del exilio

Como hasta aquí hemos visto, durante la época de los reyes los profetas fueron hombres enviados por el Creador para hacer volver el corazón del pueblo y de su rey, a Dios. Estos hombres tenían una manera muy peculiar de vivir y de hablar al pueblo de Israel y Judá. Principalmente utilizaban metáforas, por eso vimos a Ahías romper su manto en doce partes y dar a elegir diez piezas a Jeroboam, a Isaías que va a la casa del alfarero y a Oseas que se casa con una prostituta. Definitivamente un oficio difícil, porque en su mensaje comprometían toda su vida. ¡Y de qué manera!

Ahora quiero traer a la mesa a uno de los profetas que sufrió una de las más evidentes transformaciones en la vida, **el exilio**. ¿Qué podría ser peor para un israelita que el exilio? Las maldiciones descritas en *Deuteronomio* tienen como corolario la dispersión; vivir rodeado de gente que habla una lengua extraña, no poder practicar la fe ni poder leer la ley de Dios, ser arrancado de la tierra prometida y sufrir una serie de cambios hasta en las cosas más cotidianas, como puede ser la comida. Vivir esta serie de circunstancias tan adversas y mantener la fe, es algo digno de ser mencionado en la lista de las familias de los famosos. Me refiero a Daniel, el profeta. Este hombre vivió una de las circunstancias más adversas que un israelita podía vivir, y a pesar de esto siempre mantuvo su fe, integridad y determinación de servir a Dios, aunque nunca fue querido ni aceptado por su contexto social en el exilio, y al final de su vida, tampoco fue reconocido por su propio pueblo como un profeta de oficio, sino como un administrador, gobernante o político.

Y quiero dedicar esta historia a los **padres solos**. Hombres y mujeres que prácticamente a diario viven en «el exilio» porque no pertenecen ni al grupo de los casados, ni al de los solteros. Pero que además, la sociedad ha estigmatizado, segregado y etiquetado como "fracasados", porque no llenan las expectativas o parámetros que, según la sociedad, deberían haber logrado. Por desgracia este rechazo también se puede sentir en algunas iglesias, en donde los divorciados y madres solteras no tienen un lugar. Felizmente, en la historia de este profeta puedo encontrar una serie de recomendaciones para todos aquellos que a diario experimentan "el exilio".

Nos encontramos con uno de los profetas con mayor alcance predictivo y revelación detallada. Por eso su libro es considerado el "ABC" de la profecía bíblica. El alcance de su visión profética fue tan extenso que profetizó la Primera y la Segunda Venida de Cristo. Revela detalles de la Tribulación, el Milenio y el Juicio Final. Históricamente vio y vivió la caída de tres grandes imperios, el imperio babilónico, el imperio de Media y el imperio persa. Pero además profetizó la muy próxima -para entonces- caída del imperio persa y el nacimiento del nuevo imperio greco-macedónico. Habló además de la caída del imperio griego y del surgimiento del imperio romano. Y de este último, nos revela su caída y resurgimiento en tiempos apocalípticos.

Daniel pertenece a la generación de profetas escritores. Escribió el libro que lleva su nombre en el año 535 a.C. Este libro lo escribió en dos idiomas, hebreo y arameo, que él dominaba a la perfección. El objetivo que persigue en su libro es demostrar la Soberanía de Dios aun por encima de las naciones paganas. Este libro se divide en tres partes: el capítulo uno, escrito en hebreo, trata de asuntos meramente introductorios a la historia y contexto de Daniel. Los capítulos dos al siete, escritos en arameo, exponen el Plan Profético de Dios para las naciones gentiles. Y termina con los capítulos ocho al doce, escritos nuevamente en hebreo, y que tratan del Plan Profético de Dios para Israel. *Para mayor detalle en el aspecto histórico y profético, el lector podrá consultar el libro titulado:* Daniel y el reino mesiánico, *de Evis L. Carballosa. Ed. Portavoz.*

Iniciando de lleno con el análisis y recomendaciones que nos ofrece la vida y familia de Daniel el profeta, y pensando especialmente en todos aquellos padres que por alguna razón se ven en la necesidad de criar a sus hijos sin el apoyo de la pareja, la primera coincidencia que yo encuentro es: **la aceptación de la circunstancia que le tocó vivir.** La serie de sucesos negativos a los que Daniel se vio sometido en el exilio, comenzó desde el momento en que fue arrancado de su tierra y de su familia. La salida de su hogar no resultó como él lo hubiera planeado o deseado. Creo que todos nosotros con mucha ilusión nos creamos historias sobre lo que será nuestra vida una vez que dejamos el hogar paterno. Imaginamos cohabitar con la persona que amamos. La pura idea de comenzar a construir juntos nuestras vidas, inunda nuestros corazones de alegría y hace más tolerable *el dolor* de la separación del hogar. Y a pesar de que no tenemos ni una garantía de éxito en nuestra partida, nos lanzamos con gran entusiasmo a la aventura de la vida. Pues nada de esto se pudo materializar en la vida de Daniel. Pero el dolor que el profeta experimentaba en el momento de ser tomado y llevado a la tierra de Sinar, apenas marcaba el comienzo.

Después de ubicarnos históricamente en la famosa batalla de *Carquemis* por el año 605 a.C., donde Nabucodonosor llegó a ser cabeza del imperio, Daniel nos narra que entonces corría el tercer año del reinado de Joacim, rey de Judá, y que Nabucodonosor vino a Jerusalén y la sitió. La primera frase confusa y difícil de comprender que el profeta nos deja en su libro, y que además marcó el inicio de su exilio fue: *"Y Dios el Señor entregó…"*. Lo que de fondo se lee, es que Dios pudo evitarlo, y no lo hizo. Y es aquí cuando comienza la necesidad de la aceptación de la circunstancia. A Daniel le tocó por mandato Divino vivir fuera de la tierra prometida, lo que bien podía considerarse como estar bajo maldición. Pero además fue convertido en esclavo de un gobierno pagano y sometido a un programa de aprendizaje para servir al rey de Babilonia. Pero normalmente los programas de adiestramiento para servir al rey en el palacio, incluían la *castración*. Esto lo hacían con la idea de que los *eunucos* sirvieran con mejor atención al monarca y para que no fueran a "tocar" el harem del rey. Y si regresamos algunos pocos años antes, el profeta Isaías ya lo había dicho:

> *"De tus hijos que saldrán de ti, y que habrás engendrado, tomarán, y serán eunucos en el palacio del rey de Babilonia."*
> (Isaías 39:7)

Esto pone la circunstancia que vivió Daniel en otra categoría. Es difícil pensar que un tercero tome la decisión sobre tu cuerpo, particularmente sobre la propia paternidad. Pero nuevamente resulta mucho más complejo pensar que Dios lo sabía, y que no hiciera nada por evitarlo. Imagino que después de la cirugía, ya en el proceso de recuperación, el médico y las enfermeras comienzan a llamarle *"Beltsasar"*, refiriéndose a él:

> *-No señor–contesta el profeta-, creo que usted se equivoca conmigo. Mi nombre es* **Daniel** *¿Y sabe lo que significa? "Dios es mi juez".*

*-Usted es el que se confunde—responde el cirujano-. La tabla de su expediente clínico dice **Beltsasar**, que significa: Bel protege al rey. Creo que es un bonito nombre.*

En ese momento entra corriendo Aspenaz, eunuco encargado del grupo donde estaban Daniel y sus amigos diciendo:

-¡No es un error! Beltsasar será tu nombre desde ahora. Lo que pasa es que no alcanzamos a informarte antes de la anestesia. Tu nombre y los de tus amigos fueron cambiados para que puedan ahora tener un nombre caldeo. Por cierto, yo escogí tu nombre. Es lindo, ¿no?

Me sorprende que hasta en estos *detalles* haya similitud entre el profeta y los padres solos a quienes también se les cambia "el nombre", porque desde el momento en que se convierten en padres solos serán conocidos como: "la madre soltera", "el divorciado", "la viuda", y hasta sufrirán con el estigma de "el abandonado", o peor aun, "el fracasado". Con este inicio podrá imaginar la serie de cambios que vendrían a la vida de Daniel. Y quizá en esa misma conversación, en su recuperación, le dicen que a partir de ese día su dieta cambiaría. Y cuando le leyeron el menú, que no estaría a discusión, recibe su siguiente golpe, porque su nueva dieta incluía los mejores alimentos que el rey consumía, pero se trataba de alimentos que estaban claramente prohibidos en las leyes hebreas. Pero además eran alimentos sacrificados a los ídolos. Todavía en el hospital y quizá a media comida, le informan que tan pronto se recupere, tendrá que aprender el idioma arameo porque recibirá *cursos intensivos* de las ciencias de los caldeos, y al cabo de solo tres años será sometido a un examen sinodal para ver si sería capaz de trabajar en el palacio. En resumen, muchos cambios en poco tiempo. Y a pesar de todo lo adverso de aquel capítulo oscuro en su vida, Daniel se propone aceptar su circunstancia y tomar la vida como viene.

*"Y Daniel **propuso en su corazón** no contaminarse con la porción de la comida del rey, ni con el vino que él bebía; pidió, por tanto, al jefe de los eunucos que no se le obligase a contaminarse. **Y puso Dios a Daniel en gracia** y en buena voluntad con el jefe de los eunucos."* (Daniel 1:8-9; énfasis mío en negritas.)

No era un deseo, era una propuesta firme en su corazón. Pero además el profeta pone manos a la obra, y su buena actitud se suma a su buena conducta. Su carácter templado y la búsqueda constante del rostro de Dios le llevan a lograr sus objetivos y a abrirse paso en un gobierno pagano.

Llegamos así a la segunda recomendación que podemos encontrar en el exilio de Daniel, y es que **el profeta «configuró» su familia de acuerdo con sus circunstancias**. Cuando se ha dado el primer paso y la persona verdaderamente acepta su circunstancia, abre un abanico enorme de posibilidades. Debemos considerar que hay cosas que suceden a nuestro alrededor que pueden pasar desapercibidas por el efecto sedante de la *auto-conmiseración*. Porque la falta de aceptación de las circunstancias nubla la vista y no permite al sujeto conmiserado mirar hacia fuera de sí mismo, y las razones que nuestro "diálogo interno" expone resultan ineludibles.

Pensemos por ejemplo en la terrible **decepción** que experimenta una madre soltera. ¿Qué recuerdos vendrán a su mente? Después de todo ella se entregó por amor y confió en aquel hombre que le rompió el corazón con su abandono. Ahora ella deberá luchar sola por salir a flote y cuidar de su criatura. Seguro tendrá una difícil circunstancia que deberá aceptar. O pensemos en el **enojo** y **frustración** que a diario sienten el hombre o mujer divorciados cuando en su mente repasan una y otra vez la realidad de que su plan de vida se vio bloqueado por la decisión de su compañero de viaje, quien de buenas a primeras, después de una larga lucha legal y emocional, terminó por "abandonar el barco". Ahora el *divorciado*, además de aceptar su circunstancia, tendrá que renunciar a su anterior proyecto de vida y hacer nuevos planes. O qué decir del **dolor** y la **tristeza** que a diario acompañan a todos aquellos que se vieron sorprendidos ante la repentina e inesperada visita de la muerte a su familia ¡Cuántas cosas quedaron grabadas en sus recuerdos…! que a voluntad resurgen hasta saturar y controlar sus estados emocionales. En fin, todos aquellos que de alguna u otra manera se encuentran luchando "solos" en la vida, al igual que el profeta, deberán **reconfigurar** su familia de acuerdo con su nueva circunstancia. Elías el profeta hizo lo mismo con la viuda y su hijo, y durante los años que le tocó vivir con ellos, creo que el profeta alimentaba su necesidad de *pertenencia* en este hogar.

El profeta Daniel también encontró una "familia" en su círculo cercano de amigos. Por eso lo vemos, en cada momento difícil que le tocó vivir,

incluyendo a sus amigos, acudiendo a ellos, orando con ellos y por ellos. Por ejemplo, el momento en que Nabucodonosor pidió a los sabios del reino adivinar su sueño para poder comprobar la autenticidad de su interpretación; frustrado por la incapacidad de aquellos hombres, manda matar a todos los sabios del reino. Y a pesar de que Daniel y sus amigos no entraron a la presencia del rey al principio junto con aquel grupo de sabios, sí los buscaron para matarlos:

> *"Y Daniel entró y pidió al rey que le diese tiempo, y que él le mostraría la interpretación.* **Luego se fue Daniel a su casa** *e hizo saber lo que había a Ananías, Misael y Azarías, sus compañeros, para que pidiesen misericordias del Dios del cielo sobre este misterio, a fin de que* **Daniel y sus compañeros** *no pereciesen con los otros sabios de Babilonia. Entonces el secreto fue revelado a Daniel en visión de noche, por lo cual bendijo Daniel al Dios del cielo."* (Daniel 2:16-19; énfasis mío en negritas.)

En un acto de fe, Daniel pide tiempo a Nabucodonosor bajo el compromiso de revelarle el sueño. Después, regresa a su casa y hace saber esto a sus amigos para que pidan a Dios sobre este asunto. Una vez revelado el secreto al profeta, en una muestra de *misericordia* por el resto de los sabios del reino, Daniel pide a Arioc, el capitán de la guardia real y quien estaba a cargo de asesinar a todos los sabios, que detenga la matanza y que le lleve ante el rey para que pudiera revelarle el sueño. En ese *simple* acto, salvó la vida de muchos hombres. El profeta era un hombre leal aun ante la "competencia". Daniel pudo esperar algunos días más hasta que el reino fuera *purificado* de aquellos hombres paganos, pero no fue así. Y después de su encuentro con el rey, Nabucodonosor pone al profeta en un lugar prominente sobre toda la provincia de Babilonia. Y Daniel pide por sus amigos:

> *"Entonces el rey engrandeció a Daniel, y le dio muchos honores y grandes dones, y le hizo gobernador de toda la provincia de Babilonia, y jefe supremo de todos los sabios de Babilonia. Y Daniel solicitó del rey, y obtuvo, que pusiera sobre los negocios de la provincia de Babilonia a Sadrac, Mesac y Abed-nego; y Daniel estaba en la corte del rey."* (Daniel 2:48-49)

Esto es hacer vida de familia. Dios engrandeció a este hombre por su disposición a honrarle a pesar de sus circunstancias. Y me llama la atención la lealtad que él mostró a su equipo, pero todavía me sorprende más la lealtad y misericordia que muestra a sus "enemigos". Daniel no era popular en su círculo social; por el contrario, siempre le vieron como una amenaza para sus pequeños "cotos de poder". Por supuesto que la envidia era producto de sus múltiples capacidades y su buena conducta en el gobierno. Pero estos hombres no solo tenían un vago sentimiento de rivalidad, sino que muchas veces la envidia llevó a sus compañeros en el gobierno a planear el mal sobre el profeta, por ejemplo, ya bajo el gobierno de Darío:

> *"Pareció bien a Darío constituir sobre el reino ciento veinte sátrapas, que gobernasen en todo el reino. Y sobre ellos tres gobernadores, de los cuales* **Daniel** *era uno, a quienes estos sátrapas diesen cuenta, para que el rey no fuese perjudicado.* **Pero Daniel mismo era superior** *a estos sátrapas y gobernadores, porque había en él un espíritu superior; y el rey pensó en ponerlo sobre todo el reino. Entonces los gobernadores y sátrapas* **buscaban ocasión para acusar** *a Daniel en lo relacionado al reino; mas no podían hallar ocasión alguna o falta,* **porque él era fiel**, *y ningún vicio ni falta fue hallado en él. Entonces dijeron aquellos hombres: 'No hallaremos contra este Daniel ocasión alguna para acusarle,* **si no la hallamos contra él en relación con la ley de su Dios'.** *"* (Daniel 6:1-5; énfasis mío en negritas.)

Literalmente estos hombres "montaban guardia" para hacer caer al profeta. Pero el relato nos dice que no lograban nada, porque Daniel era fiel. Fue así como planean algo contra él, en relación con la ley de su Dios, porque él era fiel a las leyes de Dios a pesar del exilio. Fue así como planean hacer firmar a Darío el Medo un edicto sobre no hacer peticiones a otro ser superior que no sea el rey. Estos hombres sabían que Daniel no dejaría sus buenas costumbres de orar con su rostro hacia Jerusalén, como solía hacerlo. Y así fue.

Cuando Darío se entera de la malicia de aquellos hombres, resuelve liberar a Daniel, sin lograrlo, porque el edicto había sido firmado conforme a la ley **Medo-Persa**. Esto obligaba a ambos monarcas a no romper de forma unilateral edictos que hubieran sido firmados por alguno de ambos reyes. Fue así como el profeta fue a dar al foso de los leones. Todos conocemos el final de esta historia. Dios tapando la boca de estas fieras y Daniel saliendo ileso. No así los sátrapas que habían planeado la muerte de Daniel, quienes después de que el profeta fue extraído de aquel lugar, sus acusadores fueron arrojados al foso y antes de caer al fondo, los leones se apoderaron de ellos, rompiendo todos sus huesos.

Configurar la propia familia a las circunstancias es la solución a la necesidad de pertenencia que experimentamos todos los seres humanos. Y este es uno de los pasos más urgentes que deberán lograr todos aquellos que conforman una familia sin el respaldo de una pareja. Y a pesar de la tristeza profunda y la amarga decepción que experimenta la madre soltera, el enojo razonable ante el divorcio, o el dolor agudo de la pérdida, se debe procurar cuanto antes la reestructuración de la familia a la nueva circunstancia. Este paso implica la renuncia a los propios ideales y la aceptación de su *dolorosa* realidad. He escuchado el relato de muchos padres y madres solos sobre la manera en la que sus sueños fueron rotos y lo difícil que les ha resultado aceptar la partida de la pareja, pero si Dios prometió estar con nosotros, creo que este es el mejor momento para *probar* su promesa. Así que, sea cual fuera su circunstancia, busque el rostro del Señor, y déjese envolver por Su mano providencial. Pero además, considere que Dios puede hacer algo más que estar con nosotros, Él puede darle un **propósito** a nuestra circunstancia, por difícil que ésta nos parezca.

Entrar al hogar del profeta y verlo resolver esta serie de dificultades me llevó a descubrir la clave de su éxito, y es la constante búsqueda del rostro del Señor en las adversidades. De esto puedo extraer la tercera recomendación que su vida nos inspira, y es que de manera constante **Daniel se propone buscar la trascendencia, en medio de su circunstancia**. Podrá ver al profeta buscando la manera de agradar a Dios en medio de la prueba. Es por esto que podemos verlo buscando complacer a Dios en cada escena y en cada momento de su vida. Se le ve buscando el rostro de Dios muy a pesar de la oposición bajo la que vivía. Creo que su visión y filosofía de vida le llevaron a descubrir, **en la adversidad**, una manera de encontrar la trascendencia. Es muy importante que sepamos que no será posible para nosotros encontrar el «ángulo trascendente» de la prueba, si antes no aceptamos vivir la circunstancia.

El ser humano promedio interpreta la presencia de la dificultad como ausencia de Dios. Pero si somos honestos con nosotros mismos, quizá descubramos la punzante verdad que nos tiene atrapados en esta confusión. Y es que en el fondo creemos que el dolor es siempre consecuencia de nuestros malos actos, cosa que puede ser cierta en algunos casos, pero no siempre. Porque el dolor también puede ser la manera en la que Dios trabaja en nuestras vidas. Esto nos ofrece la otra cara del dolor y el ángulo de su bendición. Trascender la circunstancia es posible siempre y cuando estemos dispuestos a vivir el dolor que esto implica. No soy partidario de la filosofía de vida ascética, no amamos el dolor por el dolor mismo, más bien propongo la aceptación de la dolorosa realidad como primer paso rumbo a la trascendencia, para descubrir así la enseñanza que Dios puede traer a nuestras vidas mediante la adversidad.

El ser humano requiere de energía para decidir moverse de su zona de confort. Y son tres los niveles de motivación que pueden llevarnos a actuar. En el primer nivel encontraremos la fuerza para decidir en el **temor** a la consecuencia, o en el **deseo** por la recompensa. Se trata del *miedo* a que vengan las consecuencias de algo que estemos postergando, pero también podemos encontrarnos con el *deseo* de obtener algo producto de nuestro esfuerzo. Sé que se trata de un nivel muy primitivo, casi infantil, pero muy efectivo para motivarnos. En el segundo nivel podemos activarnos al cambio al encontrarnos con personas que resultan todo un **ejemplo** o un **modelo** que nos inspira; este podría resultar un nivel mucho más maduro. Pero solo en el tercer nivel encontraremos aquella fuerza que no conoce límites, un nivel que logra los mejores cambios en una vida; se trata de **la trascendencia**. *La única manera de encontrar un propósito al sufrimiento y el dolor, está en servir a los demás.* Porque cuando dejamos de mirar dentro de nosotros mismos, logramos ver a los demás y sentir sus aflicciones. Servir a los demás es darnos cuenta de que no somos los únicos que sufrimos, y que hay muchas personas que experimentan un dolor similar al nuestro. Y cuando nos atrevemos a hacer algo por alguien más, aquel acto de servicio nos lleva a encontrar alivio a nuestro dolor y a descubrir gran parte del propósito de nuestra difícil circunstancia.

Cabe mencionar que Daniel el profeta, al final del cautiverio, pudiendo regresar a Jerusalén decidió quedarse en la tierra de Sinar. Esto ocurrió porque al parecer pudo darse cuenta de la influencia que le ofrecía su puesto en el gobierno, y que desde ese lugar podía ayudar a sus hermanos y favorecer el regreso de más israelitas a la seguridad y bendición de la tierra de Canaán.

El balance final de la vida del profeta nos lleva a ver materializada la posibilidad de sonreír ante la dificultad que la vida pueda traernos. **Debemos admitir que las cosas no siempre serán como son en este momento.** Tarde o temprano, las circunstancias que nos rodean van a cambiar. La vida es así. Esto nos lleva a la constante reflexión sobre la cuestión de si efectivamente estamos agradecidos con Dios por lo que tenemos hoy. Le invito a detener la lectura por un momento y voltear a su alrededor... ¿qué puede ver? Quizá pueda ver a su esposa(o) a su lado, quizá en este preciso momento sus hijos juegan y hacen mucho ruido por toda la casa, quizá usted goza de buena salud y tiene un día libre para sentarse a disfrutar de una tasa de café, y se encuentra leyendo un buen libro como este (perdón... tenía que decirlo), quizá tiene el empleo que siempre deseó y que además le permite cubrir todos sus compromisos económicos, en fin, podrá ver que en este momento a usted le rodean ciertas circunstancias, y debemos estar agradecidos con Dios por las circunstancias que hoy nos rodean. Ahora, por un momento piense que **una** de todas las cosas que antes mencionaba cambie; que su esposa(o) le abandone, que uno de sus hijos enferme o muera, que pierda el empleo y que esto le lleve al quebranto económico, que de pronto se vea usted en una cama de hospital en la espera de los resultados del último examen que le mandó hacer el oncólogo porque sospecha de un cáncer, etc., comprendamos... **tarde o temprano la vida nos mostrará su lado difícil** ¿Estaremos verdaderamente preparados para enfrentar las nuevas circunstancias? La historia de este profeta nos invita a todos a la reflexión.

Y si en este punto deseáramos dirigirnos hacia los padres solos, el lector que se encuentre bajo esta circunstancia deberá primeramente esforzarse por **aceptarla**, deberá esforzarse por **reconfigurar** su familia y por encontrar el camino hacia la **trascendencia**. No esperar a que la vida cambie, más bien, hacer que cambie su percepción de la "realidad". Pero... ¿qué hacer cuando nuestras circunstancias carecen de todo sentido? Creo que ese será el momento de escuchar la última historia.

Job

La última historia

¡Cómo he disfrutado el viaje! Esta aventura me resultó más enriquecedora de lo que hubiera imaginado. Un viaje lleno de sorpresas y emociones. Esto es como viajar en el tiempo. Me resulta increíble la manera en que una historia, contada y analizada desde todos los ángulos que la componen, logra modificar nuestro discernimiento sobre los protagonistas y sus diferentes circunstancias. Bien dijo Ortega y Gasset: "Yo soy yo y mi circunstancia...". Porque también la vida es tragedia o drama, y tarde o temprano nuestras circunstancias cambian.

Así es como hemos entrado a los hogares de los personajes más famosos y reconocidos en los relatos bíblicos. Hemos tratado de verlos desde su contexto histórico, sus costumbres y **circunstancias**. Y creo que logramos descubrir al *ser humano,* esposo y padre de familia que se oculta detrás de las hazañas y milagros de estos grandes hombres y mujeres de Dios.

El autor de *Hebreos* comienza su libro afirmando que Dios nos ha hablado muchas veces y de muchas maneras, y creo que con esta serie de historias lo hemos podido comprobar. Nuestro viaje comenzó con *personajes individuales.* Entramos al hogar de la primera familia que pisó esta tierra, Adán y Eva. Vimos en acción a los hermanos Caín y Abel. Pudimos ver la historia de Noé y el conflicto con la vida cotidiana que se le presentó después del diluvio. Pero a partir del llamamiento de Abraham hubo un cambio; Dios le promete *una descendencia,* una tierra y convertirlo en bendición para todas las naciones. Y fue así como nos encontramos con la generación de los *Patriarcas.* Después, Dios dirigió nuestra atención hacia *los grupos.* Las familias se desarrollaron en generaciones que se influían unas a otras. Y fue así como nos encontramos con los líderes de *Tribus,* la generación de los *Caudillos* y la llegada de los *Jueces.* Finalmente nos encontramos con los *Reyes* de Israel y los *Profetas.*

Cada historia en su **circunstancia** nos ha traído una serie de enseñanzas profundas. Pero Dios no solo ha trabajado con su pueblo Israel, y en los relatos bíblicos nos encontramos con personajes "misteriosos", en los que no se revelan detalles de su genealogía ni parentela. Sujetos *aislados* que aparecen "de la nada", y de alguna u otra manera se relacionan con la descendencia de Abraham. Pero a través de ellos, Dios nos revela verdades trascendentes. Y a través de estos personajes Dios diseña modelos de vida. Tal es el caso de Melquisedec, que ilustra el sacerdocio perfecto de Cristo.

Y quiero tomar una de estas historias "misteriosas" para cerrar esta serie de relatos sobre las familias de los personajes famosos de las Escrituras. Comenzamos este viaje con Adán, un personaje individual que nos llevó al análisis personal; terminemos la serie de la misma manera, con un personaje individual, alguien que nos haga reflexionar de manera particular en relación con **Dios y las circunstancias** que vivimos o que nos esperan por vivir. En la última historia analizábamos a Daniel el profeta y su circunstancia, y creo que valdría la pena añadir al tema de las circunstancias en la vida, el dolor y el sufrimiento. ¿Qué hacer cuando las circunstancias carecen de todo sentido? ¿Qué hacer cuando se presenten en la vida la muerte, el dolor y la pérdida? Esta es la pregunta con la que deseo concluir nuestro recorrido. Comenzamos este viaje *de frente al Creador*, terminemos la travesía *de frente a nuestro Señor*. Cerremos con la historia de Job y sus dos historias en desarrollo.

No sabemos con exactitud sobre los antepasados o la raza de Job. No sabemos con plena certeza cuándo o dónde vivió. Ignoramos los nombres de sus familiares. Ni siquiera sabemos el nombre de su esposa. Y todo este "misterio" que envuelve su historia, nos servirá para volver una vez más a **nosotros mismos en relación con Dios.** En silencio, uno a uno. De frente a nuestro Señor. Así imagino a Job. Este personaje rompe todas las barreras de raza, color de piel, género y posición social. Cualquier persona que sufre podrá identificarse con Job, y encontrará en su historia la fortaleza que tanta falta le hace ahora que *su circunstancia ha cambiado.*

Lo primero que descubrí al analizar la vida de Job, son **dos historias en desarrollo.** La primera nos es familiar, la segunda se desarrolla a la par. La primera es visible, la segunda nos es revelada. La primera es material, la segunda espiritual. Muy al comienzo, los primeros cinco versículos del relato nos describen lo que todo mundo podía ver, un hombre muy rico, justo y recto, temeroso de Dios y apartado del mal. Un sujeto llamado Job que moraba en tierra de *Uz*, que por cierto tampoco sabemos con exactitud en dónde está. Un varón con una familia numerosa; se nos dice que tenía diez hijos, aunque no sabemos sus nombres. Pero esta primera parte también describe la manera de proceder de Job en relación con Dios. Y entre sus hábitos *religiosos* estaba el ofrecer sacrificios a Dios por él y por cada uno de sus hijos.

Pero a partir del versículo seis inicia "la otra historia", la historia espiritual, una parte muchas veces ignorada por quienes vivimos en un mundo material, particularmente invisible cuando nos dejamos envolver por la corriente materialista que nos *acorrala* con sus múltiples afanes. Mientras Job se ocupa de la vida material, se desarrolla una conversación en el plano espiritual, **y él es el tema**. La conversación es simple, pero su trascendencia es grande. Cierto día los *hijos de Dios* se presentaron ante su Señor, entre los cuales se infiltró también Satanás.

> *"—¿Has considerado a mi siervo Job —le dice Dios a Satanás–, que no hay otro como él en la tierra, varón temeroso de Dios y apartado del mal?*
>
> *Y Satanás responde: —¿Acaso teme Job a Dios de balde, si le has rodeado de bienes y misericordia? Pero extiende contra él tu mano quitándole todo lo que tiene y verás que blasfemará contra ti en tu misma presencia."*

Básicamente lo que el Diablo pedía es que Dios hiciera *un cambio drástico de circunstancias* en la vida de Job. Y así ocurrió. **Dios autorizó** al Diablo a quitar a Job todo lo que tenía. Podría resultarnos difícil comprender aquella plática. Después de todo, estaban hablando de todas las posesiones de Job, incluyendo a su familia. Nos inquieta la petición del Diablo, pero nos sorprende la respuesta de Dios:

> *"Dijo Jehová a Satanás: 'He aquí, todo lo que tiene está en tu mano; solamente no pongas tu mano sobre él'. Y salió Satanás de delante de Jehová."* (Job 1:12)

Tres ideas que podemos desprender de la respuesta de Dios son: **primero**, Dios tiene el control de nuestra circunstancia, buena o mala. Salomón reafirma esta idea cuando en uno de sus libros expresa: *"En el día del bien goza del* *bien; y en el día de la **adversidad** considera. **Dios hizo tanto lo uno como lo otro**, a fin de que el hombre nada halle después de él".* (Eclesiastés 7:14; énfasis mío en negritas.) Aunque cueste trabajo comprenderlo, Dios permite el mal sobre nuestras vidas. Pero aquí mismo se desprende la **segunda idea**, y es que siempre Dios tendrá un propósito al permitirle al mal *modificar nuestras circunstancias*. Dios no se está divirtiendo con su creación, Dios ama a su creación. Y aunque nos cueste trabajo admitirlo, existe un propósito trascendente en medio de aquella circunstancia que vivimos, y a nosotros nos toca descubrirlo, deberemos encontrar el orden del caos. Y la **tercera idea** es que Dios limita la acción del mal sobre nosotros. Claramente le ordena al Diablo respetar la integridad física de Job. Esto me da descanso. Dios no permitirá que suframos tentación o prueba que no podamos soportar. Junto con la tentación vendrá la salida. Todo el mal que llegue a nuestra vida y familia, debemos estar conscientes de que no escapó al control de Dios.

En un solo día, Job lo perdió todo. Sus ganados, sus sembradíos, sus siervos, sus propiedades y lo peor de todo, sus diez hijos. Con cada ataque el Diablo hacía parecer que era la misma mano de Dios la que estaba actuando en contra de Job. El mal vino en avalancha. Un ataque inesperado del Reino de Saba, fuego que cae del cielo y lo consume todo, delincuencia organizada de los caldeos que roba todos los ganados, y un viento inesperado e inexplicable que golpea la casa donde estaban reunidos todos sus hijos. Todos murieron. Una y otra vez, en el mismo día, Job escuchó las terribles palabras: *"Solo escapé yo para darte la noticia".* ¿Qué hacer cuando las cosas se ponen difíciles? Como bien le dijo Dios al Diablo, Job permanecerá firme, y fue así:

> *"Entonces Job se levantó, y rasgó su manto, y rasuró su cabeza, y se postró en tierra y adoró, y dijo: 'Desnudo salí del vientre de mi madre, y desnudo volveré allá. Jehová dio, y Jehová quitó; sea el nombre de Jehová bendito'."* (Job 1:20-21)

Esta es la clase de cosas que ocurren cuando ambos mundos convergen. Y tarde o temprano las dos historias en desarrollo se encuentran. El mundo espiritual se impone sobre el mundo material y llega el caos.

Pero en la vida de este hombre, las cosas no quedaron ahí. El autor nos vuelve a llevar al plano espiritual, en donde la conversación continúa cuando nuevamente se presentan los hijos de Dios ante su Señor, entre los cueles vino también Satanás. Y Dios le dice:

> *"-¿De dónde vienes?*
>
> *-De rodear la tierra y de andar por ella –dijo el Diablo.*
>
> *-¿Ya consideraste que mi siervo Job retiene su integridad a pesar de que tú me incitaste a que permitiera todo este mal contra él?*
>
> *-Piel por piel –dijo el Diablo-. Todo lo que el hombre tiene lo dará por su salud. Pero toca ahora su cuerpo y verás que blasfema contra ti en tu misma presencia.*
>
> *Y Dios le dijo: -Él está en tu mano, pero no toques su vida."*

Fue así como el Diablo hirió a Job con una *sarna maligna* en todo su cuerpo. Quizá se trataba del tipo de afección en la piel causada por un ácaro denominado *Sarcoptes scabiei*; resulta dolorosa, contagiosa y muy incómoda. Las heridas causadas por la intensa comezón se infectan haciendo cundir al ácaro microscópico por todo el cuerpo. Pero creo que lo más doloroso fue la reacción de la esposa de Job al ver la miseria humana en la que se convertía su marido. Justo cuando más necesitamos del amor y cuidado de las personas que amamos, en medio del caos y la dificultad, muchos de los nuestros expresarán cosas como esta: *"¿Aún retienes tu integridad a Dios? ¡Maldice a Dios y muérete!"*

Las cosas no podían ir peor en la vida de Job. Pero parece que el caos en la vida descubre la esencia misma de las personas. Y la esposa de Job "enseñó el cobre". Y si toda esta *prueba* revela la clase de personas que nos rodea, debemos estar atentos para conocer el alma de la gente que dice amarnos.

Job era un hombre reconocido por su riqueza e integridad, y tres de sus mejores amigos viajan a *condolerse* con él. Eran sujetos igualmente ricos que pertenecían al círculo social de Job, y al llegar se encontraron con un hombre solo, arruinado, confundido y enfermo. Sentado al lado de una fogata, rascándose. Y al ver la condición tan dolorosa y miserable de Job, simplemente llegaron y tomaron asiento alrededor de aquella fogata. Jamás he visto un cuadro más empático que este. Los tres amigos de Job en silencio. Sentados.

Acompañando en el dolor a su buen amigo. El cuadro era tan fuerte, que soportaron el silencio siete días con sus noches. ¡Qué manera de manifestar la compañía y respeto al dolor ajeno!

Pero de pronto Job rompe el silencio, y ante su dolor tan intenso maldice el día en que nació. Y Elifaz fue el primero en contestar. Aquí comienza la última parte del tormento planeado por el Diablo contra Job. La opinión y los consejos de los amigos que esperan su momento para juzgar y *hacer leña del árbol caído*. Palabras huecas. Palabras cargadas de juicio. Palabras que son como golpes de espada. Elifaz dijo: *"Sé que te será molesto, pero ya no puedo detener las palabras"*. Lea detenidamente el capítulo cuatro del *Libro de Job* e imagine que su mejor amigo le dice todo esto. Creo que Elifaz verdaderamente pensaba que ayudaba a Job, pero lo *crudo* de sus palabras no puede ocultar el juicio que interpretaba desde su lógica limitada. Pero las cosas se pusieron peor cuando relata su experiencia con un fantasma:

> *"En imaginaciones de visiones nocturnas, cuando el sueño cae sobre los hombres, me sobrevino un espanto y un temblor que estremeció todos mis huesos. Y al pasar un espíritu por delante de mí, hizo que se erizara el pelo de mi cuerpo. Delante de mí se paró un fantasma cuyo rostro no conocía. Y escuché que decía: '¿Será el hombre más justo que Dios?'..."* (Job 4:13-17; paráfrasis mía).

> *"-Creo que Dios me muestra que estás en pecado —decía Elifaz-, y yo te paso el mensaje que he recibido del mundo de los espíritus. Seguramente estás en pecado. Mejor arrepiéntete y confiesa qué has hecho."*

El discurso de los tres amigos suena similar. Y esto resulta típico cuando el mal llega a nuestras vidas. Quienes aparentan estar preocupados por nosotros son los que primeramente hablan, juzgan y critican. Lo más fuerte de aquella escena es que mientras los amigos de Job lo cuestionaban, quien sabía la verdad de lo que ocurría… ¡no salía a defenderlo! Y parece ser que el momento en el que más necesitamos del Señor, Él parece más distante, pero no es así.

Si regresamos a aquella perturbadora escena en la que Job sufre el peor momento de su vida, lo veremos cabizbajo, dolorido y confundido. Sentado a un lado de una fogata, rascándose la piel infectada y marcada por aquella terrible sarna. Veremos también del otro lado a sus tres amigos. Ciertamente le están acompañando, pero en sus mentes no pueden evitar criticarle. Cuatro hombres en torno a una fogata. Pero vuelva una vez más a aquel lugar. Observe detenidamente y con una visión espiritual logrará ver que no son cuatro sino cinco personas en torno a aquella fogata. Pero el quinto personaje guarda silencio. Permanece al lado de su buen amigo, pero no dice nada. El quinto personaje es Dios. Ya que Él prometió estar con nosotros todos los días hasta el fin del mundo, seguramente permanecía al lado de Job, pero el dolor de este hombre no le permitía ver ni sentir la presencia de Dios. Esto es algo que ocurre con frecuencia, Dios permaneciendo a nuestro lado en los peores momentos, pero nosotros no lo sentimos. No lo escuchamos cuando más lo necesitamos. Sabemos que Él lo prometió y seguramente se encuentra por ahí, pero somos nosotros quienes debemos abrir los ojos para ver y los oídos para oír. Él estaba en la barca con los Apóstoles cuando estos sentían que morían a causa de la tormenta, pero ellos creían que el Maestro ignoraba lo que ocurría. Él caminaba junto a aquellos dos discípulos deprimidos que recorrían el camino a Emaús, pero igualmente ellos no lo veían porque sus ojos estaban **velados a causa de la tristeza**. Y claramente acompañaba a Job, sentado a su lado, mirando al rostro de su buen amigo, acompañándole en silencio, sintiendo en Sí mismo el sufrimiento de su siervo, queriendo cargar el dolor que Job experimentaba, pero permitiendo que superara la prueba.

La cuestión sigue. Cada uno de los amigos de Job discute sobre lo "inmoral" de su postura. Sin compasión alguna, lanzan sus juicios. Hilvanan palabras contra Job sin misericordia ¡Y Dios guarda silencio! Job se queja... Pide misericordia a sus amigos. Necesita que alguien salga en su defensa y le otorgue el beneficio de la duda. Pero nadie habla en su favor. Confundido, cuestiona sobre la prosperidad de los malos, y se pregunta si no ha vivido equivocado toda su vida. El tono de la conversación sube. Y uno de sus amigos **lo acusa de ser perverso**, de no aceptar la voluntad de Dios. Los juicios llegan al colmo. Job insiste en su inocencia. Los amigos le dan la espalda. Job se queja de la indiferencia de Dios, pero a la vez, *con dolor y confusión* proclama su soberanía. Hace su mejor esfuerzo, pero le resulta difícil alabar a Dios en medio del dolor. De pronto, guarda silencio y llega el peor momento: **el silencio en el alma**. La lucha espiritual continúa. Le invaden los recuerdos. No puede evitar recordar aquellos días en los que él, sentado a su mesa, sonreía. Los recuerdos le invaden en cascada. Casi vuelve a escuchar las risas de sus hijos. Había comida abundante en su mesa y le acompañaba su esposa. Este es el momento en el que se agudiza el dolor. Y la sensación de haber perdido algo tan preciado le lastima profundamente. Añora aquellos días en los que el bienestar y el respeto de los demás le rodeaban. La mente es cruel, porque en medio del dolor nos lleva a comparar los mejores tiempos con el dolor presente. Y la gran pregunta es: *"¿Qué hice mal?"*. Este es el momento cuando el enojo nos lleva a la falta de aceptación de la circunstancia presente. Job levanta su voz y pregunta: *"¿Quién me diera hablar con Dios? ¡Yo expondría ante Él mi causa! Porque yo no hice nada. ¡No merezco estar aquí!"*. Pero no hay respuesta. Cuestionamos a Dios y su silencio nos confunde. En torno a aquella fogata la intensidad les agota y el cansancio les invade. Se oculta el sol. La leña se consume y la noche los cubre con sus tinieblas.

Por cierto que en la noche todo se ve más oscuro, principalmente en ese momento en el que la angustia nos despierta y los pensamientos nos invaden ¡Todo se ve peor en la oscuridad de nuestra recámara! Pero cuando las tinieblas de la noche son más densas, es que el amanecer está por llegar. Y así sucedió. Los rayos de luz iluminaron el pequeño círculo formado en torno a la fogata. El fresco de la mañana les obligó a encender las extintas llamas. Esto parecía un día más. Pero de pronto las llamas fueron sacudidas hasta ser apagadas por un viento fuerte. Un torbellino se aproximaba. Y una voz que salía del centro del torbellino estremeció a Job y a sus amigos. Dios rompe el silencio:

> *"-¿Quién oscurece el consejo con palabras sin sabiduría? —Dios cuestiona-.*
>
> *Dirigiéndose a Job le dice: -¿Quieres hablar…? Cíñete ahora como varón valiente porque yo preguntaré y tú me responderás a mí."*

Y desde este momento le plantea una serie de preguntas difíciles de responder: *"¿Dónde estabas tú cuando te hice yo?, ¿Sientes el viento?, ¿cuál es su origen y destino?, ¿qué lo mueve?, ¿Quién le dio fuerza al búfalo?, ¿querrá el búfalo servirte en tu arado?, ¿confiarías en él?, ¿Quién puso los límites al mar? Yo le di decreto cuando le dije: De aquí no pasarás. ¿Podrás tú atar los lazos de las Pléyades, o desatarás las ligaduras de Orión?"*. Son cuatro capítulos que suman decenas de preguntas, a las cuales Job no pudo dar respuesta a una sola. La intención de Dios no fue humillar a Job, sino revelarle **la grandeza del Creador**.

Invadido por la sabiduría y grandeza de Dios, su dolor pasó a segundo plano. Creo que Dios, a través de sus preguntas, permitió a Job dar un breve recorrido por el vasto universo. Si hace el ejercicio notará su efecto. Primeramente pensemos que hoy recibe la noticia de su médico, que usted tiene un tumor cancerígeno. ¡Qué gran impacto recibiría! ¿Cuántas cosas cambiarían en su vida con esta noticia? De inmediato vería a su alrededor y pensaría: "No tengo seguro de gastos médicos, y nuestros ahorros seguramente no lograrán cubrir los enormes costos que un cáncer trae consigo". Luego pensaría: "Dicen que es muy doloroso. ¿Será rápido o prolongado el final?". Posteriormente se dirigiría a su alrededor pensando: "¿Cómo enfrentará mi esposa la crisis económica que todo esto trae? ¿Y mis hijos…?". De inmediato su mente se dirigiría hacia el futuro: "¿Afectará a mis hijos mi ausencia? ¿Cómo vivirán ellos sin su padre? ¿Y si mi esposa se deprime, quién va a ayudarle?". En fin. Notará que en este punto la preocupación nos invade y la imposibilidad nos inunda. La tristeza ahoga el corazón y nubla la razón. La angustia satura nuestros sentidos, empeorando las cosas.

Ahora está listo para la segunda parte del ejercicio. Imagine que logra flotar y salir de su propio cuerpo, y volara a unos diez metros de altura. Desde ahí… ¿cómo vería su problema? Creo que se ve más pequeño. ¿Y si aumentáramos la altura a cien metros? ¿cómo se verían las cosas? Y si volara a treinta y dos mil pies de altura, ¿cómo se vería desde ahí su tumor? ¿Y desde la luna, cómo se verán sus circunstancias? ¿Y si lograra viajar hasta las estrellas? Bueno, creo que si llega a las estrellas no tendría de qué preocuparse porque ya estaría muerto, pero, ¿verdad que entre más alto, las cosas se ven más pequeñas? ¿Cómo verá entonces Dios todos nuestros sufrimientos desde su trono de Gloria? Ahora entiendo por qué nos dice: *"No temas"*. Pero la razón fundamental de por qué no debemos temer, es que Él está con nosotros. Él tiene el control. Él nos ha creado. Sabe cómo funciona nuestro cuerpo y nuestra mente. Lo único que nos pide es confiar en Él.

En este punto, Job simplemente reconoce no entender la gran mayoría de las cosas, pero ahora sabía que había alguien que sí lo entendía todo y tenía además el control de todo. Son tres las promesas que Dios nos hace que no debemos olvidar cuando el caos llegue a nuestra vida: primero, **Dios nos ama**. Aunque nos cueste trabajo entenderlo, todo lo que Dios permite en nuestra vida es por amor. Es como si alguno de nuestros hijos dijera no "sentir" el amor de sus padres cuando le castigamos sus juguetes o limitamos sus salidas. Ciertamente no sentiremos el amor de Dios en esos momentos. Pero debemos *saber* que Él nos ama. La segunda promesa que Dios nos hace es: **Yo estoy contigo**. Él prometió estar a nuestro lado en medio de la tormenta. Nuevamente la fe sale a relucir, porque creer que Dios es lo **único** que necesitamos en medio de la prueba, es cuestión de fe y confianza en Él. Y la tercera promesa es la que complica todo, Dios promete: **Yo tengo un plan**. Todo lo que ocurre a los hijos de Dios es con un propósito. Y digo que esto es lo que complica todo, porque si somos honestos no siempre comprendemos los planes de Dios en nuestra vida. Volvamos a la historia de Job.

Después de leer que Job era un varón justo y recto, temeroso de Dios y apartado de mal, la pregunta obligada es: ¿Cuál era entonces el plan de Dios en la vida de este hombre? Esta es definitivamente una pregunta difícil de responder. Pero sabemos que Dios siempre tiene un plan. Haciendo un balance final de la historia de Job, pude encontrar tres razones por las que Dios permitió esta enorme prueba en la vida de su siervo. Y la primera razón es que Job vivía en **temor**. El momento en el que Job maldice el día que nació, nos revela también su corazón:

> *"Porque **el temor** que me espantaba me ha venido, y me ha acontecido lo que **yo temía**. No he tenido paz, **no me aseguré, ni estuve reposado**, no obstante me vino **turbación**."* (Job 3:25-26; énfasis mío en negritas.)

Por algo la historia nos dice que Job, pasados los días del *convite*, ofrecía sacrificio todos los días por cada uno de sus hijos, diciendo: *"Quizá habrán pecado mis hijos y habrán blasfemado contra Dios en sus corazones"*. **Dios quería trabajar el corazón temeroso de su siervo.** *Inocular* en nosotros nuestros temores es la manera tradicional de trabajar de Dios. Porque hacernos vivir aquello que nos asusta, crea en nosotros un cambio de actitud ante aquella circunstancia, pero además, nos permite ver en acción la mano Providencial de Dios. La segunda razón por la que yo creo que Dios permitió aquella difícil circunstancia en la vida de Job, es simple. La encuentro en la misma reflexión final que hace Job: *"De oídas te había oído; Mas ahora mis ojos te ven..."* (Job 42:5). **Dios quería revelarse a su siervo.** El conocimiento que Job adquiere con este encuentro *fenomenológico* con su Creador le ofreció a Job identidad y sentido a su existencia. Hizo de Job un hombre sabio. No se trataba solo del conocimiento adquirido, sino de la experiencia vivida. Finalmente, la tercera razón que pude encontrar del por qué Dios permitió todo esto en la vida de su siervo, **somos cada uno de nosotros**. Creo firmemente que Dios pensaba en cada persona que sufre, que enferma, que se duele, que pierde. El Creador pensaba en todos aquellos que se verían agobiados por el caos que producen las circunstancias adversas que les toca vivir, pensaba en todos los que serían asechados por el mal. Dios pensaba en todos aquellos que tarde o temprano serían apesadumbrados por la muerte de sus seres queridos. **Dios pensaba en ti**. Esto, creo yo, corona todo el sentido del capítulo tan intenso en la vida de este gran hombre de Dios.

El dolor es el mejor escenario bajo el cual los padres podemos modelar a nuestros hijos la manera adecuada de enfrentar el rostro cruel de la vida. El padre que pierde su empleo enseña a su hijo a enfrentar, como hombre, el temor paralizante de no tener nada que llevar a la mesa de su familia. La madre enseña a su hija lo que ella debería hacer en el futuro cuando sospeche que su marido le engaña, justo en el momento en el que ella resuelve el dolor punzante de la infidelidad de su marido. Quien enfrenta una enfermedad terminal, marcará un camino para quienes le siguen. El pastor de la iglesia, modela a su congregación lo que deberían hacer con sus hijos, justo cuando él mismo enfrenta la conducta rebelde e inmoral de su propio hijo.

El dolor también es la mejor escuela que **garantiza el aprendizaje**, porque cada lección que trae consigo, quedará grabada en nosotros permanentemente. El ángulo confortable del dolor lo encontraremos al comprender que a través de la prueba, **Dios puede revelarse** a cada uno de nosotros. Nos habla en el silencio del corazón. Nos acompaña en la quietud que nos exige la enfermedad, y a la vez, permite que cada uno de nosotros aprenda su lección. Así es que… ¡ánimo! Aprendamos, enseñemos y acompañemos a los nuestros… después de todo, *el marinero se forma en medio de la tormenta*.

Palabras finales

Inicié este viaje el 31 de diciembre de 2014, dos años después termina el recorrido. Hoy me encuentro en diciembre de 2016... un año intenso. Dos eventos importantes marcaron este año; mi esposa y yo celebramos nuestras Bodas de Plata, y cerramos este mismo año con la sensible noticia de la muerte de la madre de mi esposa. Así es la vida. La celebración y la muerte son parte de nuestra existencia. Esa mañana, después de dar la noticia a mis hijos, abrimos una vez más las Sagradas Escrituras. El pasaje que elegí fue el siguiente:

> *Doy gracias a Dios, al cual sirvo desde mis mayores con limpia conciencia, de que sin cesar me acuerdo de ti en mis oraciones noche y día; deseando verte, al acordarme de tus lágrimas, para llenarme de gozo; trayendo a la memoria la fe no fingida que hay en ti, la cual habitó primero en tu abuela Loida, y en tu madre Eunice, y estoy seguro que en ti también.* (2 Timoteo 1:3-5)

Dije yo a mis hijos: *"El apóstol Pablo le recuerda a Timoteo, que hay **herencias** que se deben conservar, **tradiciones** que no se deben romper y **rituales** que se deben transmitir por generaciones. Y este es el caso de su abuela. Una mujer que siempre dio lo que tenía, no lo que le sobraba. Una mujer que supo ganarse el respeto a través del amor. Una mujer con una fe no fingida. Estas son sus raíces. Honren su herencia".*

Por otro lado veo el legado de mis padres; mi madre, fue una mujer que siempre se preocupó por enseñarnos las historias bíblicas, de hecho, este libro es el resultado de todo su trabajo. Y mi padre, un hombre que en vida manifestó el amor a Dios a través de servir a los demás. Sé que nuestras familias no son perfectas, por esto nuestras herencias deben ser **revisadas, analizadas** y **seleccionadas**, porque en nuestro caso hay patrones en ambas familias que no quisiera que mis hijos repitieran. Pero estoy consciente de la temible verdad de que podríamos intentarlo una y otra vez, pero sabemos que los resultados serán siempre los mismos. Ha ocurrido de generación en generación. La *herencia* se recibe, pasa de mano en mano hasta la tercera y cuarta generación. Esta herencia conformada por *rituales* y *tradiciones* se fortalece con la práctica y con el paso del tiempo. A este proceso se suma el fuerte respeto que cada persona llega a experimentar por su propia *herencia*, lo que termina por convertirla en *patrones familiares.* Con dolor miramos al pasado y comprendemos que hemos estado repitiendo las mismas historias una y otra vez. Sé que lo intentamos, pero está en nuestra naturaleza volver a cometer los mismos errores. Tarde o temprano nos encontraremos de frente con la ineludible herencia.

Por otro lado, escuchamos que Dios promete un cambio. Promete romper con todos aquellos **patrones** que nos conducen una y otra vez a repetir las mismas historias y cometer los mismos errores, promete hacernos nacer de nuevo, restaurar el pasado y darnos un mejor presente, porque nos asegura ser quien verdaderamente puede hacer nuevas todas las cosas:

> *"De modo que si alguno está en Cristo, nueva criatura es; las cosas viejas pasaron; he aquí todas son hechas nuevas."* (2 Corintios 5:17)

Aunque nos parezca imposible, existe la manera en la que podamos comenzar de nuevo. Y esta promesa es para todo aquel que **cree en el Hijo de Dios**, quien fue enviado por el Padre a esta tierra a ofrecer el sacrificio perfecto que hizo posible el perdón de todos nuestros pecados y la reconciliación entre el hombre y Dios, perdida en el Huerto del Edén. Ahora, Dios invita a todo aquel que cree, a formar parte de su familia. **Lo adopta como hijo suyo**.

Este «paquete» de salvación del hombre, además del perdón de los pecados, la redención y la adopción, incluye **una vida nueva**. Hoy por hoy es posible marcar un punto de diferencia en nuestras vidas y romper así con los patrones familiares enfermos que nos esclavizan.

Todos queremos hacer la diferencia en nuestra familia. Si comparte conmigo este deseo, solo debemos comenzar desde el principio; el camino marcado por Dios comienza con la **reconciliación** entre Él y su creación. Este es su momento, si usted no se ha reconciliado con su Creador, simplemente ore con fe a Dios confesando a Él sus pecados arrepentido. Dios estará presente en el silencio de su intimidad, escuchará sus palabras y le extenderá su misericordia al perdonar sus pecados a través de la fe que usted ha depositado en el sacrificio perfecto que hizo Jesús, el Hijo de Dios, en la cruz. Además de perdonarle, Él promete hacer morada permanente en todo aquél que le abre la puerta de su corazón. *He aquí yo estoy a la puerta y llamo; si alguno oye mi voz y abre la puerta, entraré a él, y cenaré con él, y él conmigo (Apocalipsis 3:20).* El siguiente paso será **conocerlo** mediante la lectura continua de su Palabra; la meta será lograr experimentar una amistad profunda y cercana con Él.

El ejercicio final será **vivir** de acuerdo a los principios revelados en su Palabra. Este ha sido precisamente el objetivo que he perseguido en todo este viaje literario; conocer la manera de **pensar, sentir** y **actuar** de nuestro Dios a través de la lectura de las historias bíblicas. Por esto, desde el principio nos pusimos *de frente al Creador* con la historia de Adán y su familia, y en un análisis personal, buscamos responder a las tres preguntas que el Creador le hizo al primer hombre, Adán. Posteriormente nos *confrontamos* en nuestro diario actuar ante la vida cotidiana en el análisis del relato de Noé y su familia. Luego nos encontramos con el padre Abraham, su familia y sus patrones heredados. Visitamos el hogar de Isaac, su hijo, y pudimos ver en acción la fuerte herencia que recibieron él y Rebeca su mujer. Con esta historia aprendimos a corregir las *alianzas* para evitar convertirlas en *coaliciones*. Después, nuestro viaje continuó con la historia de los herederos de Isaac y Rebeca; con ellos, pudimos aprender el valor de trasmitir a nuestros hijos los principios fundamentales de la fe y el perdón. El fracaso al transmitir esta *herencia* se evidenció en la historia de uno de los doce hijos de Jacob; Judá, el Cachorro de león. Pudimos ver en esta historia la necesidad de edificar a nuestros hijos sobre los **valores fundamentales**, elemento reforzado en los relatos posteriores de los caudillos y sus historias de éxito al vivir bajo la ley y sus principios. Pero después de ellos se levantó toda una generación que no conocía a Dios el Señor, la generación de los jueces y su *herencia y patrones* de apostasía. Aprendimos del estilo de vida y proceder de los reyes y el camino de fe y determinación marcado por los profetas, en fin, nuestro viaje nos llevó al análisis de la vida y familia de los personajes más famosos de los relatos bíblicos. La pregunta inicial fue: *¿Cómo lidiar con nuestra herencia, rituales y patrones familiares?* Hoy tiene frente a usted la respuesta, por medio de las historias bíblicas. **Lea** estas historias. **Escudriñe** el corazón de Dios revelado en cada una de ellas y **comparta** con sus seres queridos los hallazgos que Dios le revele en este ejercicio.

Quiero cerrar este hermoso viaje trayendo a su memoria la letra de la canción: *Origen y Destino.* Escribí esta letra con el propósito de explicar de manera simple el Camino que deberá tomar la persona que desea ver un punto de diferencia en su vida y en su familia.

Origen y destino
(R. Contreras)

Un nuevo miembro de la familia nace. La esperanza resurge.
Otra oportunidad. Comenzar de nuevo. Esta vez… será diferente.
Romper patrones. Marcar un punto de diferencia.
¡Un mundo de posibilidades! Escribir una nueva historia.

Parece imposible. Lo traemos en la sangre.
Grabado en nuestros recuerdos. Marcado en nuestra memoria.
Las historias se repiten. Siempre es igual. Esto es un molde.
Somos el sello que imprime siempre la misma imagen.

Coro:
Generaciones van, generaciones vendrán.
Hasta la tercera y cuarta, las cosas parecen igual.
Los esfuerzos no bastan. La vida no alcanza.
Parece imposible escribir una nueva historia.

A través de las generaciones Dios también trazó una línea,
a través de la historia Dios creó a su familia.
Ofrece la oportunidad de romper con nuestra historia.
Comenzar de nuevo. Marcar la diferencia. Hizo posible el cambio.
Y junto con Su Hijo, ofrecernos un nuevo destino.

¡Hazme nacer otra vez! Comenzar de nuevo.
Dame la imagen de Tu Hijo. Transforma mi historia.
Perdona y libera. Quiero pertenecer a Tu familia.
Modifica mi origen, dame un nuevo destino.

La primera generación tomó su decisión.
La segunda, le siguió. El fruto prohibido nos marcó,
porque somos hojas cortadas del mismo árbol.
Y hasta la tercera y cuarta, la historia se repitió.

Queremos romper con nuestra historia pero parece imposible.
Hasta la tercera y cuarta, las cosas se repiten.
Lo peor de nosotros se transmite. Siempre las mismas cosas.
Las heridas y el dolor... hasta la tercera y cuarta generación.

Visitas nuestras maldades. Conoces nuestros secretos.
Tú haces nuevas todas las cosas. Eres tú quien perdona.
Transformas nuestras vidas y restauras nuestras familias.
Estamos confiados en que tú podrás darnos un nuevo destino.

La senda está trazada. El Camino es muy claro. Es cuestión de tomar la decisión. Esta decisión que nos haga ser parte de Su familia. Deseo profundamente que Dios inspire nuestras vidas y logre marcar la diferencia en nuestra familia, y que esta diferencia perdure hasta una tercera y cuarta generación.

Bibliografía

- Citas bíblicas: Todos los pasajes bíblicos citados son de la Reina Valera revisión 60 a menos que se indique lo contrario.

- El Hombre, su grandeza y su miseria. Lacueva Francisco, Editorial Clié, España 1976.

- La ciudad de Dios, San Agustín de Hipona. (http://historicodigital.com/download/la-ciudad-de-dios.pdf)

- Hombres Infieles, Contreras Rosalío, Ed. Westbow, grupo Nelson-Zorderban. Bloomington Indiana, 2014.

- Antigüedades de los Judios, Flavio Josefo. (http://wit-spanish-downloads.s3.amazonaws.com/spanish-ebooks/Antiguedades%20de%20los%20judios.pdf)

- Diccionario de la Real Academia Española (http://dle.rae.es/?w=diccionario)

- Mi rebelde con-sentido, Contreras Rosalío, Ed. Westbow, grupo Nelson-Zorderban. Bloomington Indiana, 2013.

- Mi experiencia con Dios, Blackaby Henry y Kyng Claude, Ed. Casa Bautista de Publicaciones, U.S.A 2001.

- Daniel y el reino mesiánico, Carballosa Evis, Ed. Portavoz, Grand Rapids Michigan 1979.

- Meditaciones del Quijote, Ortega y Gasset, Ed. Calpe, 1921. Cornell University.

- Origen y destino, canción, Contreras Rosalío. México 2017.